Ein bißchen feministisch ? – Anwendungsorientierte Sozialforschung

Festschrift für Renate Wald
zum 75. Geburtstag

Ein bißchen feministisch ? – Anwendungsorientierte Sozialforschung

Festschrift für Renate Wald zum 75. Geburtstag

Herausgegeben von
Sibylle Reinhardt
Volker Ronge
Felizitas Sagebiel

Leske + Budrich, Opladen 1997

Gedruckt auf säurefreiem und altersbeständigem Papier.

ISBN 3-8100-2008-7

Satz: Leske + Budrich
Druck: Druck Partner Rübelmann, Hemsbach
Printed in Germany

Inhalt

Vorwort

Die Idee, für Renate Wald eine Festschrift zu machen, hat mich von Anfang an begeistert, und als ich sie zunächst Kolleginnen und Kollegen im Fachbereich Gesellschaftswissenschaften vortrug und um Beiträge warb, spiegelte die durchweg positive Aufnahme die große Wertschätzung der ehemaligen Professorin für Soziologie. Die vielen spontanen Zusagen, sich an der Festschrift für Renate Wald zu beteiligen, ließen schon bald ein interessantes Konzept entstehen, das nach entsprechenden Verhandlungen auch für einen einschlägigen, seriösen Verlag attraktiv genug war. Finanziell unterstützt durch den Fachbereich Gesellschaftswissenschaften und den Verein der Freunde und Förderer der Bergischen Universität-Gesamthochschule Wuppertal konnte die Arbeit beginnen. Sibylle Reinhardt, die bei Renate Wald habilitiert hatte, viele Jahre als Lehrbeauftragte für Didaktik der Sozialwissenschaften neben ihrem Hauptamt als Gymnasiallehrerin in Wuppertal gelehrt hatte und jetzt Hochschullehrerin in Halle ist, sowie Volker Ronge als Professor für Soziologie und Prorektor der Hochschule wurden als Mit-HerausgeberInnen gewonnen. Die außergewöhnlich konstruktive Zusammenarbeit mit allen, die schließlich am Projekt mitarbeiteten, machte trotz der damit verbundenen notwendigen Arbeiten im Detail Spaß und reflektiert ein Stück weit die große Kooperationsfähigkeit von Renate Wald in ihren Arbeitszusammenhängen. An dieser Stelle sei auch Frau Luther für ihren Einsatz beim Formatieren der Manuskripte nach der vom Verlag vorgegebenen Form gedankt.

Ich selber lernte durch die Arbeit an dieser Festschrift einen Teil des wissenschaftlichen Netzwerkes von Renate Wald kennen und schätzen. Unter den mitwirkenden AutorInnen sind einige KollegInnen der Universität Wuppertal – Jürgen Brand, Edo Enke, Volker Ronge, Günther Wachtler, Gerda Zellentin und ich selbst –, ehemalige Schülerinnen und Mitarbeiterinnen – Petra Meiswinkel, Hiltrud Rottkord-Fuchtmann, Martina Romanski-Sudhoff, Dagmar Schlapeit-Beck –, ehemalige KollegInnen aus der Hochschule, die durch Renate Wald Hilfe bei Qualifikationsschritten erhalten hatten, wie Ursula von Wedel-Parlow und Sibylle Reinhardt, und die nun selber Hochschullehrerinnen sind, Detlef Garbe, mit dem gemeinsam Projekte geleitet wurden, und Kolleginnen, die Renate Wald aus unterschiedlichen Arbeitszusammenhängen kennen und schätzen gelernt haben, wie Petra Frerichs (Köln), Doris Lucke (Bonn) und Frauke Mingerzahn (Magdeburg).

Die Beschäftigung mit dem wissenschaftlichen Werk von Renate Wald brachte mich auch der Wissenschaftlerin und Person sukzessive näher[1]. Ihr inhaltliches Interessenspektrum sowie ihre empirische Vorgehensweise schienen näher und vertrauter als zunächst angenommen. So, wie Renate Wald mir durch die Beschäftigung mit ihren Schriften zunehmend vorbildhaft erschien, könnten auch andere die Markenzeichen ihrer wissenschaftlichen Arbeitsweise übernehmen: Konsequente, eindeutige Auswahl – in der Regel – von Frauen und Beruf als Gegenstand ihrer Untersuchungen, genaue Beobachtung, Empathie und Verständnis gegenüber den Untersuchten, vorsichtige Verallgemeinerung der interpretierten Ergebnisse, mitgeteilt in einer allgemeinverständlichen, geschliffenen Sprache. Durch ihr „Dazwischenstehen" – wie sie es selber in ihrer autobiographischen Notiz nennt – zwischen theoretischen und empirischen Schulen und ihr konsequentes Forschen über Mädchen und Frauen, überwiegend in Kooperation mit Frauen, setzt sie ein Gegengewicht zum soziologischen *mainstream*. Fast durchgängig werden Frauen, ihre Ausbildung, berufliche Qualifikation und Entwicklung in frauentypischen und frauenuntypischen Berufssparten auf unterschiedlichen Ebenen zum Gegenstand ihrer Forschung gemacht: „Industriearbeiterinnen, Frauen im Einzelhandel, Frauen in technikorientierten Berufen, Frauen in von beiden Geschlechtern besetzten Professionen, Frauen und betriebliche Interessenvertretung, Frauen und Gewerkschaften"[2]. Die bevorzugte Wahl der empirischen Methoden – Beobachtung, Intensivinterviews, Gruppendiskussionen – neben standardisierten schriftlichen Befragungen erlaubte Renate Wald und ihren MitarbeiterInnen, zu einem grundlegenden Verständnis ihrer 'Untersuchungsobjekte' vorzustoßen. Die Sicht, Erlebnis- und Verhaltensweisen der Untersuchten werden so ins rechte Licht gerückt. Renate Wald verleiht in ihrer Arbeit der Subjektivität der Handelnden Gewicht zu einer Zeit, zu der sich der methodische und theoretische *mainstream* einseitig dem Objektivitätspostulat und den gesellschaftlichen Strukturen verschrieben hatte. Ihre journalistische Grundausbildung und das besondere Ernstnehmen ihrer Aufgabe als Hochschul'lehrerin' scheinen die Verständlichkeit der Mitteilungen gefördert zu haben. Ihre Sprache ist wohltuend klar, prägnant und

1 Die unterschiedlichen Anpassungsmodi bezüglich Frauenforschung und -politik trennten uns während des Wirkens von Renate Wald als Hochschullehrerin voneinander. Vor dem Hintergrund des eigenen Engagements im offensiven hochschulpolitischen Kampf für Frauen konnte ich die leise, aber beharrliche Parteilichkeit von Renate Wald kaum erkennen. Erst die Idee, durch die späte Ehrung von Renate Wald und ihren wissenschaftlichen Leistungen insbesondere für Frauen einen kleinen Beitrag zur Erweiterung einer quasi medialen Frauenumwelt dort zu leisten, wo der Mangel an realen faßbaren weiblichen Vorbildern immer noch eklatant ist, motivierte mich zu einer Annäherung.

2 Wald, Renate: Pilotstudien, in: Fleck, C. (Hrsg.), Wege zur Soziologie nach 1945. Biographische Notizen. Opladen: Leske+Budrich, 1996, S. 61-76 (71).

gleichzeitig einfach und geschmeidig und unterscheidet sich damit von der vieler SoziologInnen.

Renate Wald hat es durch ihre eigenen autobiographischen Notizen[3] leichtgemacht, die Wahl ihrer Themen und Arbeitsweisen nachzuvollziehen. Zunächst lernte sie von Grund auf das journalistische Handwerkszeug. Während ihres Studiums der Soziologie und Volkswirtschaft in den 50er Jahren in Köln arbeitete sie mehrmals für einige Monate in Industriebetrieben, lebte während dieser Zeit jeweils in Arbeiterfamilien, schlief auf deren Wohnzimmersofa und teilte das Alltagsleben mit ihnen. Die schriftlich festgehaltene teilnehmende Beobachtung, die sie hier intuitiv praktizierte, wurde beispielgebend für ihre späteren Untersuchungen. Die Studie über Industriearbeiter wurde auch ihre Promotionsarbeit. Ihre erste richtige Stelle als Wissenschaftlerin bekam sie allerdings erst 1970 im Alter von 47 Jahren an der damaligen Pädagogischen Hochschule Wuppertal. Davor hatte sie 10 Jahre nebenamtlich unterrichtet und Forschung als freie Mitarbeiterin betrieben, neben der Pflege ihrer kranken Mutter. Einmal eingestiegen, absolvierte sie 1973 ihre kumulative Habilitation in Münster, erhielt die Lehrbefugnis in Soziologie mit Schwerpunkt 'Berufliche Sozialisation' und bekam 1974 eine ProfessorInnenstelle an der im Aufbau befindlichen Gesamthochschule in Wuppertal, wo sie bis zu ihrer Versetzung in den Ruhestand wirkte. Renate Wald schreibt über sich, daß sie keiner bestimmten soziologischen Schule angehörte, aber sie betont, daß „verschiedene Frauen für die eigene Berufsauffassung und Berufsausbildung wichtig als Modell waren“[4]. Vielleicht war auch die Chefredakteurin Claire With, von der sie über deren berufliche Einpassung in das Nazi-Regime berichtet, besonders prägend für ihre eigene gesellschaftliche Integration: „In den Themen blieb sie so weit weg vom Regime wie möglich, ohne sich mit ihm anzulegen“ (Wald 1996: 69). Für den Umgang mit ihren StudentInnen und MitarbeiterInnen waren Kommunikationsstrukturen prägend, die sie selbst als Lehrbeauftragte bei der Leiterin der Evangelischen Höheren Fachschule für Sozialarbeit in Wuppertal-Elberfeld, Margarethe Hoppe, erlebt hatte: Einbeziehung in Planungen und Entscheidungen und Prüfung der Studierenden in Themen ihrer Wahl, die sie vertieft vorbereitet hatten[5]. Renate Walds „Offenheit im Umgang mit Menschen ohne Klassendünkel“[6] bestimmt auch ihre Interaktion mit Studierenden. Lehre hatte für sie – anders als üblicherweise in deutschen Hochschulen – einen hohen Stellenwert und führte auch zu einer entsprechend positiven Resonanz bei den Studierenden. Renate Wald bevorzugte Mitarbeiterinnen, besonders weil sie deren Fähigkeit im Umgang mit komplexen Problemen schätzte.

Ihre „spannendsten Berufsjahre“ erlebte Renate Wald im Ruhestand nach dem Ausscheiden aus der Bergischen Universität – Gesamthochschule Wup-

3 a.a.O.
4 ebd., 68.
5 ebd., 70.
6 ebd., 73.

pertal 1987. Sie lehrte ab dem Wintersemester 1990/91 einige Semester an der Pädagogischen Hochschule und an der Technischen Universität Magdeburg und beobachtete dort hautnah die Umwandlung in ein soziologisches Institut mit allen damit verknüpften Lebenskrisen für die ehemaligen MitarbeiterInnen. Ohne die besserwisserische Attitüde einer westdeutschen Soziologin scheute sie bei ihrem Wirken in Ostdeutschland offenbar nicht die Mühe, eigene Selbstverständlichkeiten ebenso infragezustellen, wie die der Studierenden aufzubrechen. Ebenso behutsam äußert sie sich über Verallgemeinerungen bezüglich der zukünftigen gesellschaftlichen Entwicklung in Ostdeutschland, von der sie etwas neues Eigenes erwartet. Aus einem Lehrforschungsprojekt über 9- bis 12jährige Kinder gewann sie mit Hilfe von Tagesablaufsprotokollen empirisches Material, das zusammenfassend in „Kindheit in der Wende – Wende der Kindheit?“ veröffentlicht wird (1998).

Der Titel der Festschrift 'Ein bißchen feministisch?' ist ein Zitat und stammt aus einer persönlichen Erzählung über ein Gespräch zwischen Renate Wald und einem Kollegen, der fragend so ihren Standort charakterisieren wollte. Diese Frage fungiert auch als geeigneter Rahmen für einen großen Teil der Aufsätze, die zu dieser Festschrift beigetragen wurden.

Die Gliederung einer Festschrift bringt infolge der Heterogenität der Einzelbeiträge in der Regel gewisse Schwierigkeiten mit sich – besonders, wenn, wie in diesem Fall, die meisten Mitwirkenden keine SchülerInnen der zu Ehrenden sind. Wir haben uns v.a. an den Arbeitsschwerpunkten von Renate Wald orientiert und vier Kategorien gewählt: 1) Paradigmen, Methodik, 2) Sozialisation, Lebensalter, 3) Arbeit, Beruf und 4) Kultur. Dem ersten Abschnitt wurden Arbeiten zugeordnet, die soziologische Theorie- oder Forschungspositionen reflektieren. Der zweite Abschnitt enthält Berichte über geschlechtliche Differenzierungprozesse im Lebenslauf von Frauen. Der dritte Abschnitt befaßt sich mit beruflichen und nichtberuflichen Arbeitszusammenhängen v.a. aus der Makroperspektive. Der vierte Abschnitt versammelt kultursoziologische Beiträge zu: Paarbeziehung, Freundschaft und Tod. Die Einzelbeiträge konnten den Kategorien nicht immer eindeutig zugeordnet werden[7]. Wir, das HerausgeberInnenteam, hoffen, daß Renate Wald in ihrer stringenten Sachorientierung mit diesem Kompromiß zufrieden ist und Anregung und Spaß beim Lesen dieser Festschrift empfindet.

Felizitas Sagebiel Wuppertal, im September 1997

7 Anders als bei thematisch stringenteren Veröffentlichungen liegt die Verantwortung für den Inhalt der Einzelbeiträge ausschließlich bei den AutorInnen.

Paradigmen, Methodik

Subjektorientierung

Zur Rückbesinnung der Soziologie auf die handelnden Individuen

Doris Lucke

Innerhalb der (west-)deutschen Soziologie ist seit etwa 20 Jahren eine Entwicklung beobachtbar, die in der Tendenz unbestritten, wenn auch nicht unumstritten ist. Dieser Trend läßt sich stichwortartig als Entwicklung von *Strukturen* und *Systemen* hin zu *Biographien* und *Betroffenen* charakterisieren.

Der Beitrag zeichnet – in fünf Teile gegliedert – diese Entwicklungslinie nach. Die Ausführungen beginnen mit einer kurzen Begriffsklärung der zur Trenddiagnose benutzten Stichworte im 1. Teil. Sie bildet die Grundlage einer im 2. Teil vorgenommenen diagnostischen Bestimmung des Trends und seiner im 3. Teil analysierten soziologiegeschichtlichen Hintergründe. Der 4. Teil fragt nach möglichen Entstehungsgründen des konstatierten Entwicklungstrends und versucht eine wissenschaftssoziologische Einordnung. Im 5. Teil werden die wichtigsten Aussagen zusammengefaßt und wird – in Vorwegnahme des Fazits – ein Ausblick auf den möglichen Forschungsertrag und die künftigen Perspektiven einer Integration struktur- und handlungstheoretischer Positionen gewagt. Die Betonung der Prozeßrekonstruktion liegt – im Titel bereits angedeutet – auf *Sinn* und auf *Subjekt*.

1. Begriffsklärung

„*Sinn*" wird hier verstanden als das konstitutive Element des für die Soziologie bedeutsamen sozialen Handelns. „*Subjekt*" meint das mit Bewußtsein ausgestattete und zur Selbstreflexion befähigte Individuum, das für sich und für andere zum Objekt werden kann. Als „zoon politicon" oder auch „animal sociale" gewinnt es seine Individualität aus soziologischer Sicht erst im Kontext des Gesellschaftlichen. Erinnert sei in diesem Zusammenhang an Simmels einprägsames Bild von den sich überschneidenden sozialen Kreisen (Simmel 1908, 1968: 305-344).

„*Strukturen*" – als einer der beiden Ausgangspunkte der zu beschreibenden Entwicklung – stehen stellvertretend für die statischen und sozialmorphologischen Elemente einer soziologischen Gesellschaftsanalyse, die in erster Linie an Beziehungsgeflechten und strukturerhaltenden Funktionen interessiert ist. Dabei wird angenommen, daß diese vom Bewußtsein individueller Akteure unabhängig existieren. „*Systeme*" stehen – artverwandt und wie der Strukturbegriff an dieser Stelle idealtypisierend vereinfacht – für eine makrosoziologische Sozialtheorie mit u.a. der Kybernetik und der Biologie entnommenen Modellbildungen. Hierbei wird zugunsten eines hohen Komplexitäts- und Generalisierungsgrades von der Sinnhaftigkeit sozialen Handelns weitestgehend abgesehen. Dies wiederum schafft optimale Voraussetzungen dafür, mit der Sinnkategorie auch den „subjektiven Faktor" auf je nach Spielart unterschiedlichem Abstraktionsniveau eliminieren zu können.

„*Biographien*" – als einer der identifizierten Endpunkte der skizzierten Entwicklungslinie – verweisen demgegenüber auf den iterativen Charakter und die Prozeßhaftigkeit des Soziallebens. „*Betroffene*" schließlich zielen auf den unmittelbaren Handlungs-, Problem- und Alltagsbezug lebensweltlicher, vorwiegend mikrosoziologischer Analyse. Hierunter subsumierbare Positionen betonen die konstruktiv-symbolischen Elemente der Sozialwelt als der allen Deutungen vorausliegenden Welt, wie sie als Erfahrungshorizont den erkennenden Subjekten gegeben und als solche auch bis zu einem gewissen Grade vorgegeben ist. Abgehoben wird dabei insbesondere auf die bewußtseinsmäßigen Konstitutionsleistungen der Subjekte – die nach Husserl „erkennende Subjektivität" (Husserl 1936, 1962: 102) –, die diese – seit der Wissenssoziologie von Berger und Luckmann klassisch – bei der „Gesellschaftlichen Konstruktion der Wirklichkeit" (Berger/Luckmann 1966, 1972) und beim „Sinnhaften Aufbau der sozialen Welt" (Schütz 1932, 1974) zu erbringen haben und die – zu Strukturen der „Lebenswelt" (Husserl 1936, 1962: 141) geronnen – ihrerseits auf die handelnden Individuen zurückwirken.

Die hiermit holzschnittartig porträtierten Positionen repräsentieren mit *Strukturfunktionalismus* und *Systemtheorie* auf der einen und *Handlungstheorie* und *Phänomenologie* auf der anderen Seite die zwei großen Klassiken der Soziologie. Ihre ideengeschichtlichen Ursprünge werden in den beiden erstgenannten Fällen vor allem mit Emile Durkheim und Talcott Parsons, die beiden letzteren insbesondere mit Max Weber und Alfred Schütz in Verbindung gebracht. Als Eckpfeiler einer galileischen oder aber aristotelischen Wissenschaftstradition (vgl. Wright 1974) markieren sie das Feld soziologischer Grundsatzdebatten um Limitationalität und Voluntarismus, Strukturdeterminismen und Handlungsfreiheiten, letztere auch im Unterschied zu behavioristischen Verhaltensreaktionen. Sie kanalisieren den Streit um *Erklären* und *Verstehen*, kontrastieren methodologischen *Individualismus* und methodologischen *Kollektivismus* und durchziehen die Geschichte der Soziologie seit ihren Anfängen. Mit wechselnden Schwerpunktsetzungen und sich verlagernden Konfliktlinien reichen Auswirkungen der unterschiedlichen

Standpunkte – auch im Gegenspiel makro- und mikrosoziologischer Sichtweisen – bis in die Gegenwart.

2. *Diagnostische Trendbestimmung*

Entwicklungen in Richtung einer stärker prozeß-, akteur- und subjektbezogenen Soziologie manifestieren sich sowohl in *Theoriendynamiken* wie in aktuellen *Methodendiskussionen*. Belege hierfür finden sich mittlerweile keineswegs nur in der Aktions- und Betroffenenforschung, in der Biographie- oder in der sozialwissenschaftlichen Frauenforschung. Von diesen Speziellen Soziologien und ihren methodeninnovativen Vorstößen ausgehend, zeigt die Orientierung an Biographien und Betroffenen bis in die Allgemeine Soziologie und – mit Aufnahme auch subjektiver Erhebungsmerkmale – bis in die Sozialstrukturanalyse hinein Wirkung. Inzwischen ist die Soziologie auf weiteren Spezialgebieten zu Themenzentrierten Interviews (TZI), Gruppendiskussionen und (sozio-)biographischen und (sozial)ökologischen Analysen übergegangen und hat den herkömmlichen Methodenkanon dementsprechend erweitert. Im Interesse einer gegenstandsadäquaten Erfassung insbesondere auch der Subjektivität und Historizität sozialer Systeme bedient etwa die Ungleichheitsforschung sich der „oral history", der idiographischen Fallstudie und der Text- und Inhaltsanalyse heute mit – nahezu – derselben Selbstverständlichkeit und wissenschaftlichen Seriosität, wie sie bislang allein der massenstatistischen Umfrage und der quantitativen Sozialstrukturanalyse vorbehalten war.

Nimmt man Publikationen, bevorzugte Forschungsfragestellungen, sich häufende Projekttitel und Tagungsthemen als weitere Indikatoren dieses handlungs- und subjektorientierten Trends hinzu, dann läßt sich die Reichweite mittlerweile stattgefundener Schwerpunktverlagerungen und vollzogener Umakzentuierungen auch in der Sprache der Soziologie nachweisen. Auf handelnde Individuen fokussierte Perspektiven artikulieren sich im legitim gewordenen Gebrauch des „Ich" in der akademischen Rede ebenso wie im immer häufiger subjektzugewandten Stil bei der Abfassung von Untersuchungsberichten und den ihnen zugrundliegenden Untersuchungen. Diese nehmen die Untersuchten als „Expertinnen und Experten ihrer Situation" nicht nur rhetorisch ernst, sondern setzen das Gouldnersche „Kollegialmodell" von Soziologen und Alltagsmenschen (Gouldner 1970) auch empirisch um. Der Untertitel einer von Elisabeth Pfeil zu Beginn der 60er Jahre zur Müttererwerbstätigkeit durchgeführten Studie lautete z.B. noch: „Eine empirisch-soziologische Erhebung an 900 Müttern aus unvollständigen Familien" (Pfeil 1961). Helge Pross veröffentlichte die Ergebnisse einer Erhebung zum Thema Gleichberechtigung im Beruf 12 Jahre später bereits als: „Eine Untersuchung mit 7.000 Arbeitnehmerinnen in der EWG" (Pross 1973).

3. Soziologiegeschichtliche Hintergründe

In seinen 1895 veröffentlichten „Règles de la Méthode Sociologique" postulierte Durkheim, „die soziologischen Tatbestände wie Dinge zu betrachten" (Durkheim 1895, 1976: 115). Soziale Tatsachen wollte er ausschließlich durch soziale Tatsachen, Strukturen (nur) durch Strukturen erklärt wissen. Er verfolgte damit das Ziel, der Soziologie mit dem auf nichts „Unsoziales" reduzierbaren Sozialen einen Gegenstand „sui generis" zu geben. Zugleich wollte er die Soziologie von der Psychologie und sich selbst von seinem zeitgenössischen Antipoden, dem französischen Massenpsychologen Gabriel Tarde, abgrenzen. Max Webers „Objektivitätsaufsatz" (Weber 1904, 1988: 146-214) liest sich passagenweise wie ein – heute würde man sagen – Selbstverständigungstext von der Soziologie und ihrer Methodologie, der in distanzierender Absicht geschrieben wurde. Teile seiner Grundbegriffe (Weber 1921, 1972: 1-30) können – gerade dort, wo es um die idealtypischen Bestimmungen von „subjektivem Sinn" und „sozialem Handeln" geht – auch als erfahrungswissenschaftliches Plädoyer gegen eine „subjektive Soziologie" interpretiert werden. Selbst Znaniecki, der als Mtautor der 1918 erschienenen Studie „The Polish Peasant in Europe and America" (Thomas/Znaniecki 1918) ein Stück subjektbezogener Soziologie geschrieben hat und als „Miterfinder" der biographischen Methode in deren Geschichte eingegangen ist, spricht in einer noch ganz am Vokabular der messenden Wissenschaften orientierten Sprache vom „humanistischen Ko-effizienten".

Vorläufer der beschriebenen Entwicklung finden sich u.a. bei George Homans und seinem 1964 zuerst erschienenen Aufsatz mit dem programmatischen Titel: „Bringing Men Back In" (Homans 1964, 1972). Homans hatte dort – aus der Position eines methodologischen Individualismus und psychologischen Reduktionismus – das der Soziologie zeitweilig verlorengegangene Subjekt eingeklagt. Dabei hatte er vor allem das in den Systemhierarchien bei Talcott Parsons (Parsons 1951) nicht nur taxonomisch „aufgehobene" Individuum im Auge. Bereits drei Jahrzehnte zuvor hatte George Herbert Mead, vom Standpunkt des Sozialbehaviorismus ausgehend, die ins Deutsche schwer übersetzbare Unterscheidung von spontanem „I" und gesellschaftlich geprägtem „Me" in den Mittelpunkt seiner 1934 posthum veröffentlichten Theorie der sozialen Interaktion (Mead 1934, 1968) gestellt. Mit der in diesem Begriffspaar luzid auf den Begriff gebrachten Dualität des Menschen in der Gesellschaft und der Gesellschaft im Menschen (Mead 1973: 216-221) legte er nicht nur einen erst 40 Jahre später auch in Deutschland rezipierten Grundstein heutiger (Inter-)Subjektivitätsdebatten in der Soziologie. Er trug auch wesentlich zur Entstehung der Sozialpsychologie bei. In ähnlich grundlegender Weise eröffnete ein anderer Vertreter der Chicagoer Schule, William I. Thomas, mit seiner Studie „The Unadjusted Girl" (Thomas 1931) jene Einsicht in die objektive Wirklichkeit sozialer Situationen, die später mit dem vielzitierten Satz „If men define situations als real, they are real in their consequences“ als „Thomas-Theorem“ (Thomas 1966) berühmt wurde und seitdem jedes Soziologiestudium begleitet.

All dies blieb in der (west-)deutschen Soziologie bis Mitte der 70er Jahre ohne nennenswerte Resonanz und zeitigte keine sich in größerem Umfang erkennbar durchsetzende Forschungskonsequenz. Umso bemerkenswerter ist die heute, 20 Jahre später, mit wachsendem Gewinn an inner- und außerwissenschaftlicher Respektabilität fortschreitende Sensibilisierung des Fachs für das, was bis dato auf dem Altar sozialwissenschaftlicher Objektivität geopfert wurde und lange Zeit mit dieser unvereinbar schien: die systematische soziologische Befassung mit dem Subjekt!

Es wäre dies kein soziologischer Beitrag, würde er angesichts der evidenten Karriere die Soziogenese des (nicht nur) wissenschaftssoziologisch interessanten Phänomens „Subjektorientierung innerhalb der Soziologie“ außer Betracht lassen. Entsprechend wende ich mich – mit Luhmann (1993) – nach dem „Was ist der Fall?“ anläßlich der aktuellen Konjunktur der handelnden Individuen nun der Frage nach dem „Was steckt dahinter?“ zu.

4. Mögliche Entstehungsgründe und wissenschaftssoziologische Einordnung

Wie bei fast allem, was nach soziologischer (Auf-)Klärung verlangt, liegen sozialwissenschaftlich identifizierbare Gründe und als wirksam angenommene Einflüsse auf mehreren Ebenen. Dies gilt auch für die Renaissance des Subjekts und des Subjektiven in weiten Teilen der zeitgenössischen Soziologie.

Nachfolgend analytisch getrennt und im einzelnen erläutert, finden sich potentiell begünstigende Voraussetzungen für eine Konzentration auf die handelnden Individuen und die subjektive Sinnhaftigkeit ihrer zeitweilig vergessenen Lebenswelten auf folgenden, in der empirischen Wirklichkeit vielfach miteinander verwobenen Ebenen:

1. auf der Ebene der realen Strukturprobleme,
2. auf der sozio-kulturellen Ebene und
3. auf der Ebene der innerwissenschaftlichen Diskurse.

4.1 Problemebene

Zum Zeitpunkt der beginnenden Subjektorientierung war das Systemvertrauen – paradoxerweise in der „Paradoxie der Rationalisierung“

(Schluchter 1976) bedingt – erschüttert. Sachzwänge wurden von größer werdenden Teilen der Bevölkerung als Sozialzwänge durchschaut und deren Legitimation immer schwieriger. Mit aufgeklärt „bewegten" Bürgerinnen und Bürgern gerieten nach 1968 vermehrt Strukturen in Bewegung und die Entzauberer der Welt durch ihre entzauberten Bewohnerinnen und Bewohner in Bedrängnis. Als Folge dieser theoretisch erst später identifizierten „reflexiven Rationalisierung" (Beck 1986) und der mit Legitimationsproblemen nicht nur des Spätkapitalismus (Habermas 1973) verbundenen, sehr viel allgemeineren Akzeptanzkrisen (Lucke 1995) rückte der unkalkulierbare „Eigen-Sinn" der – mit Habermas (1981: 522) kaum mehr zitierbaren – kolonialisierten und dem System zunehmend entfremdeten Lebenswelt in den Aufmerksamkeitsfokus soziologischen Interesses. Nach sichtbar gewordenem Steuerungsversagen und allenthalben konstatierbaren Defiziten einer sozialtechnologischen Gesellschaftsplanung (Habermas/Luhmann 1971) setzte die Suche nach dem „missing makro-mikro-link" ein. Damit einher ging eine Verlagerung der soziologischen Explicanda von den Steuerungs- und Kontrollfunktionen rationaler Systeme hin zu den Integrationsleistungen der in ihnen lebenden und teilweise auch irrational handelnden Subjekte.

Offenbar gewordene Risiken und Grenzen der gesellschaftlichen Rationalisierung schärften den soziologischen Blick dafür, daß auch noch hinter hochaggregierten Handlungs- und abstrakten „Wertträgern" oder „Systemfunktionären" leibhaftige Menschen stehen. Zur selben Zeit wuchs die Einsicht, daß sozialer Wandel sich nicht nur als Wandel von Bedingungen, sondern auch als Wandel von Gesinnungen vollzieht. Parallel dazu verbreitete sich die Auffassung, daß gesellschaftliche Veränderungen soziologisch zufriedenstellend nicht ausschließlich als „Transformation von Strukturen" oder „Mutation von Systemen" beschrieben und analysiert werden können.

4.2 Sozio-kulturelle Ebene

In enger Verbindung mit den Strukturproblemen stehen auf sozio-kul-tureller Ebene die Demokratisierung nahezu aller Lebensbereiche und ein neu erwachtes Selbstbewußtsein der Individuen. Letzteres wird als Anstieg von Selbstentfaltungswerten bei gleichzeitigem Sinken von Pflicht- und Akzeptanzwerten auf der Grundlage von Befragungsergebnissen für die Bundesrepublik Deutschland und eine Reihe anderer Industrieländer auch innerhalb der Wertewandeldiskussion diagnostiziert. Als „Silent Revolution" (Inglehart 1977) ist diese Entwicklung möglicherweise sogar sozialwissenschaftlich mitproduziert.

Hinzu kommt eine geistige Bewegung der Gegenrationalisierung und der Re-Romantisierung. Beiden gemeinsam ist die Enttäuschung über die okzidentale Rationalisierung. Mit der Hinwendung zu östlichen Religionen führte ihre zeitliche Koinzidenz zu einem „rebirthing" des westlichen – und speziell auch des weiblichen – Subjekts (Klein/Liebsch 1997). Zusammen mit der für Zeiten multikulturell bedrohter Identitäten typischen Konzentration auf das Ich und dem (post-)modern gewordenen Kreisen um das Eigene, Einmalige und biographisch Besondere beschwor die ego- und ethnozentrische Emergenz des Subjekts ein „New Age“ auch in der Soziologie herauf.

Die Renaissance des Subjekts und die damit zusammenhängende Konjunktur einer sozialwissenschaftlich orientierten Hermeneutik sind, wenn man der angebotenen Deutungshypothese folgt, somit nicht nur Teil des aus der Kunstgeschichte bekannten „neoromantischen Syndroms“, wie es Johannes Weiß für die gegenwärtige Kulturkritik diskutiert hat (Weiß 1986). In der für die Romantik charakteristischen Vernetzung der Wissenschaften und Künste erscheinen beide auch als Begleitumstände einer umfassenden, die Lebensbereiche und Rationalitätssphären übergreifenden Individualisierung, wie sie auch außerhalb der Wissenschaft stattfindet. Als solche ist die Subjektorientierung der Soziologie nichts anderes als die Widerspiegelung der Subjektorientierung in der Gesellschaft – ganz in dem Sinne, in dem etwa Raymond Aron von der Soziologie als Ausdruck des Selbstverständnisses einer Gesellschaft spricht (Aron 1968, 1970: 7-22).

Mit den unter 4.1. und 4.2 skizzierten Individualisierungs- und Subjektivierungsschüben in der Gesellschaft korrespondiert eine innersoziologische Entwicklung. In ihr zeigt sich nicht nur die Verknüpfung wissenschaftsexterner und -interner Einflüsse besonders deutlich. Es erweist sich in ihr einmal mehr auch die Integriertheit einer nur bedingt handlungsentlasteten Praxis der (Sozial-)Wissenschaften in die Lebenswelt der von ihnen erforschten Akteure und Akteurinnen.

4.3 Ebene der innerwissenschaftlichen Diskurse

Unter den geschilderten strukturellen und kulturellen Voraussetzungen hatte die Prägekraft Durkheimscher „Gußformen“ (Durkheim 1895, 1976: 126) immer mehr abgenommen. Die von Theodor Geiger noch als Ausnahme konzipierte „Alternativwirkungs-Chance“ (Geiger 1947, 1970: 71) der Norm war insoweit „normal“ geworden, als die handelnden Subjekte immer häufiger anders entschieden und sich anders verhielten, als verhaltenstheoretische „invisible hand“-Erklärungen vorsahen und ökonomische „rational choice“-Theorien erklären konnten. Damit war jener Grad an empirischer Irritation erreicht, der soziologiegeschichtlich nachweisbar auch in anderen Fällen nach einer theoretischen Neuorientierung verlangt.

Die soziologische Theorie reagierte mit einer Abkehr vom Menschenbild des in allen Lebenslagen rollen- und normkonformen „homo sociologicus“ (Dahrendorf 1958). Andere konterten mit vorsichtiger Subjektorientierung, zunächst in der Soziologie der Arbeit und der Berufe (Beck/ Brater/Daheim

1980). Dann kam Ulrich Becks Individualisierung (Beck 1986). Die Soziologie der sozialen Ungleichheit sekundierte mit Pluralisierung (Hradil 1987). Die Systemtheorie entdeckte die Autopoiesis (Luhmann 1984, 1985: 43) selbstreferentieller Systeme wie zuvor die Ethnomethodologie die Selbstexplikation indexikalischer Handlungen (Cicourel 1970). Damit war die empirische Wirklichkeit theoretisch eingeholt, und auch einer zeitweilig verdrängten Tatsache wurde wieder Rechnung getragen: Handlungen können Strukturen nicht nur reproduzieren und Institutionen vom Willen einzelner Individuen unabhängig funktionieren. Handelnde können umgekehrt auch Strukturen sprengen und Subjekte Systeme überwinden und diese, wie in der ehemaligen DDR, im wahrsten Wortsinn überleben.

Zuvor hatte Thomas Kuhns seinerzeit als revolutionär empfundene „Struktur wissenschaftlicher Revolutionen“ (Kuhn 1970, 1962) einen Wandel vom normativen zum interpretativen Paradigma ausgelöst. Die „New Rules of Sociological Method“ (Giddens 1976, 1984) forcierten – 80 Jahre nach Durkheims „Règles de la Méthode Sociologique“ aufgestellt – diesen Paradigmenwechsel und trieben die Diskussion um eine „Interpretative Soziologie“ – so der deutsche Titel des 1984 auch bei uns erschienenen Buches von Anthony Giddens – weiter voran.

Mit der Entzauberung des deduktiv-nomologischen Erklärens und objektiven Begründens bewirkten Kuhn und Giddens – jeder auf seine Weise – eine allmähliche Abkehr vom szientistischen Wissenschaftsverständnis der Soziologie und ihren naturwissenschaftlichen Vorbildern. Ersterer tat dies mit der epistemologisch nicht neuen, aber erst zu diesem Zeitpunkt bahnbrechenden Einsicht in den „common sense“-Status selbst naturwissenschaftlicher Gesetze, letzterer kaum weniger folgenreich mit der Betonung der Vorab-Interpretiertheit der Sozialwelt im Unterschied zur natürlichen Welt. Die damit einhergehende Aufwertung des hermeneutischen Verstehens als einer der kausalen Erklärung prinzipiell gleichberechtigten Forschungsmethode förderte den Methodenpluralismus und trug wesentlich zur methodologischen Fundierung der stärker (inter-)aktionistisch und biographisch ausgerichteten Sozialforschung bei.

5. Ausblick und Schluß

Indikatoren für eine vermehrte Handlungs- und Subjektorientierung der gegenwärtigen deutschen Soziologie finden sich

1. auf der Ebene des Forschungsgegenstands und der hierzu entwickelten theoretischen Konzeptionen,
2. im Bereich der von der empirischen Sozialforschung präferierten Methoden sowie

3. in der – auch forschungsethischen – Thematisierung des Verhältnisses von Forschersubjekt und Forschungsobjekt, wie sie u.a. im gemeinsamen Ethikkodex der Deutschen Gesellschaft für Soziologie (DGS) und des Bundesverbands Deutscher Soziologen (BDS) ihren Niederschlag gefunden hat.

Im einzelnen haben wir in der soziologischen Theorie heute einen, namentlich von James Coleman vertretenen, strukturfunktionalistischen Individualismus (Coleman 1990, 1991) und verfügen über Zweige einer Verstehenden Systemtheorie (Schimank 1985), welche den mangelnden Akteursbezug system- und in diesem besonderen Fall zugleich selbstkritisch beklagt. Im Bereich der Methodologie stehen dem gegenüber eine seit den 70er Jahren mit dem Namen Ulrich Oevermann verbundene „objektive Hermeneutik" (Oevermann 1979) und eine quantitative Inhaltsanalyse, aber auch eine qualitative Sozialforschung, die forschungspraktisch nicht mehr nur zu heuristischen Zwecken eingesetzt wird und auch in methodologischer Hinsicht nicht mehr länger als proto- oder präsoziologisches Hilfsmittel der quantitativen Forschung gilt. Entsprechende Entwicklungen werden innerhalb der Soziologie inzwischen auch von Vertretern verhaltenstheoretisch und ökonomisch orientierter Positionen und von der traditionellen Sozialforschung nicht mehr ignoriert, wenn auch nicht von den Repräsentanten aller Richtungen mit uneingeschränkter Zustimmung oder gar sprühender Forscherfreude begleitet.

Betrachtet man die angelsächsische und nordamerikanische Soziologie als Vorboten zeitversetzt auch in Deutschland stattfindender Neuorientierungen, so dürfte sich der Trend mit den üblichen Forschungs-„lags" auf mittlere Sicht weiter fortsetzen. Auch die wissenschaftshistorischen Voraussetzungen sind – trotz der unter 3. angesprochenen soziologiegeschichtlichen Einschränkungen – nicht ungünstig.

Durkheims Regel Nummer 1: „de considérer les faits sociaux comme des choses" (Durkheim 1895, 1973: 15) wurde, von ihm selbst mißverständlich formuliert und vom Großteil seiner Rezipienten als „pars pro toto" für das gesamte Regelwerk genommen, häufig mißverstanden und unter Ausblendung der als „Produkte der Anderen" auch Durkheim nicht fremden gesellschaftlichen Produziertheit der Dinge als „chosismus" vielfach fehlinterpretiert und reifiziert. René König hat hierauf in der Einleitung zur deutschen Ausgabe der „Regeln" (König 1976: 46) ausdrücklich hingewiesen. Ebenso hat Max Weber die aus seiner Methodenlehre oft herausinterpretierte Ausschließlichkeit von erklärender und verstehender Methode so nie vertreten. Die notwendige Korrespondenz beider ist in seiner – freilich auch bei ihm seltsam gewundenen – Definition der Soziologie als einer Wissenschaft, „welche soziales Handeln deutend verstehen und dadurch in seinem Ablauf und seinen Wirkungen ursächlich erklären will", in den von Marianne Weber nach bewährtem Ehefrauenmodell in der 1. Auflage 1922 herausgegebenen Aufsätzen zur „Wissenschaftslehre" niedergelegt und wird unter den „Kategorien der verstehenden Soziologie“ (Weber 1913, 1988: 427-474) näher ausgeführt.

Vor diesem Hintergrund ist Subjektorientierung nicht mit Subjektivierung als der Aufgabe jedweder methodisch und systematisch überprüfbarer Standards gleichzusetzen. Subjektorientierung der Soziologie als die erfahrungswissenschaftlich fundierte Orientierung an der Lebenswelt, der Lebensweise und dem Lebenslauf individueller und kollektiver Akteure bedeutet kein „anything goes“ (Feyerabend 1979, 1995) unkontrollierter Methodenwillkür im Sinne Paul Feyerabends. Sie meint auch keine strukturell unbedingte Indexikalität (Garfinkel 1967) wie in der Ethnomethodologie Harold Garfinkels, welche in vermeintlicher Gegenstandsadäquanz die Differenz zwischen Gegenstand und Methode aufgibt. Indem eine subjektorientierte Soziologie über Betroffenheit und Biographien die Subjektseite von Vergesellschaftungsprozessen konsequent miteinbezieht, bildet sie vielmehr eine Ergänzung der stärker institutionell und strukturell ausgerichteten Grundströmungen, die ihrerseits vorrangig an der Systemseite der Vergesellschaftung interessiert sind.

Bei einem weiteren Ausbau der erwähnten integrativen Ansätze könnte es gelingen, die eingangs erwähnten Dichotomien zwischen *Struktur* und *Handlung*, *Subjekt* und *System* als Forschungsartefakte zu erkennen und als z.T. falsch gezogene Alternativen nicht nur theoretisch aufzuheben. U.a. würde es dadurch möglich, die strukturalistische Unterscheidung Pierre Bourdieus von objektivem „Habitat“ als der entäußerten und „Habitus“ (Bourdieu 1979, 1982) als der subjektiv verinnerlichten Geschichte zu überwinden. Auch die von Norbert Elias unterschiedene Figurations- und Prozeßsoziologie (Elias 1970, 1971) könnte – analog zu der von Reinhart Koselleck geforderten Einheit von Struktur- und Ereignisgeschichte (Koselleck 1983: 560-571) – wieder zusammengebracht werden. Hiervon zu erwarten steht nicht zuletzt eine Steigerung des Erkenntnispotentials soziologischer Forschung.

Daß der Subjektbezug der Soziologie im Konzert innersoziologischer Gegenpositionen derzeit einen, wie es scheint, unaufhaltsamen Aufstieg erlebt, kann – so das abschließende Fazit – zugleich als Ausdruck des Selbstverständnisses und der Selbstthematisierung des Faches angesehen werden. Ihre aktuelle Subjektorientierung weist die Soziologie als Disziplin aus, die sich erklärtermaßen zu ihrem Gegenstand „versteht“ und sich den systematischen Bezug auf das Subjekt und das Subjektive nach objektivistischen Selbst-Mißverständnissen und chosistisch fehlgeleiteten Selbst-Disziplinierungen heute selbstbewußt leisten kann.

Literatur

Aron, R., 1968: Progress and Disillusion. New York: Praeger (dt. 1970: Fortschritt ohne Ende? Gütersloh: Bertelsmann).

Beck, U., 1986: Risikogesellschaft. Auf dem Weg in eine andere Moderne. Frankfurt am Main: Suhrkamp.

Berger, P.L./Luckmann, Th., 1966: The Social Construction of Reality. Garden City, New York: Doubleday Inc. (dt. 1972: Die gesellschaftliche Konstruktion der Wirklichkeit. Eine Theorie der Wissenssoziologie. Frankfurt am Main: Fischer).

Beck, U./Brater, M./Daheim, H.J., 1980: Soziologie der Arbeit und der Berufe. Grundlagen, Problemfelder, Forschungsergebnisse. Reinbek: Rowohlt.

Bourdieu, P., 1979: La Distinction. Critique sociale du jugement. Paris: Les éditions de minuit (dt. 1982: Die feinen Unterschiede. Kritik der gesellschaftlichen Urteilskraft. Frankfurt am Main: Suhrkamp).

Cicourel, A.V., 1970: Methode und Messung in der Soziologie. Frankfurt am Main: Suhrkamp.

Coleman, J.S., 1991: Grundlagen der Sozialtheorie. München: Oldenbourg (orig. 1990: Foundations of Social Theory. Cambridge).

Dahrendorf, R., 1958: Homo Sociologicus. Ein Versuch zur Geschichte, Bedeutung und Kritik der Kategorie der sozialen Rolle. Kölner Zeitschrift für Soziologie und Sozialpsychologie 2: 178-208 und 3: 345-378.

Durkheim, E., 1895: Les Règles de la Méthode Sociologique. Paris: Presses Universitaires de France (frz. 1973 (18. éd.), dt. 1976 (4. Aufl.): Die Regeln der soziologischen Methode. Neuwied, Berlin: Luchterhand).

Elias, N., 1971: Was ist Soziologie? München: Juventa (2.Aufl., zuerst 1970).

Feyerabend, P., 1995: Wider den Methodenzwang. Frankfurt am Main: Suhrkamp (5. Aufl., zuerst 1979).

Garfinkel, H., 1967: Studies in Ethnomethodology. Englewood Cliffs: Prentice-Hall.

Geiger, Th., 1970: Vorstudien zu einer Soziologie des Rechts. Neuwied, Berlin: Luchterhand (2. Aufl., dän. orig. 1947).

Giddens, A., 1976: New Rules of Sociological Method. London: Hutchinson & Co. (dt. 1984: Interpretative Soziologie. Eine kritische Einführung. Frankfurt am Main/New York: Campus).

Gouldner, A., 1970: The Sociologist as Partisan. In: J.D.Douglas (Hrsg.), The Relevance of Sociology. New York: Appleton-Century-Crofts.

Habermas, J., 1973: Legitimationsprobleme im Spätkapitalismus. Frankfurt am Main: Suhrkamp.

Habermas, J., 1981: Theorie des kommunikativen Handelns. Band 2: Zur Kritik der funktionalistischen Vernunft. Frankfurt am Main: Suhrkamp.

Habermas, J./Luhmann, N., 1971: Theorie der Gesellschaft oder Sozialtechnologie?. Frankfurt am Main: Suhrkamp.

Homans, G.C., 1964: Bringing Men Back In. American Sociological Review 29: 809-818 (dt. 1972: Wider den Soziologismus. S. 44-58 in: ders., Grundfragen der soziologischen Theorie. Aufsätze. Opladen: Westdeutscher Verlag).

Hradil, S., 1987: Sozialstrukturanalyse in einer fortgeschrittenen Gesellschaft. Von Klassen und Schichten zu Lagen und Milieus. Opladen: Leske+Budrich.

Husserl, E., 1962: Die Krisis der europäischen Wissenschaften und die transzendentale Phänomenologie. Eine Einleitung in die phänomenologische Philosophie. Den Haag: Nijhoff (orig. 1936).

Inglehart, R., 1977: The Silent Revolution: Changing Values and Political Styles among Western Publics. Princeton/New York: Princeton University Press.

Klein, G./Liebsch, G. (Hrsg.), 1997: Zivilisierung des weiblichen Ich. Frankfurt am Main: Suhrkamp.
König, R., 1976: Einleitung. S. 21-82 in: E. Durkheim, Die Regeln der soziologischen Methode. Neuwied, Berlin: Luchterhand (4. Aufl.).
Koselleck, R., 1983: Ereignis und Struktur. S. 560-571 in R. Koselleck/W.-D. Stempel (Hrsg.), Geschichte – Ereignis und Erzählung. München: Fink
Kuhn, T., 1970: Die Struktur wissenschaftlicher Revolutionen. Frankfurt am Main: Suhrkamp (orig. 1962: The Structure of Scientific Revolutions. Chicago: University of Chicago Press).
Lucke, D., 1995: Akzeptanz. Legitimität in der „Abstimmungsgesellschaft". Opladen: Leske+Budrich.
Luhmann, N., 1985: Soziale Systeme. Grundriß einer allgemeinen Theorie. Frankfurt am Main: Suhrkamp (2. Aufl., zuerst 1984).
Luhmann, N., 1993: Was ist der Fall, was steckt dahinter? Die zwei Soziologien und die Gesellschaftstheorie. Zeitschrift für Soziologie 22: 245-260.
Mead, G.H., 1934: Mind, Self and Society from the Standpoint of a Social Behaviorist. Chicago: University of Chicago Press (dt. 1968: Geist, Identität und Gesellschaft aus der Sicht des Sozialbehaviorismus. Frankfurt am Main: Suhrkamp, stw-Ausg. 1973).
Oevermann, U. u.a., 1979: Die Methodologie einer „objektiven Hermeneutik" und ihre allgemeine forschungslogische Bedeutung in den Sozialwissenschaften. S. 352-434 in H.-G. Soeffner (Hrsg.), Interpretative Verfahren in den Sozial- und Textwissenschaften. Stuttgart: Metzler.
Parsons, T., 1951: The Social System. New York: Free Press.
Pfeil, E., 1961: Die Berufstätigkeit von Müttern. Tübingen: Mohr.
Pross, H., 1973: Gleichberechtigung im Beruf? Frankfurt am Main: Athenäum.
Schimank, U., 1985: Der mangelnde Akteurbezug systemtheoretischer Erklärungen gesellschaftlicher Differenzierung – Ein Diskussionsvorschlag. Zeitschrift für Soziologie 14: 421-434.
Schluchter, W., 1976: Die Paradoxie der Rationalisierung. Zum Verhältnis von ‚Ethik' und ‚Welt' bei Max Weber. Zeitschrift für Soziologie 5: 256-284.
Schütz, A., 1974: Der sinnhafte Aufbau der sozialen Welt. Eine Einleitung in die verstehende Soziologie. Frankfurt am Main: Suhrkamp (orig. 1932).
Simmel, G., 1968: Soziologie. Untersuchungen über die Formen der Vergesellschaftung. Berlin: Duncker & Humblot (5. Aufl., zuerst 1908).
Thomas, W.I., 1931: The Unadjusted Girl. Boston: Little, Brown.
Thomas, W.I., 1966: The Definition of the Situation. S. 233-235 in L.A. Coser/B.Rosenberg (Hrsg.), Sociological Theory: A Book of Readings. New York: The Macmillan Company.
Thomas, W.I./Znaniecki, F., 1918: The Polish Peasant in Europe and America. Boston: Badger.
Wright, G.H.v., 1974: Erklären und Verstehen. Frankfurt am Main: Athenäum.
Weber, M., 1904, 1988: Die „Objektivität" sozialwissenschaftlicher und sozialpolitischer Erkenntnis. S. 146-214 in J. Winckelmann (Hrsg.), Gesammelte Aufsätze zur Wissenschaftslehre. Tübingen: Mohr (7. Aufl.).
Weber, M., 1913, 1988: Über einige Kategorien der verstehenden Soziologie. S. 427-474 in J.Winckelmann (Hrsg.), Gesammelte Aufsätze zur Wissenschaftslehre. Tübingen: Mohr (7.Aufl.).
Weber, M., 1921, 1972: Soziologische Grundbegriffe. S. 1-30 in: M. Weber, Wirtschaft und Gesellschaft. Tübingen: Mohr (5. rev. Aufl.).
Weiß, J., 1986: Wiederverzauberung der Welt? Bemerkungen zur Wiederkehr der Romantik in der gegenwärtigen Kulturkritik. Kölner Zeitschrift für Soziologie und Sozialpsychologie Sonderheft 27 „Kultur und Gesellschaft": 286-301.

Angstfreies Erkunden

Ein neidischer Seufzer vom Prokrustesbett der Begründungszwänge

Edo Enke

Renate Walds reiche Biographie – mit Bescheidenheit selbstdokumentiert[1] – weist sie als eine findige und fündige Sozialforscherin aus. Wo das understatement der Tochter aus gutem bergisch-bürgerlichen Hause dem Autor zu weit geht, greift dieser Text protestierend ein:

Kollegin Wald bezichtigt sich einer Methodenschwäche[2]. Daß sie diese pleonastisch als Unterrepräsentanz quantitativer Methoden versteht, erfreut zwar denjenigen, der quantifizierungsabgeneigten Studierenden und Kollegen wie ein unwillkommener, aber vom Steuerzahler beauftragter Prediger erscheinen muß, setzt ihn aber auch in die Lage, ihr vorzurechnen, welche Gewissensbisse sie vermieden hat, als sie sich entschloß, der qualitativen Erkundung den Vorrang einzuräumen und auf das riskante Abenteuer eines Wahrheitstests ihrer Vermutungen mit Ziffern zu verzichten.

Bevor nun dieses Abenteuer in seinen bedrohlichsten Phasen skizziert werden soll, möchte ich aber betonen, daß Renate Walds Erkunden in der Weise erfolgte, wie es mir löblich erscheint: möglichst prämissenfrei, neugierig, bereit, überrascht zu werden; also weit weg von den ideologietriefenden Selffullfillern, die zuerst ihre Duftmarken auslegen, um sie hernach spursicher wiederaufnehmen zu können.

Gehen wir also den fiktiven Weg der Sozialforscherin nach, der ihr vorgegeben wäre, wenn sie denn begründen wollte, was schon entdeckt wäre.

Wenn sie denn den Ziffern eine entscheidendere Rolle zugewiesen hätte, ihr erstes Problem bestünde darin -ganz im Gegensatz zu ihren Neigungen-, eher generelle, als spezifische Hypothesen, ja gar (horribile dictu) Theorie zu formulieren.

Dies aus dem simplen Grunde, daß nur genügend hohe Fallzahlen einen Hypothesentest ermöglichen und diese Fälle sich leichter bei einer eher generellen, als für eine eher spezifische Hypothese finden ließen.

1 Renate Wald, Pilotstudien. In: Christian Fleck (Hrsg.), Wege zur Soziologie nach 1945. Biographische Notizen, Opladen 1996

2 A.a.O., S. 68

Obwohl sie also die aus Sicht der großen Theoretiker bescheidenen middle-range-theories eher als waghalsig riskante, mithin leicht falsifizierbare, somit kaum brauchbare Vermutungen einschätzt, hätte sie sich um der Erreichbarkeit von Versuchspersonen willen – seufzend – ziemlich allgemeine Hypothesen zu eigen gemacht.

In der Auswahl von Versuchspersonen läge nun trotz alledem ihr nächstes Problem. Die Sorge um eine gute Repräsentativität triebe sie um. Früher wäre ihr der Zugriff auf eine telefonische Zufallsauswahl der Versuchspersonen nicht möglich gewesen – eine bei bergischen wie schwäbischen Forschern wegen der Kosten und Zeitersparnis besonders beliebte Methode. Ein voreilig abschätziger Gedanke käme ihr zur postalischen Befragung, sie verwürfe diesen jedoch mit der gleichermaßen verfrühten Hoffnung auf eine mustergültige persönliche Befragung.

Hochmotivierte Studierende stünden ihr zur Verfügung, und sie würde erst viel zu spät registrieren, daß deren so seriös vorgetragene Bewerbung zur Mitarbeit am Projekt vorrangig dem Mammon und dann noch dem lockenden Leistungsnachweis im Sinne der 7. Prüfungsordnung des Fachbereichs zuzuschreiben war. Für die Feststellung möglicher Interviewereffekte wäre es eh zu spät gewesen – auch dann, als ihr der siedendheiße Verdacht auf grobe Interviewfälschung aufgekommen wäre. Sie tröstete sich mit jener Kölner Studie, die nachwies, daß gefälschte Interviews geradeso gut sind wie die echten.

Der erste Charaktertest stünde aber unvermeidbar an: Welche Ausfälle erklärte sie als stichprobenneutrale? Schon die Grundlagenforscher halten sich da bedeckt oder sind inkonsistent. Klar ist aber, daß die semantisch sensiblen Unterschiede zwischen Nichtverfügbaren (neutral) Nichterreichbaren (neutral?) und Nichtbereiten (nicht neutral) jede(n) zuerst ins Grübeln bringen können, um dann eine fröhliche Entscheidung zugunsten der Ausschöpfungsquote zu fällen.

Zeitgleich müßte sie über die Stichprobengröße grübeln. Scylla Kosten und Charybdis Hypothesenschicksal raubten den Schlaf der jetzt nicht mehr gerecht sein Könnenden. Wie immer die Entscheidung ausfällt, die finanzielle Entscheidung zur Stichprobengröße kostete immaterielle Werte: Das Vertrauensintervall wird im Zweifel unter den Finanzen leiden. Der Trost hierbei ist fade: Die arme Forscherin wird wohl eher Nullhypothesen bestätigen können als der reiche.

Daß dies so allgemein nicht stimmen muß, weil die ganze Chose auch noch von anderen charakterbedingten, pardon pragmatischen Forschungsinteressen bedingt ist, wie dem von ihr festzulegenden Sicherheitsniveau (weniger werbewirksam: Irrtumswahrscheinlichkeit) und dem wesentlich schmiegsameren Vertrauensintervall oder gar von der nicht einmal zu beeinflussenden Streuung der zu untersuchenden Variablen, wäre ihr klar. Frau ist als vorsichtige Skeptizistin – falls man(n) nichts weiß, soll der ungünstigste Fall angenommen werden – leicht gefährdet, Wissen vorzugeben, damit sie den ungünstigen Fall – das wäre der teurere – vermeiden kann.

Was immer sie entschieden hätte – eines wäre gewiß: nie und nimmer würde sie – wie die großen Institute auch nicht – eine repräsentative Stichprobe eingehandelt haben. Doch gemach, die Empirie hat Medizin für alle Fälle!

Zunächst würde sie das Ausmaß des Schadens feststellen, um hernach, nach Maßgabe (sic) einer anderen – für besser deklarierten – Stichprobe, mit rechnerischen Zaubertricks eine ‚*nach* Gewichtung repräsentative Stichprobe' elegant aus dem Rechner-Zylinder zu holen.

Das Verfahren wird Gewichten genannt: sie würde einige soziodemographische Verteilungen zur Herstellung endgültiger Gewißheit an der ‚besseren' Stichprobe abgleichen. Gut deutsch muß hier eine staatliche Stichprobe herhalten, deren Fehlerdebatte auch schon Meterware ist. Und potzblitz schlägt die Euphorie in Ernüchterung um: Trotz aller Mühen dürfte sie einen unerklärbaren, aber auch unnegierbaren systematischen Fehler – gemessen am Mikrozensus – registrieren. Sie hätte jetzt keine Angst vor dem gerne benutzten Heilmittel, obwohl in diesem Falle die Beipackzettel vor dem Gebrauch generell und eindringlich warnen. Aber da alle renommierten Institute solche systematischen Stichprobenfehler durch Gewichtung eliminieren, entschiede auch sie sich zum Mitmachen. Semantisch hoch sensibel fände sie Trost in der Vermeidung des deutsch-harten ‚systematischen Datenausfalls' durch das ihr näherliegende, sanfte unit-nonresponse. Einer Antwort aber einmal ein 1,4-Gewicht, einer anderen nurmehr eines von 0,89 zu verpassen, läßt sie den Atem stocken. Die Auswirkungen auf die multivariaten Berechnungen hingegen belästigten sie nicht, da sie diese Planung einem Statistik-Freak für ein geringes Salär übertragen hätte. Danach könn-te sie sich gelassen an die Meßproblematik heranpirschen.

In ubiquitärem teutonischen Optimismus nähme sie nun an, daß es gelungen wäre, eine glaubwürdige Stichprobe zu ziehen, und daß diese Stichprobe nicht nur repräsentativ für die Auswahleinheiten, sondern auch für die eigentlich einzig interessierenden Aussageeinheiten ist. (Daß dies nicht identisch sein muß, negieren die PraktikerInnen in ihrer Not notorisch.)

In ihrer in Köln oder Mannheim eingeprägten Angst vor naturwüchsigen Antworten und ihrem Wissen, daß diese trotz aller ZUMA-Hilfe nur mit peinlichem Aufwand in einen Rechner zu geben sind, würde sie den dringenden Bedarf an Standardisiertem empfinden, um sogleich die doch erst zu ermessende bunte Welt auf ein paar von der Menge her zumutbare, von der Qualität her ihr hochplausible Antwortmöglichkeiten zu ihren Fraugen zu beschränken.

Daß sie bei der Standardisierung einen guten (?) Teil der Antworten selbst erledigte, ließe sie nur kurzfristig Trauer empfinden, denn der Gewinn bei der Auswertung wäre doch zu verlockend – zumal ihr ein EDV-begabter

Mitarbeiter einen computerlesbaren Fragebogen einzureden versuchen würde. (Sie hielt das Lesen zwar schon als Erkunderin für eine Kulturtechnik, würde es aber resignierend hinnehmen, wenn auch Maschinen sich dazu aufrafften.)

Unwohl wäre ihr beim Standardisieren schon, denn ihre Befürchtung, sie würde analog zu der o.e. Duftmarkenstrategie nur noch von den Häufigkeiten, aber nicht mehr von der Art der Antwort überrascht werden können, ist ja nicht absurd. Doch ohne Reliabilitätstest wäre sie ja im Begründungszusammenhang handlungsunfähig, ja entehrt. Und der klappt nur bei Standardware.

In ihrer Zeitnot glaubte sie, auf einen Pretest verzichten zu müssen und wendete sich deshalb an Experten von der Fachgruppe Sozialpsychologie mit der Bitte um Expertenvalidierung. Es ehrte sie erneut, daß sie an dieser Stelle die Kollegen von der analastrologischen oder gar kritisch-theoretischen/ feministischen Sektion außenvorließe. Die übrig gebliebenen Vernünftigen (Rationalisten, kritische, auch diese) wiederum – wer hat je das konfliktträchtige Gegenteil erlebt – nicken, und sie protokollierte die Erlaubnis zum Weitermachen als Fußnote korrekt.

Nach einem dann doch noch verschämt eingeschobenen Pretest an ihren studentischen Hilfskräften und den drei übereifrigen Seminarteilnehmern könnte sie denn endlich ins Feld gehen. Die Gefahr, die von solch merkwürdig Motivierten ausgeht, übersähe sie wegen ihrer Herzensgüte. Dies würde sich als ihr einziger schwerwiegender Begründungsfehler erwiesen!

Der Begriff Feld ist tragisch mehrdeutig. Denn sie könnte jetzt nicht eine Wanderung ins üppige Feld der natürlichen Lebenswelt unternehmen, sondern zwängte sich und ihre Versuchspersonen in vor Peinlichkeit strotzende (Hausfrau Dampfnudeln auf den Karamel-Punkt schmorend, Vater bei der Sportschau dösend, studentisches Paar bei ihrem Quasi-Ehekrach unterbrechend...) künstliche Situationen, von den vor nichts zurückschreckenden Quantifizierern hemmungslos ‚Feldphase' tituliert.

In diesem Feld angekommen, packte sie endgültig das Grausen: Statt einer verlockenden Blumenwelt sähe sie sich umzingelt von Schreckgespenstern – nein, keine Gespenster, es umzingelten sie reale Kräfte, die ihr Werk zerstören wollen: der response set, komponiert aus den Giftstoffen ‚soziale Erwünschtheit', ‚Ja-Sager-Tendenz' und auch dem etwas milderen, aber auch unbekömmlichen Wirkstoff ‚Meinungslosigkeit', der fatalen ‚Tendenz zur Mitte', Antwortverweigerung (erneut eleganter: item nonresponse) usf.

Auf Anraten eines hierfür im Hause notorisch bekannten Statistikers nähme sie einfach den mittleren Distraktor aus dem Spiel und wunderte sich, daß sie nicht selbst darauf gekommen ist. Noch mehr staunte sie, wie durch diesen doch einfachen Trick der Test auf Normalverteilung dramatisch besser ausfiele.

Ein junger Karrierepsychologe riete ihr dann, den Gordischen Knoten der Meßfehler mit hilfstheoretischen (sic) Zusatzmeßinstrumenten (SD-Skala, Lügen/Leugnen-Skalen) zu durchhauen. Auf diese Weise könnte sie einen nicht unerheblichen Teil der Versuchspersonen als untauglich identifizieren und aus dem Datensatz nach Aschenputtelart eliminieren. Daß hierbei ihre Ausschöpfungsquote zwar konstant bleibt (weil dieser Teil des Forschungsberichtes schon gedruckt ist), aber der Datensatz unter die von ihr eingangs als Minimum deklarierte (und stichprobentheoretisch begründete) Grenze fiele, ließe ihren Blutdruck hochschnellen, doch vertagte sie eine endgültige Bewertung und eine eventuelle weitere Gewichtung, bis sie auch einen Blick auf die item-nonresponses geworfen hätte. (Diese sind nicht ganz so schlimm wie die verheerenden unit-nonresponses, aber graue Haare ließen die auch wachsen, wenn es keine Abhilfe gäbe. Aber sie ahnte richtig: es gibt.)

Denn die Gesamtausfälle gewichtete sie ja eh, und, erstmal begeistert vom Heilungseffekt, fände sie in der Literatur die nun nicht mehr überraschende Empfehlung, auch die item-nonresponses (etwa durch Gruppenmittelwertmethode) synthetisch auszugleichen. Von den regressionsanalytischen Alternativen nähme sie Abstand, weil ihr der psychologisch-theoretische Aufwand und damit das Risiko zu recht höher erschiene, als der eher mit soziodemographischen Variablen arbeitende Gruppenmittelwertansatz. Bei dem Versuch jedoch, die theoretische Begründung für angemessene Gruppenbestimmung zu finden, bräche sie nervös ab, um Zuflucht bei der theoretisch unverfänglichsten ZUMA-Standard-Demographie zu suchen.

Wenn dann der Datensatz endlich gut geflickt kreuztabelliert aufleuchtet, dann lernte sie das Gefühl tiefer Genugtuung kennen, das all jene erfaßt, die auf diese anspruchsvolle Weise ein Bild dieser Welt konstruiert haben.

Der Folgekriegsschauplatz der Datenreduktion ließe sie kalt. Sie zöge – sich in bester Gesellschaft findend – die in der Fachwelt geschätzten multivariaten Verfahren vor und achtete tunlichst nicht auf das Meßniveau ihrer Variablen. Im Zweifel hülfe ihr – und dabei wäre sie schon sehr *aware* – die nun in großer Selbstsicherheit getroffene Annahme des angemessenen Skalenniveaus. Auch freute sie sich jetzt, die Fallzahl nicht um allzuviele schlechte Versuchspersonen reduziert zu haben, denn diese multivariaten Analysen sind für jede noch so schlechte Versuchsperson dankbar.

Auch bei der Konfrontation der Daten mit ihren Ausgangshypothesen (sie könnte sich nach den ganzen meßtheoretischen Problemen nur noch vage erinnern und müßte nachlesen) wäre sie nun abgebrüht: Mit dem Lehrsatz ‚Es gibt keinen Grund, eine gute Theorie aufzugeben, nur weil sie widerlegt wurde' gäbe sie sich abschließend erneut fehlerbewußt und meßkritisch. Sie protokollierte Bedenken an einigen Operationalisierungen und schaffte damit eine Plattform, auf der sie mit den unter Ziffernphobie leidenden Kollegen die Friedenspfeife rauchen könnte: die Exhaustion.

Nun sähe sie, wie richtig sie lag, sich nicht so intensiv mit den quantitativen Methoden auseinanderzusetzen. Sie fände eine einzige Korrektur nötig: Die zitierte Stelle würde sie in eine Lobeshymne auf ihre qualitativ vorzügliche, ziffernarme, rechenoperationsfreie, dennoch informationsreiche methodologische Position umformulieren.

Renate Wald – „Pilotstudien“

Das Paradigma einer erfahrungsgesättigten und anwendungsorientierten Soziologie – oder der Versuch eines Rückblicks auf eine wissenschaftliche Karriere in respektvoller, engagierter Distanz

Detlef Garbe

Verehrte Frau Professor Wald, bitte entschuldigen Sie den zu lang und zu abstrakt geratenen Titel meines Beitrags. Als gelernte Journalistin hätten Sie ihn nicht nur prägnanter formuliert, sondern der Titel eines wissenschaftlichen Buches oder Artikels von Renate Wald trug gleichzeitig ihr „Markenzeichen“. Also hätte ich texten müssen: „Renate Wald – in der Arbeit aufgehen, im Team arbeiten, sich auf die Empirie einlassen und vorsichtig verallgemeinerungsfähige Aussagen formulieren“.

Für jene Leser dieses Beitrags, die zwar mit der Biographie und den Werken von Renate Wald vertraut sind, aber weniger mit mir und meiner Arbeit, scheint es notwendig, einige Stationen der Biographien beider Personen nachzuzeichnen. Dies mag Rückschlüsse auf die verdienstvolle Arbeit von Renate Wald erlauben und die Frage beantworten, warum sie Wert auf einen Beitrag aus meiner „Feder“ gelegt hat.

1. Stationen in Lehre und Forschung[1]

1969 kam Renate Wald mit einem Lehrauftrag für Soziologie an das Seminar für Soziologie und Sozialpädagogik der Pädagogischen Hochschule Rheinland, Abt. Wuppertal; 1970 wurde sie dort wissenschaftliche Mitarbeiterin. Bei dem Direktor dieses Seminars, Peter Dienel, legte ich im WS 1970/71 im Rahmen des Ersten Staatsexamens für das Lehramt an Grund- und Hauptschule die Prüfung im Fach Soziologie ab. Renate Wald war eine geduldige, aber präzis nachfragende Beisitzerin.

Während Renate Wald nach einer Zwischenstation an der PH Münster und ihrer Habilitation an die neugegründete Gesamthochschule Wuppertal 1974 an den Fachbereich Gesellschaftswissenschaften zurückkehrte, hatte mir Peter Dienel die Gelegenheit zu einem Doktorandenstipendium mit der

1 Dieser Beitrag kann und will keine Dokumentation der vielfältigen Arbeit von Renate Wald innerhalb und außerhalb der Wissenschaft sein; vielmehr stellt er einen sehr persönlichen Rückblick dar, mit dem Ziel auszudrücken, von Renate Wald gelernt zu haben, ohne je formal einer ihrer Schüler gewesen zu sein.

Verpflichtung zu einem Aufbaustudium in Soziologie eröffnet. 1975 wurde ich dort wissenschaftlicher Mitarbeiter und durfte zunächst mehr aus der Distanz, denn aus eigener Anschauung erleben, wie sich Renate Wald auf den Aufbau des Studiengangs „Diplom-Sozialwissenschaftler“ und auf die Lehre konzentrierte.

Erst als sich nach meiner Promotion und der Leitung einiger Forschungsprojekte an der Wuppertaler Forschungsstelle „Bürgerbeteiligung und Planungsverfahren“ meine erkenntnisleitenden Interessen von der „Gestaltung demokratischer Prozesse“ zu den Folgen und Anwendungsbedingungen von Technik verlagerten, gab es – über das gemeinsame Leben auf einem Flur in einem ansonsten mehr oder weniger seelenlosen „Turm der Forschung und Lehre“ hinaus – inhaltliche und thematische Berührungspunkte. Ich wollte wissen, wie die Anwendungsorientierung der häufig genug mühsam erarbeiteten soziologischen Erkenntnisse gesteigert werden könnte; ich wollte wissen, wie aus soziologischen Erkenntnissen Handlungsorientierungen und Handlungsprogramme entwickelt werden könnten. Das Thema, das eine Studentengruppe damals an mich herangetragen hatte, nämlich „Berufsorientierung und Berufswahl von Schülerinnen“, führte direkt zu Renate Wald. Eine erfahrenere Mentorin zu diesem Themenfeld als sie wäre nicht zu finden gewesen. Andererseits hatte Renate Wald erfahren und miterleben können, daß das Management von Forschungsprojekten, vom Geld-Auftreiben über das Verträge Abschließen bis hin zum Führen eines Projektteams, Qualitäten erfordert, die sie bei mir vermutet oder erlebt hatte. So konzipierten wir gemeinsam ein großes Forschungsprogramm „Frauen in technischen Berufen“, das in der Zeit von 1986 bis 1989 unsere wissenschaftliche Arbeit weitgehend geprägt hat.

1989 war Renate Wald bereits emeritiert und meine Zeit in Wuppertal endete mit dem Wechsel an das Wissenschaftliche Institut für Kommunikationsforschung in Bad Honnef. Als Leiter der dortigen Forschungsgruppe „Technikfolgenabschätzung“ war ich stets auf der Suche nach neuen Themen. Eines dieser Themenfelder war die Nutzung der modernen Telekommunikationstechnik in unterschiedlichen Lebensphasen. Mit Renate Wald diskutierte ich die Anlage von Studien zur Nutzung der Telekommunikation in der Kindheit und im Alter. Renate Wald hat dann mit einer Pilotstudie „Telekommunikation und ältere Menschen“ den Grundstein für eine Serie empirischer Arbeiten und Technikgestaltungsstudien gelegt, deren Auswirkungen erst jetzt in der Entwicklung neuer Telekommunikationsdienste im Bereich von Telemedizin und Home Care, aber auch in der Funktionalität neuer Gerätegenerationen zum Tragen kommen. Renate Wald hat über diese konkreten Anlässe gemeinsamer Arbeit hinaus auch meine wieteren Stationen immer wieder mit sachbezogenen Kommentaren und biographischen Hinweisen begleitet; dafür gebührt ihr über jene respektvolle Distanz, wie sie einer wissenschaftlichen Autorität zu zollen ist, hinaus mein persönlicher Dank.

2. Leitlinien wissenschaftlichen Arbeitens

In den Jahren gemeinsamen Arbeitens habe ich den Arbeitsstil, die Leitlinien erkenntnissuchenden Handelns und die Kraft ihrer Persönlichkeit kennen und schätzen gelernt. Die verallgemeinerungsfähige Botschaft von Renate Wald an uns, die nachfolgende Wissenschaftlergeneration, möchte ich zumindest ansatzweise skizzieren:

- Beobachten und erfahren

Soziologische Erkenntnis basiert zunächst und vor allem auf der Kenntnis der Empirie; damit meine ich die tatsächlich beobachtbaren sozialen Handlungen und Interaktionen, das Geflecht der sozialen Beziehungen sowie die Genese, den Verlauf und die Effekte sozialer Prozesse. Renate Wald hat alle ihre Studentinnen und Studenten zur Beobachtung und damit zur Entwicklung einer soziologischen Perspektive „erzogen“. Ob es die Beobachtungsprotokolle im Kindergarten, die offenen Interviews mit Industriearbeiterinnen oder das Praktikum in einem Unternehmen waren, stets hieß es: beobachten, niederschreiben, Wirklichkeit erfahren und auswerten. Welche Aussagen sind verallgemeinerungsfähig, wo liefert soziologische Theorie Hinweise für die Interpretation und Kategorisierung, was bedeuten diese Erkenntnisse für die Lebenssituation der Menschen?

- Analysieren und diskursiv interpretieren

Auch Renate Wald wird nicht mehr nachvollziehen können, wieviele Beobachtungsprotokolle, Interviews, Mitschriften von Gruppendiskussionen von ihr in Auftrag gegeben und durch ihre Studenten und Mitarbeiter erstellt und analysiert worden sind. Das empirische Material dürfte mehrere Bücherwände füllen, ist faktisch nicht mehr bzw. nur in geringen Teilen verfügbar. Heute, in den Zeiten der Digitalisierung, stünde uns eine überaus wertvolle „Datenbank“ für die (historisch) vergleichende sozialwissenschaftliche Forschung zur Verfügung. Der Zugriff auf diesen empirischen Schatz ist nur indirekt über die Lektüre der Bücher und wissenschaftlichen Artikel von Renate Wald möglich. Bevor ein solches Buch oder ein Artikel entstand, hatte Renate Wald ihren Mitarbeiterteams und sich selbst allerdings wissenschaftliche „Knochenarbeit“ verordnet. Im Zentrum standen die Analyse jeder sozialen Situation, der Abgleich mit der Fachliteratur und die Entwicklung theoriegeleiteter Thesen. Dann begann die eigentliche Arbeit: der wissenschaftliche Diskurs über die vorgelegten Interpretationen von Wirklichkeit, die Prüfung und Weiterentwicklung von Theorien, um zumindest für den gewählten Bereich der empirischen Untersuchung eine theoretische Vorstellung „mittlerer Reichweite“ entwickeln zu können.

- Emotional integrieren

Daß Gesellschaften ihre Mitglieder integrieren oder zumindest integrieren sollten, ist für jeden Sozialwissenschaftler eine Selbstverständlichkeit. Daß Hochschulen bzw. Fachbereiche „ihre“ Studenten integrieren sollten, ist im Zeitalter der Massenuniversitäten vielleicht nicht einmal mehr allgemein akzeptierte Zielorientierung. Wenn trotzdem an Fachbereichen mit Überlast, wie es in der Sprache der Hochschulverwaltung hieß, durch massenhaften Zulauf und Aufbau des Studiengangs Orientierung und Integration möglich wurde, dann in der Regel nicht durch soziale Strukturen und Prozesse, sondern durch Personen. Manchmal geschieht die Verarbeitung und Bewältigung sozialer Komplexität durch Menschen und ihre Menschlichkeit und nicht durch die Abstraktheit geronnener sozialer Strukturen. Renate Wald ist mehr als ein Beleg dieser These, sie ist die integrative Kraft in einer für die Studierenden manchmal chaotischen Umwelt gewesen. Sie war für diese und für uns die Mutter der Soziologie (in Wuppertal). Mehr als die ehren- und respektvolle Bezeichnung der Lehramtststudierenden für Renate Wald kann und braucht man für die Würdigung ihrer wissenschaftlichen Arbeit in Lehre und Forschung nicht anzuführen; für viele Studentengenerationen und wissenschaftliche Mitarbeiter war sie schlicht – „Mama Wald“.

Sozialisation, Lebensalter

Unialltag mit Kind

Ansätze für eine familienfreundliche Hochschule

Petra Meiswinkel & Hiltrud Rottkord-Fuchtmann

Die Situation von Hochschulangehörigen mit Kindern hat bislang weder in der Forschung, noch in der Öffentlichkeit nennenswerte Beachtung gefunden. Zwar wird in letzter Zeit die Verbindung von wissenschaftlicher Ausbildung und Elternverantwortung mit größerer Sensibilität thematisiert, dennoch sehen sich studierende Eltern im Unialltag mit zahlreichen Problemen konfrontiert. Studienordnungen, Vorlesungszeiten und Prüfungstermine berücksichtigen in der Regel nicht die spezifische Situation der studierenden Mütter und Väter. Ebenso sind Wissenschaftlerinnen mit Kindern und natürlich auch Wissenschaftler, sofern sie Familienaufgaben übernehmen, auf Unterstützung von Seiten der Hochschule angewiesen. Denn sie müssen eine Balance zwischen Familie, Lehre und Weiterqualifikation finden.

In den letzten Jahren sind daher an der Bergischen Universität-Gesamthochschule Wuppertal unter Leitung der Frauenbeauftragten, Dr. Margot Gebhardt-Benischke, eine Reihe von Projekten auf den Weg gebracht worden, die eine bessere Vereinbarkeit von universitärer Ausbildung/Berufstätigkeit und Familie – insbesondere für die Mütter – in den Mittelpunkt stellen. Im folgenden werden wir über drei dieser Vorhaben berichten.

Im Sommer 1993 begannen wir als wissenschaftliche Mitarbeiterinnen des Frauenbüros mit einer einjährigen Untersuchung zur Lebensorganisation von Studentinnen und Wissenschaftlerinnen mit Kindern an der BUGH Wuppertal. Frau Prof. Dr. Renate Wald hat uns während dieser Forschung wissenschaftlich beraten und unterstützt. Frau Wald ist uns seit Beginn unserer Studienzeit Anfang der 80er Jahre bekannt. Eine von uns, Mutter von zwei Kindern, war lange Zeit als studentische Mitarbeiterin für sie tätig und hat sie in den Jahren guter und herzlicher Zusammenarbeit auch privat näher kennengelernt. Wir stehen bis heute im regelmäßigen Kontakt.

Die empirische *Studie „Wie bringen Frauen Kinder und Wissenschaft unter einen Hut?"* sollte die Lebensentwürfe und Konfliktbewältigungsstrategien von Studentinnen und Wissenschaftlerinnen mit Kindern verdeutlichen. Sie beschreibt, wie Frauen mit Kindern ihren Alltag zwischen Familienpflichten und Studium/Arbeitsanforderungen organisieren und wie sie darüber hinaus die Bereiche Familie und Ausbildung/Berufstätigkeit in ihre langfristige Lebenskonzeption integrieren.

Wir führten damals drei Teilerhebungen durch: eine schriftliche Befragung aller an der BUGH Wuppertal beschäftigten Wissenschaftlerinnen sowie jeweils 15 Leitfadeninterviews mit studierenden Müttern und Wissenschaftlerinnen mit Kindern. Die große Resonanz auf die Kurzbefragung und auf unsere Suche nach Interviewpartnerinnen zeigt, wie aktuell die Frage der Vereinbarkeit von wissenschaftlicher Ausbildung/Berufstätigkeit und Familie nach wie vor ist.

Dennoch findet die besondere Lebenslage der Mütter in der Wissenschaft kaum Berücksichtigung. Bemerkenswert ist, daß die Hochschulstatistiken keine Angaben darüber enthalten, wie viele der Studierenden bzw. wissenschaftlich Beschäftigten Kinder zu versorgen haben. Diese fehlenden Planungsdaten erschweren zweifellos die Konzeption und Umsetzung familienfreundlicher Maßnahmen im Hochschulbereich.

Laut einer Erhebung des Deutschen Studentenwerkes aus dem Jahr 1991 kann man davon ausgehen, daß in den westdeutschen Ländern acht Prozent der Studentinnen und fünf Prozent der Studenten mit Kindern leben (Bundesministerium für Bildung und Wissenschaft 1992). Für die BUGH Wuppertal ergibt sich derzeit folglich eine Zahl von über 1000 studierenden Müttern und Vätern. Für die Gruppe der Wissenschaftlerinnen läßt sich auf der Basis unserer damaligen Kurzbefragung eine Schätzung vornehmen. Demnach ist zu vermuten, daß 40 Prozent der Wissenschaftlerinnen Mütter sind. Dies entspräche für das Jahr 1993 der absoluten Anzahl von rund 50 Wissenschaftlerinnen mit Kindern an der BUGH Wuppertal. Mit diesem Anteil sind Mütter in der Wissenschaft unterrepräsentiert, denn zum selben Zeitpunkt hatten 54 Prozent aller in Westdeutschland erwerbstätigen Frauen im Alter zwischen 25 bis 65 Jahren Kinder (Statistisches Bundesamt 1995). Die wissenschaftlichen Arbeitsbedingungen scheinen im Vergleich zu anderen Beschäftigungsbereichen den Frauen eine Familiengründung also eher zu erschweren. Onnen-Isemann und Oßwald (1991) belegen diese These in ihrer bundesweiten Befragung von Professorinnen.

Die Tatsache, daß der Frauenanteil an der BUGH Wuppertal wie auf Bundesebene von einer universitären Statusgruppe zur nächsten abfällt – unter den Studierenden sind Frauen zu einem Drittel, unter den Hochschullehrenden nur zu fünf Prozent vertreten –, deutet ebenso auf bestehende geschlechtsspezifische Hürden im Wissenschaftsbereich hin (vgl. Wermuth 1992).

Die Sozialstruktur der studierenden Eltern läßt erkennen, daß es sich bei den Studentinnen mit Kindern keineswegs um eine homogene Gruppe handelt (vgl. Kahle 1993). Zu beachten ist zum einen die Teilgruppe der alleinerziehenden Mütter. Zum anderen wurde während der Auswertung unserer Leitfadeninterviews deutlich, daß der Geburtszeitpunkt des Kindes/der Kinder eine gravierende Rolle spielt.

Die befragten Studentinnen, die bereits vor dem Studium Mutter geworden sind, verbinden mit der Studienaufnahme den Wunsch, ihre Hausfrauen- und Mutterrolle aufzubrechen und/oder bildungsbezogene Lebenspläne zu realisieren. Ihre Kinder sind bereits älter und selbständiger. Für die konkrete Abwicklung des Tagesablaufs ergeben sich hieraus Erleichterungen. Außerdem haben diese Studentinnen ihre Familienplanung weitgehend abgeschlossen und beabsichtigen, nach dem Studium eine berufliche Vollzeittätigkeit auszuüben.

Die Situation der interviewten Studentinnen, die während des Studiums ihr(e) Kind(er) bekommen haben, ist wesentlich ungünstiger. Sie sind häufiger alleinerziehend und erleben aufgrund der zumeist ungeplanten Schwangerschaft eine jähe Unterbrechung ihrer Ausbildungsbiographie. Da ihre Kinder jünger sind, richtet sich die Tagesplanung primär nach den kindlichen Bedürfnissen aus. Das Hauptproblem besteht in der Organisation einer verläßlichen Kinderbetreuung. Vielfach sind diese Studentinnen mit kleineren Kindern neben der institutionellen Kinderbetreuung auf ergänzende private Betreuungsnetze angewiesen, um ihren Studienanforderungen nachkommen zu können. Sie formulieren zudem einen weiteren Kinderwunsch, der sich jedoch infolge ihrer aktuellen Lebensumstände nicht konkretisieren läßt.

Anhand unserer damaligen Untersuchungsergebnisse lassen sich Übereinstimmungen, aber auch Abweichungen zwischen der Lebensorganisation der befragten Studentinnen sowie der Wissenschaftlerinnen nachzeichnen. Sowohl die Studentinnen, als auch die Wissenschaftlerinnen weisen dem Studium/der Berufstätigkeit einen hohen Stellenwert in ihrer Lebensplanung zu. Der Versuch, die familiären und universitären Anforderungen zu koordinieren und ihnen gleichermaßen gerecht zu werden, beinhaltet für beide Gruppen den weitgehenden Verzicht auf freie Zeit zur eigenen Entspannung und Regeneration. Ihr Alltag ist gekennzeichnet durch starre Zeitvorgaben und chronischen Zeitmangel. Zusätzlich müssen die Studentinnen oftmals neben ihrem Studium einer Erwerbstätigkeit nachgehen; die Wissenschaftlerinnen müssen die Weiterqualifikation im Rahmen der Promotion bzw. Habilitation in zumeist zeitlich befristeten Arbeitsverhältnissen in ihren Alltag zwischen Familie und Beruf eingliedern. Somit kann eher von einer Dreifach- als von einer Doppelorientierung gesprochen werden. Die Mütter erleben sich als „Familien-organizer", die strukturell bedingte Lücken und Engpässe in der Kinderbetreuung immer wieder in Eigeninitiative – oft kurzfristig – schließen müssen. Trotz aller Bemühungen, die familiären und universitären Ansprüche auszubalancieren, empfinden Studentinnen wie Wissenschaftlerinnen ihren Kindern gegenüber Gewissensbisse und befürchten, „schlechte" Mütter zu sein. Darüber hinaus stehen beide Gruppierungen vor der Schwierigkeit, ihre Familienplanung mit ihren universitären Vorhaben abzustimmen. Teilweise verzichten sie sogar auf weitere, gewünschte Kinder.

Unterschiede zwischen der Lebenssituation der befragten Studentinnen und Wissenschaftlerinnen zeigten sich vorrangig im partnerschaftlichen und finanziellen Lebensbereich sowie in den zeitlichen Gestaltungsspielräumen. Während die Wissenschaftlerinnen überwiegend in relativ gesicherten materiellen Verhältnissen leben, beurteilen die studierenden Mütter ihre finanzielle Lage als weniger günstig und eher belastend. Jede Zweite der studentischen Gesprächspartnerinnen ist auf ein Einkommen aus eigener Erwerbstätigkeit angewiesen. Gerade die alleinerziehenden Studentinnen beschreiben ihre Sorge um die materielle Existenzsicherung als gravierende Belastung. Für sie entstehen monatliche Kosten, die ein Auskommen mit den u.a. verfügbaren Einnahmequellen wie BAFöG oder Unterhaltszahlungen kaum ermöglichen.

Auffällig ist des weiteren, daß die befragten Wissenschaftlerinnen stärker durch ihre Lebenspartner bei der Kindererziehung und Haushaltsführung unterstützt werden. Die Studentinnen, die gemeinsam mit einem Partner leben, beschreiben dagegen eine vorwiegend traditionelle, nach Geschlecht getrennte Aufgabenteilung, in der die Frauen die Hauptverantwortung für die Haushaltstätigkeiten und Kindererziehung tragen. Erschwerend kommt für die studierenden Mütter hinzu, daß sie wenig Einfluß auf die zeitliche Struktur der Studienangebote haben. Der Besuch von universitären Veranstaltungen muß mit festen Kinderbetreuungszeiten abgestimmt werden. In der Regel bedeutet dies, daß die Studentinnen gezwungen sind, ihre Anwesenheit in der Hochschule auf die Vormittage zu beschränken. Die Teilnahme an ganztägigen Blockveranstaltungen oder mehrwöchigen Praktika ist daher oftmals schwer zu realisieren. Die Wissenschaftlerinnen sind demgegenüber weitgehend in der Lage, die Vorteile der flexiblen Arbeitszeit zu nutzen. Diese Möglichkeit der Arbeitszeitgestaltung charakterisieren sie eindeutig als familienfreundlich. Die Freiräume in der Zeiteinteilung sehen sie als notwendige Basis, um Kindererziehung und Erwerbstätigkeit im Lebensentwurf zu verbinden.

Die Interviews verdeutlichen, daß die Verbindung von Familie und Studium/Hochschullaufbahn insbesondere von den Müttern eine kontinuierliche Organisationsleistung erfordert. Die Abstimmung des familiären mit dem universitären Alltag wird zum ständigen Kraftakt, in dem die Frauen immer wieder individuelle Lösungen finden müssen, um strukturell vorhandene Schwierigkeiten zu überwinden. Offensichtlich ist jedoch, daß sowohl Studentinnen als auch Wissenschaftlerinnen trotz aller thematisierten Probleme nicht auf ihre umfassende Lebenskonzeption verzichten wollen. Erforderlich sind daher generell entlastende Veränderungen im Bereich der institutionellen und flexiblen Kinderbetreuungsangebote. Ferner müssen zum einen Rahmenbedingungen geschaffen werden, die es Studierenden mit Kindern erleichtern, ihr Studium möglichst reibungslos zu absolvieren. Die befragten Studentinnen wünschen sich insbesondere eine Lockerung der Studien- und

Prüfungsordnungen, eine bessere Koordination von institutionellen Kinderbetreuungs- und Lehrveranstaltungszeiten, eine finanziell gewährleistete Grundsicherung sowie allgemein mehr Akzeptanz und Verständnis für ihre Situation im Unialltag. Zum anderen sind Veränderungen der universitären Arbeitsbedingungen vonnöten, damit sich die Übernahme von Familienaufgaben nicht nachteilig auf den beruflichen Werdegang auswirkt. Die interviewten Wissenschaftlerinnen nennen vorrangig die Sicherstellung der flexiblen Arbeitszeit, die Verlängerung von Vertragsfristen bei Qualifikationsstellen und eine entsprechende Ausdehnung der Altersgrenzen bei Berufungen sowie attraktive Wiedereinstiegsmöglichkeiten nach einem Erziehungsurlaub.

Auf der Basis dieser Forschungsergebnisse konzipierten wir gemeinsam mit Dr. Margot Gebhardt-Benischke das *Nachfolgevorhaben „Kind- und elterngerechte Hochschule"*. Das einjährige Projekt startete im August 1995 und verfolgte als grundlegende Zielsetzung, die Situation aller kinderbetreuenden Hochschulangehörigen öffentlich zu thematisieren und langfristig zu verbessern. Zu diesem Zweck erstellten wir eine Informationsbroschüre für studierende Eltern und führten einen Workshop über frauen- und familienfreundlichere Lern- und Arbeitsbedingungen an der Hochschule durch. Zudem schrieben wir einen Wettbewerb für Studentinnen und Studenten mit Kindern aus, um deren Erfahrungen im Uni- und Lebensalltag „sichtbarer" zu machen. An dem Wettbewerb nahmen auch Kinder des Hochschulkindergartens teil, die ihre Eindrücke vom Hochschulleben nach einem Besuch an der BUGH Wuppertal aufmalten. Alle Wettbewerbsbeiträge illustrierten die Thematik anschaulich und beeindruckend und wurden während des Workshops ausgestellt.

Die *Broschüre „Studieren mit Kind"* greift die besondere Studien- und Lebenssituation der studierenden Mütter und Väter auf und will ihnen konkrete Orientierungshilfen für den Alltag bieten. Sie liefert einen Überblick über regionale und bundesweite Unterstützungsmöglichkeiten, nennt zuständige Institutionen und Ansprechpersonen. Der Ratgeber setzt zwei inhaltliche Schwerpunkte: die finanziellen Leistungen und Hilfen, die Studierende mit Kindern in Anspruch nehmen können, sowie die Möglichkeiten der Kinderbetreuung in Wuppertal. Ferner enthält er Hinweise zu den Themen Studienorganisation, Wohnen, Jobben, Freizeit. Die Informationsbedürfnisse von Alleinerziehenden, Schwangeren und Studierenden mit einem Neugeborenen werden ebenfalls aufgegriffen. Die Broschüre will und kann das Gespräch mit den entsprechenden Fachleuten und die individuelle Beratung nicht ersetzen, sondern möchte als Wegweiser die Studierenden mit Kindern entlasten.

Im April 1996 fand der *Workshop „Kind- und elterngerechte Hochschule – Ansätze für frauen- und familienfreundlichere Lern- und Arbeitsbedingungen"* statt. Die ganztägige Veranstaltung richtete sich an alle Hochschulmitglieder in Elternverantwortung und sollte ein Forum für Mütter und Väter aus Studium, nichtwissenschaftlichem und wissenschaftlichem Beschäftigungsbereich sein. Überdies richtete sich die Tagung an Expertinnen und Experten auf universitärer, lokaler und überregionaler Ebene. Sie sollte Gelegenheit bieten, in sechs Vorträgen, vier Arbeitsgruppen und einer Plenumsdiskussion Konzepte zur Vereinbarkeit von universitärer Ausbildung/ Berufstätigkeit und Familie anzuregen und weiterzuentwickeln.

Die Teilnehmerinnen und Teilnehmer formulierten einen akuten Handlungsbedarf, um die Strukturen im universitären Ausbildungs- und Beschäftigungsbereich familienfreundlicher zu gestalten. Obwohl sich im Detail für die einzelnen Statusgruppen an der Hochschule unterschiedliche Handlungsfelder und Prioritäten ergaben, läßt sich dennoch eine Gemeinsamkeit in den Argumentationssträngen festhalten: Die Teilnehmenden forderten übereinstimmend mehr Flexibilität, sei es beispielsweise beim Erwerb von Leistungsnachweisen im Studium oder bei der Arbeitszeitgestaltung der nichtwisssenschaftlich Beschäftigten. Dieser Wunsch nach einem weitreichenden Gestaltungsspielraum, der starre Vorgaben und Reglementierungen am Ausbildungs-/Arbeitsplatz auflösen soll, beinhaltet letztendlich die Neukonstitution gesamtgesellschaftlicher wie universitärer Strukturen und Wertvorstellungen. Für diesen umfassenden und langfristigen Wandlungsprozeß wurden auf dem Workshop erste Anregungen konkretisiert. Die Inhalte und Ergebnisse dieses praxisorientierten Erfahrungsaustausches haben wir in einem Dokumentationsband veröffentlicht.

Den Aspekt der flexibleren Studienorganisation greift unser derzeitiges Projekt auf, das wiederum von Dr. Margot Gebhardt-Benischke geleitet wird. Das *Modellvorhaben „Offenes Lernen im didaktischen und medialen Verbund mit angegliederter Kinderbetreuung“ (Kurzbezeichnung: Selbstlernbüro)* wird seit dem Wintersemester 1996/97 im Fachbereich Erziehungswissenschaften der BUGH Wuppertal erprobt.

Das Selbstlernbüro steht grundsätzlich allen Studierenden offen; als besondere Zielgruppe sollen jedoch Studierende angesprochen werden, die Studium und Elternverantwortung zu vereinbaren suchen. Das Projekt will den Studierenden ein flexibleres Lernen und eine größere Unabhängigkeit von den Zeitstrukturen der Hochschule ermöglichen. Während der Öffnungszeiten des Selbstlernbüros wird die Kinderbetreuung „Betreutes Spielen“ angeboten, die von einer Fachkraft durchgeführt wird und den studierenden Eltern die Koordination von universitärer Ausbildung und Kindererziehung erleichtern soll.

Das Selbstlernbüro will eine Sammlung von Lehrveranstaltungsunterlagen wie Thesenpapiere oder Hausarbeiten bereitstellen, damit die Studierenden unabhängig von Vorlesungs- und Seminarzeiten, aber in Absprache mit den jeweiligen Dozentinnen und Dozenten, studien- und prüfungsrelevanten Stoff nacharbeiten können. Ergänzt wird das Medienangebot durch zwei Computer mit Scanner und Internetanschluß, die zur Anfertigung von schriftlichen Arbeiten und als Informationsquelle, z.B. für Literaturrecherchen, genutzt werden können. Des weiteren soll das Büro als Anlauf- und Kontaktstelle zur Gründung von themenorientierten Arbeitsgruppen dienen. In diesen selbstgesteuerten Gruppen können die Teilnehmenden ihr Lernen eigenverantwortlich organisieren und sich während bestimmter Studienphasen, z.B. Prüfungszeiten, gegenseitig unterstützen. Die organisierte Form des Selbstlernens im medialen und didaktischen Verbund soll einen Ansatzpunkt bieten, einer Vereinzelung im Studienbetrieb entgegenzuwirken und einen zügigeren Studienverlauf zu fördern. Zur Beschreibung und Analyse des Projektverlaufs führen wir eine Begleitforschung durch. Ein erster Zwischenbericht, der die Aufbauphase des Projektes dokumentiert, ist bereits erschienen.

Der Weg zur familienfreundlichen Hochschule ist sicherlich lang und oftmals mühsam. Die in diesem Beitrag beschriebenen Projektaktivitäten signalisieren jedoch, daß an der BUGH Wuppertal erste Schritte geplant und auch umgesetzt werden konnten. Für die unterstützende Begleitung auf diesem Weg möchten wir Frau Prof. Wald nochmals ganz herzlich danken.

Literatur

Bundesminister für Bildung und Wissenschaft (Hrsg.), 1992: Studierende mit Kindern. Bonn: Heger.

Frauenbeauftragte der Bergischen Universität/Gesamthochschule Wuppertal (Hrsg.), 1996: Kind- und elterngerechte Hochschule. Eine Workshopdokumentation über Ansätze zu frauen- und familienfreundlicheren Lern- und Arbeitsbedingungen an der Hochschule. BUGH Wuppertal.

Göhler, M./Scholz, W.-D., 1988: Mütter im Universitätsstudium – Ergebnisse einer empirischen Studie zur Vereinbarkeit von Familie und Studium. ifg Frauenforschung 4: 87-104.

Göhler, M./Scholz, W.-D., 1989: Zwischen Küche und Hörsaal. Zur Situation studierender Mütter. Oldenburg: BIS.

Kahle, I., 1993: Studierende mit Kindern. Ergebnisse der Sonderauswertung der 13. Sozialerhebung des Deutschen Studentenwerkes. Hannover: Hochschulinformationssystem.

Meiswinkel, P./Rottkord-Fuchtmann, H., 1995: Wie bringen Frauen Kinder und Wissenschaft unter einen Hut? Eine Studie zur Lebensorganisation von Studentinnen und Wissenschaftlerinnen mit Kindern. 2. Aufl. Hrsg. von der Frauenbeauftragten der Bergischen Universität – Gesamthochschule Wuppertal.

Meiswinkel, P./Rottkord-Fuchtmann, H., 1996: Studieren mit Kind. Informationen Möglichkeiten Orientierungen. Hrsg. von der Frauenbeauftragten der Bergischen Universität – Gesamthochschule Wuppertal.

Nave-Herz, R./Onnen-Isemann, C./Oßwald, U., 1991: Aufstieg mit Hindernissen – Bericht über eine empirische Untersuchung zum Karriereverlauf von Hochschullehrerinnen in der BRD. ifg Frauenforschung 1+2: 67-76.

Onnen-Isemann, C., 1988: Hochschullehrerinnen – Stand der Forschung. ifg Frauenforschung 1+2: 54-73.

Onnen-Isemann, C./Oßwald, U., 1991: Aufstiegsbarrieren für Frauen im Universitätsbereich. Bonn: Bock.

Onnen-Isemann, C./Oßwald, U., 1992: Der Zusammenhang von Berufs- und Familienlaufbahn bei westdeutschen Professorinnen. Neue Impulse 1: 7-16.

Schön, B./Frankenberger, T./Tewes-Karzimi, M., 1994: Gratwanderungen. Eine qualitative empirische Studie über Frauen, die Studium und Verantwortung für Kinder zu vereinbaren suchen. 2. erw. Auflage. Weinheim: Deutscher Studien- Vlg.

Statistisches Bundesamt (Hrsg.), 1995: Bevölkerung und Erwerbstätigkeit. Fachserie 1. Reihe 3. Haushalte und Familien 1993. Wiesbaden: Metzler-Poeschel.

Wermuth, N., 1992: Frauen an Hochschulen. Bonn: Bock.

Männlicher oder weiblicher Politikunterricht – ein überflüssiges oder ein notwendiges Thema?

Sibylle Reinhardt

Im Laufe vieler Jahre hatte ich mich mit mancherlei fachdidaktischen und schulsoziologischen Themen beschäftigt; die Geschlechterdifferenz gehörte nicht dazu. Mir lag das Thema nicht, wohl auch, weil meine eigene Biographie keineswegs eine Benachteiligung durch mein Geschlecht nahelegte. Im Schuldienst des Landes Nordrhein-Westfalen fühlte ich mich nicht negativ diskriminiert; für meine persönliche Studien- und Berufswahl war Mädchen-Sein wohl sogar die Bedingung. Wäre ich als Junge in der karrierebewußten und leistungsfördernden Familie aufgewachsen, die meine Eltern definierten, hätte ich vermutlich Jura und Betriebswirtschaftslehre als Doppelstudium gemacht (mit dem Ziel einer hoch bezahlten und einflußreichen Position in der Privatwirtschaft). So aber berichtete mein Vater (von Beruf Wirtschaftsprüfer) der 11jährigen Tochter, daß er die Nicht-Diskriminierung von Frauen im Berufsleben nur in staatlichen Institutionen erlebe. „Geh bloß nicht in die Industrie – da mußt Du fünfmal so gut sein wie die Männer, und dann wird man Dir genau das vorwerfen.“ Damit war der Weg frei für die spätere Studienfach- und Berufswahl nach eigenem Interesse: Germanistik und Soziologie, anschließend 25 Jahre lang Lehrerin.

Wie ein Thema zur Autorin kommt

Natürlich war mir klar, daß das Geschlechterverhältnis lebhaft diskutiert wurde und daß Geschlecht eine zentrale Dimension sozialer Ungleichheit darstellt (vgl. Kreckel 1992). Tatsächlich aufgestört wurde ich erst durch die Lektüre unterschiedlicher Unterrichtsentwürfe bzw. -berichte zum Thema „Schwangerschaftsabbruch“ bzw. „§ 218 StGB“. Der Zufall wollte es, daß zwei der Aufsätze von Männern stammten (Engelhart 1993, Sutor 1979/1995) und die zwei anderen von Frauen (Mingerzahn 1992 und ich selbst 1993). Mit Verblüffung beobachtete ich zwei ganz unterschiedliche Zugangsweisen.

Im Unterricht der beiden Autoren tauchen junge Frauen und Männer als selbst Betroffene, als potentiell Entscheidende im Konflikt um Schwangerschaft bzw. Schwangerschaftsabbruch gar nicht auf; überhaupt kommen Individuen in ihren Unterrichtsreihen nicht vor. Ihnen geht es bei diesem Gegenstand nicht um das Lebensproblem, sondern um die Konkretion von Abläufen im politischen System der Bundesrepublik Deutschland. Die Kontroverse um den § 218 wird genutzt als politischer Konflikt im Rahmen des politischen Systems. Demgegenüber behandeln Frauke Mingerzahn und ich – ohne voneinander zu wissen – im ersten Teil der Unterrichtsreihe das moralische Dilemma einer Person, die sich im Werte-Konflikt entscheiden muß. Im zweiten Teil der Reihe wechseln wir beide zu einer (sehr unterschiedlichen) Perspektive des politischen Systems über (vgl. Reinhardt 1996a für Einzelheiten).

Meine Verblüffung verdichtete sich zu der Aussage, daß die beiden Autoren nicht die Lebens- und Moralfrage von Menschen behandelten, sondern eine sog. Sachfrage nach den Strukturen eines gesellschaftlichen Teilbereichs. Demgegenüber versuchten die beiden Autorinnen, eine sog. Beziehungsfrage mit Systemstrukturen zu verknüpfen.

Meine allgemeinere Vermutung lautete jetzt, daß Frauen und Mädchen sich eher für kommunikative und interaktive Prozesse und für lebendige Erscheinungen und moralische Wertungen interessieren und daß Männer und Jungen eher technische Gegenstände, analytische Verfahrensweisen und erfolgsorientierte Strategien des Handelns für relevant halten. (Die Polemik und Ungerechtigkeit in dieser Vermutung sei betont, denn sie stempelt beide Geschlechter in unrealistischer und möglicherweise verdinglichender Weise ab. Grenzgänge, Paradigmentausche und historischer Wandel werden auf der kategorialen Ebene eher verneint. Trotzdem: Die beschreibende und erklärende Kraft der Dimension „Geschlecht“ darf nicht aus politischen oder moralischen Gründen tabuiert werden.)

Sozialwissenschaftliche Daten vielerlei Art

Es gibt sehr unterschiedliche Forschungszusammenhänge, die Geschlechtsunterschiede untersuchen. Die Soziologie des Geschlechterverhältnisses trägt die Aufgabe in der Bezeichnung, auch die Sozialisationsforschung mit der Frage nach Geschlechterspezifität hat dies seit langem zum Thema. Die Behauptung (bzw. Bestreitung) geschlechtsspezifischer Moralen spitzte die Frage zur Wertigkeit zu: haben Frauen evtl. die moralischere Moral? (Literaturnachweise und Ergebnisse in Reinhardt 1996a)

Für den Fachdidaktiker für politische Bildung ist eine wichtige Quelle empirischer Daten die Jugendforschung. In der Fachdidaktik selbst gibt es wenige Möglichkeiten für die Durchführung empirischer Studien (wir haben kein IPN = Institut für die Pädagogik der Naturwissenschaften, ein Institut der blauen Liste, und die Bundeszentrale für politische Bildung hat sich bisher die Forschung nicht zur Aufgabe gestellt). Aber die Jugendsoziologie stellt teilweise Daten bereit, die zum Fragehorizont passen. Gibt es Unterschiede in der Auffassung von „Politik“, die mit dem Geschlecht zusammenhängen?

„Nach wie vor wird auch in den neueren Umfragen unter Jugendlichen ein geschlechtsspezifisch unterschiedlich ausgeprägtes politisches Interesse bekundet. Frauen geben in Ost wie West ein geringeres Interesse an als Männer.“ (Gille u.a. 1996:5) Irritierend ist allerdings (so Gille 1995:154), daß Prosozialität und eine nicht-traditionelle Geschlechtsrollenorientierung, die bei Frauen ausgeprägter sind als bei Männern, sowohl die Orientierung zur Öffentlichkeit als auch das Interesse für Politik fördern. Wie geht das zusammen? Da – so die Autorin – Frauen sich stärker für das engere soziale Umfeld engagieren und weniger für alltagsfernes politisches Handeln, liegt die Erklärung evtl. im verwendeten Begriff von Politik, wenn nach dem Interesse für Politik gefragt wird. Ein enger Politikbegriff, der Politik nur mit staatlichem Institutionengefüge zusammendenkt, würde dem spezifi-schen Politikverständnis von Frauen nicht entsprechen. (Der oben geschil-derte Unterschied in den Zugriffen auf einen Unterrichtsgegenstand bildet diese unterschiedlichen Politik-Begriffe insofern ab, als die Autoren Engelhart und Sutor den engen Politikbegriff verfolgten und die Autorinnen Mingerzahn und Reinhardt eine Verknüpfung von weitem und engem Politikbegriff intendierten.

Ein gewissermaßen frauengerechterer Politik-Begriff stürzt uns aber in neue Probleme. So wird in der Fachdidaktik seit geraumer Zeit das Problem diskutiert, daß vermutlich der Politik- bzw. Sozialkunde-Unterricht häufig auf soziales Lernen reduziert wird und die Dimension(en) des Politischen nicht erreicht (vgl. Massing/Weißeno 1995). Auch bei Studentinnen für „Sozialkunde“ (diese Fachbezeichnung enthält gleich zwei problematische didaktische Aussagen, als gehe es nur ums Soziale und als bestehe Lernen aus Kenntnisnahme) beobachte ich solche Verkürzungen: der Gegenstand „Familie“ ist attraktiver als der Gegenstand „Tarifvertrag“ mit den dazu gehörigen gesetzlichen Regelungen und den Konflikten auf dem Weg dahin. Wenn aber „Macht“ etwas Unsympathisches ist, wenn „Konflikt“ die Sehnsucht nach Harmonie und Mitmenschlichkeit stört, wenn die „Distanz“ der ferneren Welt als entfremdend gilt, dann würde ein sozialerer Politik-Begriff die Gefahr mit sich bringen, genuin politische Vorgänge zu verfehlen, nämlich die Härte der Konflikte, den Schmerz der notwendigen Entscheidungen, die Anstrengung der größeren sozialen Perspektive. Kurzum: die „weiblichen“ und die „männlichen“ Perspektiven gehören zusammen und dürfen sich nicht wechselseitig ignorieren.

Möglicherweise tritt zur Geschlechterdifferenz auch ein Wandel im Politikverständnis zwischen Generationen hinzu. Zur Zeit werden – stärker als in der Generation der sog. 1968er – öffentlich und privat in einem Zwei-

Welten-Modell getrennt, personalisierende Deutungsmuster werden auch ans Politische angelegt. Einem Selbstbezug entspricht die Dominanz des Privaten, Solidarisierung verläuft entlang sozialästhetischen Dimensionen in informellen Netzwerken, Autoritäten haben ihre Funktion geändert, moralische Grundkategorien orientieren intuitiv und moralisierend, gesellschaftliches Engagement geht einher mit der Ablehnung institutionalisierter Politik (vgl. Reinhardt/Richter/Scherer 1995). Diese Tendenzen des Generationenwandels werden durch die Geschlechtsdifferenz noch einmal pointiert. Die Konsequenz kann natürlich nicht der Jammer der Älteren über die Jüngeren und umgekehrt (und der Frauen über die Männer und umgekehrt) sein, sondern für den Lernprozeß müssen Wege der Anknüpfung und Verknüpfung gesucht werden.

Auch die Koedukations-Debatte (deren 100jährige Geschichte Faulstich-Wieland und Horstkemper sowie zahlreiche Kritiker/innen 1996 zusammenfaßten) zentriert um die Unterschiede der Geschlechter in Interessen, Zugangsweisen und Interaktionen und deren Bedeutung für das Lernen und auch für die Institution Schule insgesamt. (Daß dabei, soweit die Schule betrachtet wird, die zu diskutierende Problemgruppe vielleicht gar nicht die Mädchen sind, sondern die Jungen, sei hier nur vermerkt.) Den Fachinteressen von Schülern ging auch die Shell-Studie 1992 nach. Das Ergebnis ist einmal mehr das übliche: Physik trifft stärker das Interesse der Jungen, die Mädchen erklären sich eher für Biologie, die Sprachen und die musischen Fächer. (Dieses Muster findet sich dann auch vergleichbar in den Schülerwahlen 1992/93 in der gymnasialen Oberstufe in Nordrhein-West-falen, wenn das „männliche" Fach die Physik und das „weibliche" Fach die Pädagogik ist: jeweils ca. drei Viertel der Teilnehmer/innen in diesen Kursen sind männlich bzw. weiblich. vgl. Reinhardt 1996a)

Die Datensammlung ist fast ermüdend: es kommt immer wieder eine beeindruckende Differenz zwischen den Geschlechtern (nicht für alle Personen, aber doch in der Tendenz) zum Vorschein. Auch der Blick in ein neues Bundesland und der Blick zurück in die DDR ändern daran nichts. Die Gymnasien im Lande Sachsen-Anhalt, die als besonderes Profil ein mathematisch-naturwissenschaftliches haben, werden 1995/96 zu ca. drei Vierteln von Jungen besucht (obwohl die Jungen nur 42 % aller Gymnasiasten stellen). Und die Bevorzugung von Technik als persönlichem Interesse war auch unter DDR-Studierenden im Jahr 1982 ganz klar eine Sache der Männer, während die Sprachen von Frauen betont wurden (auch von denen, die Technik als Fach studierten – vgl. Reinhardt 1997). Ein Vergleich, ob der Zusammenhang von Geschlecht und Fachwahl bzw. Fachinteresse im Westen stärker war als im Osten, ist mit den gegebenen Daten nicht mög-lich; deutlich ist aber, daß auch in der DDR eine Differenz gegeben war und daß deshalb die Wahlen (auch von Ausbildungsberufen) in der Gegenwart keinen Bruch mit einer Vorgeschichte darstellen.

Wie die Daten sich zusammenbinden lassen

Bei der Betrachtung der Einzeldaten schwingt immer eine Unterstellung mit: daß sie nicht nur für sich selbst stehen, sondern daß sie irgendetwas Umgreifendes und Relevantes bezeichnen, das Zusammenhänge ergibt, die mit dem Geschlecht korrelieren. Es geht wohl letztlich um Weltsichten, um Umgangsweisen mit der Realität, um kognitive und affektive Orientierungen; mit Bezug auf Wissen und Lernen geht es um Wissenstypen und Wissenschaftsauffassungen. Eine treffende Formulierung fand ich bei van den Daele (1987), der unter Nutzung der pattern variables von Parsons zwei Konzeptionen von Wissenschaft gegenüberstellte, die – wie er sie nennt – *cartesische* Wissenschaft und eine *alternative* Wissenschaft.

Die erstgenannte, die konventionelle Auffassung von Wissenschaft und Wissen, trennt die Natur vom Menschen ab und unterwirft sie seiner Herrschaft; Natur wird zum Instrument. Dabei begreift diese Art Wissen sich selbst als objektiv, distanziert, wertfrei, funktional und neutral. Dagegen integriert eine alternative Wissenschaft die Natur und den Menschen; sie stellt einen ganzheitlichen Bedeutungszusammenhang her, in den auch moralische Verantwortlichkeiten hineingehören. Also begreift sie sich selbst als auch subjektiv, betroffen, wertorientiert, verantwortlich und eingebunden in einen Gesamtzusammenhang.

Van den Daele hat die Differenz der Geschlechter nicht zum Thema, setzt allerdings die Betonung von Affektivität, (moralischer) Kollektiv-orientierung, partikularem (konkretem) Bezug, ganzheitlich und interaktiv ermittelten Bedeutungen in die Nähe der Öko- und der Frauenbewegung. Die Parallele zur „weiblichen“ Sicht- und Lebensweise drängt sich so stark auf, daß die Gegenüberstellung bei van den Daele eine Interpretationsfolie für die hier interessierende Differenz – Geschlecht in seiner Bedeutung für Prozesse schulisch organisierten Lernens – geben kann. Denn in einem weiten Begriff von Wissen lassen sich die vielen Aspekte von Interessen, Wahlen, Interaktionen, Stilen und Moralen bündeln und mit der Frage nach Lernprozessen verbinden.

Dabei werden die resultierenden Behauptungen zur Geschlechtsspezifität, z.B. von Fachunterricht, durch die vorgelegten Daten nicht bewiesen, sondern in einem hohen Maße plausibel gemacht. Für eine stringente Beweisführung müßten inhaltsanalytische Untersuchungen der Curricula und Lehrbücher und – last but not least – schlüssige empirische Untersuchungen der Unterrichtsrealität existieren. Letzteres ist (aus vielerlei Gründen) gar nicht in Sicht, was der Validierung aller Konzepte im Wege steht. Deshalb ist die Argumentation davon abhängig, ob der zusammengesetzte Flickerl-Teppich im Gesamt der Sozialwissenschaften und der Alltagserfahrungen „Sinn“ macht, also – auch im Falle überraschender Ergebnisse – sich beziehen läßt auf erfahrbare Erscheinungen und Verständnisse.

Fachdidaktik: Was sagt das nun?

Die Koedukationsdebatte hat mich an den Stellen mißvergnügt, an denen die (physische) Trennung der Geschlechter gefordert wurde. Das mag für Sport, da eindeutig auch physisch fundiert, sinnvoll sein – außerdem ist das Fach fürs Gemeinwesen und seine politische/moralische Integration nicht wesentlich. Es mag auch ein Mechanismus auf Zeit für Informatik und Physik sein – allerdings kann dieser Weg auch dazu beitragen, daß sich im normalen Unterricht nichts zu ändern braucht. Die Trennung der Ge-schlechter kann aber kein legitimer Weg in der politischen Bildung sein.

Politische Bildung für die und in der Demokratie hat zum Ziel, daß die Bürger gemeinsame Dinge in aufgeklärter Weise verantwortlich und wirkungsvoll regeln. *Sehen – Beurteilen – Handeln* (so der Titel eines der ältesten Schulbücher in der Bundesrepublik) formuliert als didaktischer Dreischritt die notwendige Verknüpfung von Analysefähigkeit, Urteilskompetenz und deren Umsetzung in die Praxis. Ein lediglich technisch verstandener Begriff von Politik wäre genau so verkürzt wie ein lediglich mitmenschlich-fühlender Gang zum anderen. Diese – fast polemisch zugespitzten – Reduktionen zeigen, daß „Politik" als normativer und beschreibender Begriff wertend und analytisch zu sehen ist, daß der weite (soziale – alles Leben ist politisch) *und* der enge (staatsbezogene) Politikbegriff ihre Berechtigung haben. Und das heißt für den Unterricht: Politikunterricht muß männlich *und* weiblich sein, nicht entweder das eine oder das andere.

Im Fach „Sozialwissenschaften" der nordrhein-westfälischen Prägung wird dieses Postulat zum einen durch die Konstruktion des Schulfaches eingelöst. Wir können wohl davon ausgehen (einige Daten bei Weißeno 1989 und 1990 sprechen auch dafür), daß im Konzert der Disziplinen der Sozialwissenschaften die Ökonomie am ehesten den Bedürfnissen nach klarer Systematik, quasi-technischen Operationen und analytischer Begrifflichkeit ohne expliziten Wertbezug und Subjektintegration entgegenkommt, während die Soziologie – mindestens im Vorurteil der Lernenden – eher den Bedürfnissen nach sozial verstandener Ganzheit, nach Subjektbezug und nach moralischer Stellungnahme entgegenkommt. Die Politologie hat vermutlich die Chance der Vermittlung, weil sie in den Dimensionen des Politikbegriffs sowohl inhaltliche Probleme als auch konfliktreiche Interaktionen und strukturelle Kanäle erfaßt.

Hiermit ist eine Erklärung dafür gegeben, daß das Fach „Sozialwissenschaften" von Jungen und Mädchen etwa gleich häufig gewählt wird. Es ist damit auch erklärt, daß – nach aller Erfahrung im Unterricht – nur wenige Schüler/innen alle Gebiete gleich gern behandeln. Historisch gesehen, würde eine Verkürzung des Faches auf „Soziologie" die Entwicklung zurückderhen zum sozialwissenschaftlichen Mädchengymnasium (nach dem II. Weltkrieg für den Nachwuchs zur Fürsorgerin gegründet und gegen Ende der sechziger

Jahre verschwunden); eine Verkürzung auf „Ökonomie“ würde die Entwicklung zurückdrehen zur Wirtschaftsoberschule. Beide Schwerpunkte wurden in Nordrhein-Westfalen in den 70er Jahren zum Fach Sozialwissenschaften (zuerst noch mit getrennten Schwerpunkten) integriert. Zur selben Zeit wandelten sich die Mädchen- bzw. die Jungenschulen ziemlich lautlos in Koedukationsschulen. Diese Integration war Ausdruck der gemeinsamen Welt und der gemeinsamen politisch-sozialwissenschaftlichen Bildung.

Das Postulat männlicher und weiblicher politischer Bildung wird zum zweiten durch das fachdidaktische Prinzip der moralisch-politischen Urteilsbildung eingelöst. Die Intuition, die mein Erstaunen über die Unterschiedlichkeit der Unterrichtskonzepte zur Abtreibungsfrage geleitet hatte, war die folgende: Die Begrenzung des Unterrichts – noch dazu mit einem solchen inhaltlichen Gegenstand – auf die Systemstrukturen (also die Institutionen des politischen Systems und die darin ablaufenden Prozesse der Auseinandersetzungen zwischen Großgruppen) stellt einen didaktisch einseitigen Zugriff dar, der eher „männlich“ ist (und cartesisch oder konventionell in der Terminologie von van den Daele). Ein Unterricht, der bloß das individuelle Leid und Mitleid kennte und vielleicht noch ein paar Momente von Lebenshilfe erhaschen würde, wäre ebenso – nur am anderen Pol, nämlich eher „weiblich“ – einseitig.

Die Verknüpfung bei dieser Frage (Schwangerschaftsabbruch bzw. §218) kann sich aus einer Kombination ergeben, die im Unterrichtsverlauf als Nacheinander auftritt: Zuerst wird ein Fall behandelt (es geht dabei um eine Person, ihre Situation, ihre Entscheidung, Gründe, Zweifel usw.), dann erst – im Anschluß an die gewissermaßen konkrete Arbeit – wird die Systemperspektive aufgerichtet, z.B. in der Frage, ob die Allgemeinheit in ihrer politischen Organisationsform hier eine Aufgabe oder ein Problem habe, welche Wege denkbar seien und mit welchen Gründen begangen werden könnten oder sollten. Aus der Perspektive personalen Geschehens wird gewechselt in die Perspektive des Systems allgemeinverbindlicher Regelungen. Die Motivation für die Betrachtung des relativ Abstrakten, Fernen, des vielleicht als leblos empfundenen Systems folgt aus dem Engagement für das Konkrete, moralisch-Dilemmatische, Individuelle des Einzelfalles (Einzelheiten in Mingerzahn 1993, Reinhardt 1993).

An dieser Stelle der Argumentation läßt sich eine Parallele zu einer anderen didaktischen Diskussion ziehen. Das Land Nordrhein-Westfalen hat in einem Projekt schulpraktischer Forschung u.a. die sog. Dilemma-Methode von Kohlberg im Unterricht ganz unterschiedlicher Fächer erprobt. Dabei ergab sich als ein zentrales Ergebnis (vgl. Landesinstitut 1991 und 1993), daß die Bearbeitung moralischer Dilemmata (eine Person steht im Entscheidungskonflikt zwischen zwei etwa gleich gewichtigen Werten) sehr wohl zur Klärung von Werten und zur Gewichtung von Kriterien beitragen kann, daß aber u.U. ein entpolitisierender Unterricht stattfindet, wenn das Dilemma auf der personalen Ebene belassen wird. Häufig ist die erste Politikfrage, ob der Konflikt überhaupt ein Konflikt einer Person sein soll oder ob die Allgemeinheit ihn vorentscheiden und damit „lösen“ will. Die Auseinandersetzung um eine entsprechende Gesetzgebung und um ihre Realisierung ist dann ein gewissermaßen „übliches“ Thema für den Politik-Unterricht.

Das fachdidaktische Prinzip der moralisch-politischen Urteilsbildung verknüpft weibliche und männliche Perspektiven in ein und demselben Lernprozeß. Weiterhin verknüpft dieses Prinzip Werte-Bildung und politische Bildung und berührt damit zentrale Gegenwartsprobleme der Ausbildung persönlicher Identität und des Erwerbs gesellschaftlicher Integration.

Das Thema „Männlicher oder weiblicher Politikunterricht“ ist für mich also zu einem notwendigen Thema geworden, weil es zentrale Lernbedingungen sowie auch zentrale Lernziele betrifft.

Literatur

Daele, W. van den 1987: Der Traum von der ‚alternativen‘ Wissenschaft. Zeitschrift für Soziologie 6, S. 403-418.

Engelhart, K.1993: Fallstudie – politisches Entscheiden am Beispiel der Reform des § 218 StGB. S. 188-210 in: Mickel, W./ Zitzlaff, D. (Hrsg.): Methodenvielfalt im politischen Unterricht. Hannover: Metzler Schulbuchverlag.

Faulstich-Wieland, H./Horstkemper, M. 1996: 100 Jahre Koedukationsdebatte – und kein Ende. Ethik und Sozialwissenschaften 4, S. 509-520 (zahlreiche Kritiken und eine Replik folgen diesem Aufsatz in demselben Heft).

Gille, M. 1995: Wertorientierungen und Geschlechtsrollenorientierungen im Wandel. S. 109-158 in: U. Hoffmann-Lange (Hrsg.), Jugend und Demokratie in Deutschland. DJI-Jugendsurvey 1. Opladen: Leske + Budrich.

Gille, M./Krüger, W./Rijke, J. de/Willems, H. 1996: Das Verhältnis Jugendlicher und junger Erwachsener zur Politik: Normalisierung oder Krisenentwicklung? Aus Politik und Zeitgeschichte B 19, S. 4-6.

Jugendwerk der Deutschen Shell (Hrsg.) 1992: Jugend ’92. Lebenslagen, Orientierungen und Entwicklungsperspektiven im vereinigten Deutschland. Band 2: Im Spiegel der Wissenschaften. (Redaktion: Jürgen Zinnecker) Kapitel „Interesse männlich – Interesse weiblich“, S. 301-317 (Autor: Eberhard Todt) Opladen: Leske + Budrich.

Kreckel, R. 1992: Politische Soziologie der sozialen Ungleichheit. Frankfurt/New York: Campus.

Landesinstitut für Schule und Weiterbildung (Hrsg.) 1991: Schule und Werteerziehung. Ein Werkstattbericht. Soest: Soester Verlagskontor.

Landesinstitut für Schule und Weiterbildung (Hrsg.) 1993: Werteerziehung in der Schule – aber wie? Soest: Soester Verlagskontor.

Massing, P./Weißeno, G. (Hrsg.) 1995: Politik als Kern der politischen Bildung. Wege zur Überwindung unpolitischen Politikunterrichts. Opladen: Leske + Budrich.

Mingerzahn, F. 1992: Kontroverse § 218 – die Auseinandersetzung um die Neuregelung des § 218. S. 490-520 in: Lernfeld Politik. Eine Handreichung zur Aus-und Weiterbildung. Bonn: Bundeszentrale für politische Bildung.

Reinhardt, S. 1993: Betroffenheit und Distanz beim moralischen Urteilen – die Balance im Unterricht. S. 148-162 in: Mickel, W./Zitzlaff, D. (Hrsg.): Methodenvielfalt im politischen Unterricht. Hannover: Metzler Schulbuchverlag.

Reinhardt, S. 1996: Männlicher oder weiblicher Politikunterricht? Fachdidaktische Konsequenzen einer sozialen Differenz. Politische Bildung 1, S. 59-75 (a).

Reinhardt, S.1996: Braucht die Demokratie politische Bildung? Eine nur scheinbar absurde Frage. Aus Politik und Zeitgeschichte B 47/96, S. 9-22 (b).

Reinhardt, S./Richter, D./Scherer, K.-J. 1996: Politik und Biographie. Schwalbach: Wochenschau Verlag.

Reinhardt, S. 1997: Männlicher oder weiblicher Politikunterricht? Fachdidaktische Konsequenzen einer sozialen Differenz. in: Reinhardt, S./Weise, E. (Hrsg.): Das schwierige Verhältnis zwischen Allgemeiner Didaktik und Fachdidaktik. Fachdidaktiker behandeln Probleme ihres Unterrichts. Weinheim: Deutscher Studienverlag (i. V.).

Sutor, B. 1979: Grundwerte im Politikunterricht. Didaktische Analyse und Skizzen zur Unterrichtsplanung. Politische Bildung, S. 64-84 (gekürzt abgedruckt in Politische Bildung 1995, Heft 1, S. 47-63).

EU-finanzierte Qualifizierungsprojekte für Berufsrückkehrerinnen – am Beispiel des Bergischen Berufsbildungsprojektes für Berufsrückkehrerinnen

Martina Romanski-Sudhoff

Die Förderungsmaßnahmen im Rahmen der EU-Strukturpolitik haben in Deutschland an Bedeutung zugenommen. Der Strukturfond hat auch Einfluß auf Maßnahmen der beruflichen Weiterbildung sowie der Beschäftigungsförderung im Bergischen Raum. Die Brüsseler Finanzmittel werden als Kofinanzierungsteil der Arbeitsmarktpolitik eingesetzt, indem sie finanziell mit den nationalen Förderprogrammen gekoppelt worden sind. Die Mittel verwenden das Land und die EU insbesondere zur beruflichen Eingliederung von Problemgruppen des Arbeitsmarktes. Zielgruppen des Strukturprogrammes sind u.a. Langzeitarbeitslose und arbeitslose Jugendliche. Daneben werden die Mittel für die Förderung der Beschäftigungschancen von Frauen eingesetzt.

Mit dem sogenannten „Wiedereingliederungsprogramm“ leistet das Land Nordrhein-Westfalen auf nationaler Ebene gemeinsam mit Mitteln aus dem Europäischen Strukturfond einen Beitrag zur Verbesserung der Arbeitsmarktchancen von Berufsrückkehrerinnen nach einer familienbedingten Erwerbsunterbrechung.

Eines der Projekte, die in den letzten Jahren aus diesem Programm gefördert wurden, ist das Bergische Berufsbildungsprojekt für Berufsrückkehrerinnen (BBB). Das Projekt hat in den Jahren 1994-996 insgesamt 60 Berufsrückkehrerinnen aus dem Bergischen Raum die Möglichkeit des Erwerbs eines staatlich anerkannten Berufsabschlusses im Spektrum von drei sozialen Dienstleistungsberufen (Erzieherin, Kinderpflegerin, Altenpflegerin) geboten. Das Projekt wurde in den Jahren 1992 -1993 von der Wuppertaler Gleichstellungsstelle, dem Regionalbüro und der Volkshochschule entwickelt. Projektträgerin des BBB wurde die Volkshochschule im Stadtbetrieb Weiterbildung der Stadt Wuppertal. KooperationspartnerInnen waren die Hauswirtschaftlichen und Sozialpädagogischen Schulen der Stadt Wuppertal, das ev. Fachseminar für Altenpflege in Remscheid sowie die Volkshochschulen in Remscheid und Solingen. In der ursprünglichen Projektkonzeption sollten in jeder der drei Bergischen Großstädte alle drei Qualifizierungfelder im Trägerverbund angeboten werden. Diese Idee mußte im

Laufe der Verhandlungen mit dem Land aufgrund der Größenordnung und des erforderlichen Finanzvolumens dementsprechend auf je ein Qualifizierungsangebot in Wuppertal, Solingen und Remscheid reduziert werden.

Hintergrund der Projektentwicklung

Nach wie vor ist die Unterbrechung der Berufstätigkeit ein typisches Merkmal der Erwerbsbiografie von Frauen. Nach einer mehrjährigen familienbedingten Berufsunterbrechung haben Wiedereinsteigerinnen Schwierigkeiten, auf dem Arbeitsmarkt wieder Fuß zu fassen. Frauen, die nach einer mehrjährigen Berufsunterbrechung einen Arbeitsplatz suchen, haben eine Reihe von Problemen zu bewältigen. Diese liegen sowohl auf subjektiver Ebene, wie z.B. Selbstunsicherheiten, Distanz zum Arbeitsmarkt; insbesondere treffen sie auf objektive arbeitsmarktbedingte Schwierigkeiten.

Diese arbeitsmarktbedingten Schwierigkeiten ergeben sich u.a. aus

- einem mangelhaften Kinderbetreuungsangebot;
- einem unzureichenden Arbeitsplatzangebot;
- zu wenigen qualifizierten Teilzeitarbeitsplätzen;
- unzureichenden Qualifizierungsmöglichkeiten, die die Lebenssituation von Wiedereinsteigerinnen in ihren Rahmenbedingungen berücksichtigen.

Der berufliche Wiedereinstieg wird von vielen Frauen mit dem Wunsch verbunden, eine (neue) Ausbildung abzuschließen, um ihre Chancen auf dem Arbeitsmarkt zu verbessern. Berufliche Bildungsmaßnahmen sprachen in der Vergangenheit die Zielgruppe der Berufsrückkehrerinnen oftmals nicht effektiv genug an. Die Maßnahmen gingen häufig unzureichend auf die Abklärung der Rahmenbedingungen der Bildungsinteressierten ein. Dies führte in vielen Fällen zum Abbruch einer Qualifizierungsmaßnahme.

Die Berufswünsche von Frauen, die nach einer familienbedingten Erwerbsunterbrechung ihre Berufsrückkehr mit einer neuen Ausbildung beginnen wollen oder müssen, liegen häufig im Bereich der sozialen und sozialpflegerischen Dienstleistungsberufe. Diese Entscheidung begründen die Berufsrückkehrerinnen in Beratungsgesprächen einerseits mit der Überlegung, die Erfahrungen aus der zurückliegenden Familientätigkeit und die daraus resultierenden Fähigkeiten in das Erwerbsleben integrieren zu können. Andererseits treffen sie diese Berufswahlentscheidung vor dem Hintergrund einer realistischen Einschätzung des Arbeitsmarktes und ihrer Integrationschancen. Ein Blick auf die Berufsfelder zeigt, daß im Bergischen Raum eine Nachfrage nach Arbeitskräften aus dem sozialen Dienstleistungsbereich im Projektzeitraum bestand und heute noch besteht. Aus diesem Grund wurde das Projekt in diesem Ausbildungsspektrum entwickelt; damit konnte sowohl den Anforderungen des Arbeitsmarktes, als auch den Berufsinteressen einer Teilgruppe von Wiedereinsteigerinnen entsprochen werden.

Regionale Kooperation und Qualifizierungsverbund des BBB

Ziel der ProjektentwicklerInnen war, das Qualifizierungsprojekt als regionales Projekt anzubieten. Damit gelang es, Regionen in das Projekt einzubinden, die bisher keine spezifischen Berufsrückkehrerinnenumschulungen hatten, da die Infrastruktur mit entsprechenden personellen Ressourcen zur Beantragung und Abwicklung solcher Projekte in kleinen Städten selten vorhanden ist. Die regionalisierte Form des Projektes erforderte zahlreiche Abstimmungsgespräche. So waren u.a. zwei Arbeitsamtsbezirke in die Finanzierung des BBB einbezogen. Im Vorfeld des Gesamtprojektes wurden Koordinations- und Kooperationsgespräche geführt; u.a. mit

- drei Sozialdezernaten,
- mehreren innerstädtischen Ausschüssen,
- regionalen Arbeitskreisen, die sich mit arbeitsmarktpolitischen Fragestellungen befassen,
- drei Jugendämtern;

hinzu kamen Verhandlungen mit den beteiligten Fachschulen, um das Projekt „ins Rollen zu".

Während der 2 ½ jährigen Laufzeit des Projektes kam es auf einer Vielzahl von Ebenen zu einer regionalen Zusammenarbeit. Dies bezog sich sowohl auf die Teilnehmerinnenrekrutierung, als auch auf die Durchführung der verschiedenen Projektphasen (Vorlaufphase, Orientierungs- und Stabilisierungsphase, Umschulungs- und Nachbetreuungsphase).

Hauptsitz des BBB war der Projektstandort an der Volkshochschule der Stadt Wuppertal. Hier erfolgte der gesamte – nicht gerade unerhebliche – administrative Bereich der Projektabwicklung mit dem Land (zu nennen sind hier u.a. Beantragung, Verwendungsnachweise, Zahlbarmachung der Aufwandsentschädigungen und Kinderbetreuungskosten für die Teilnehmerinnen). In Wuppertal wurde zentral Material für den Stützunterricht entwickelt und für die Projektstandorte zusammengestellt. Dies wurde not-wendig, da in den drei Teilprojekten (Erzieherinnen-, Kinderpflegerinnen- und Altenpflegerinnenumschulung) insgesamt 11 Teilnehmererinnen waren, die nicht aus dem deutschen Sprachraum kamen. Diesen Teilnehmerinnen wurde kontinuierlich zur Verbesserung ihrer Sprachkenntnisse Stützunterricht „Deutsch als Fremdsprache" – angeboten. Dieser Stützunterricht wurde wohnortnah in Kleingruppen erteilt.

Der Verbund erfolgte im BBB nicht nur auf der regionalen Ebene, sondern auch in Bezug auf die Fachschulen. Gerade durch die Kooperation mit den Fachschulen konnte für die Teilnehmerinnen einerseits eine größtmögliche berufsfachliche Qualität der Umschulungen sichergestellt und andererseits eine Bereicherung durch das „Know How“ der Volkshochschulen im Bereich der pädagogischen Arbeit mit Erwachsenen erreicht werden.

Die Projektbewilligung erfolgte – nach langen Verhandlungen mit den unterschiedlichen Geldgebern – zum Schluß sehr kurzfristig vor Beginn des ersten Bausteins für die Teilnehmerinnen, der Orientierungs- und Stabilisierungsphase. Dies machte erforderlich, mit der Teilnehmerinnenrekrutierung im Vorfeld der eigentlichen Bewilligung (als von Seiten des Landes „relativ grünes Licht“ kam) zu beginnen, da sonst der durch die Fachschulen vorgegebene Zeitplan nicht hätte eingehalten werden können. Das Projekt wurde bei Institutionen wie dem Allgemeinen Sozialdienst, den Sozialämtern sowie den dort vorhandenen Fachstellen „Hilfe zur Arbeit“ (soweit im Bergischen Raum vorhanden) vorgestellt. Die Teilnehmerinnenwerbung lief über Kindertagesstätten, Beratungsstellen, Familienbildungsstellen, Gleichstellungsstellen und über die bergische Presse. Innerhalb kurzer Zeit meldeten sich ca. 200 Interessentinnen.

Die Zielgruppe

Aus diesen Interessentinnen wurden unter Berücksichtigung der formalen Kriterienvorgaben der Geldgeber sowie der Ausbildungsrichtlinien für die Berufe 60 Teilnehmerinnen ausgewählt:

- Über die Hälfte der Teilnehmerinnen war zu Beginn der Maßnahme alleinerziehend.
- 19 Frauen bezogen Sozialhilfe für sich und/oder ihre Kinder.
- 55 der Frauen hatten Kinder im Betreuungsalter (bis 14 Jahre).
- Frauen hatten 3, 4 oder 5 Kinder (durchschnittlich hatte jede Teilnehmerin 2,01 Kinder).
- Das Durchschnittsalter der Teilnehmerinnen war 38,9 Jahre (vgl. dazu Tabelle im Anhang). Die ältesten Teilnehmerinnen waren zu Beginn des Projektes 50 Jahre alt. Auch diese Teilnehmerinnen der Umschulung zur Altenpflegerin und zur Erzieherin konnten nach Abschluß des Projektes erfolgreich in den Arbeitsmarkt integriert werden.

Gerade das in der Maßnahmekonzeption enthaltene Angebot zur Hilfe bei der Kinderbetreuungssuche sowie des Stützunterrichtes und der sozialpädagogischen Begleitung waren notwendig, um o.g. Teilnehmerinnen innerhalb der Berufsrückkehrerinnengruppe zu erreichen. Diese Rahmenbedingungen des Projektes bilden neben der finanziellen Absicherung der Frauen die innovativen Elemente des Projektes.

Die Orientierungs- und Stabilisierungsphase als innovatives Element des BBB

Im Vorfeld der eigentlichen Umschulung durchliefen die insgesamt 60 Teilnehmerinnen des Bergischen Berufsbildungsprojektes in drei Gruppen eine ca. sechswöchige Orientierungs- und Stabilisierungsphase, nach der sie sich für oder gegen einen weiteren Verbleib im Projekt entschieden. Ziel dieser Phase war die Absicherung der Berufswahlentscheidung, der Möglichkeit des in der Erwachsenenbildung sogenannten „Lernen lernens", das durch die z.T. sehr lang zurückliegende schulische Bildung bzw. Erstausbildung der Teilnehmerinnen erforderlich war. Während dieser Zeit wurde leistungsschwachen Teilnehmerinnen bereits Stützunterricht in Kleingruppen angeboten. Ein weiteres Ziel dieser Phase war die Stabilisierung der Kinderbetreuungssituation, das „Einstellen" der Familie der Teilnehmerinnen auf die neue Situation sowie das „Einstimmen" der Teilnehmerinnen selbst auf ihre neue Rolle als Umschülerin.

Die Lerngruppe und der Stützunterrricht als besondere Ressource und als innovatives Element des BBB

Oftmals werden die Ängste und Belastungen, die ein beruflicher Wiedereinstieg, insbesondere bei einer Umschulungssituation, als ein persönliches Problem von den Teilnehmerinnen wahrgenommen. Die Gruppensituation machte den Frauen deutlich, daß es sich keineswegs um persönliche Defizite handelt.

Während der gesamten Laufzeit des Projektes wurde den Teilnehmerinnen Stützunterricht zu unterschiedlichen Themenbereichen angeboten, wie z.B. das bereits erwähnte „Deutsch als Fremdsprache", fächerbezogene „Nachhilfe" sowie u.a. Rhetorik und „Lernen lernen".

Sozialpädagogisches Handeln in Umschulungsprojekten mit Berufsrückkehrerinnen als innovatives Element des BBB

„Bei organisatorischen Fragen und bei der Kinderbetreuung, und allem, was so damit zusammenhängt, da ist mir auch noch viel von der Seele genommen worden. Unsere Sozialpädagogin hält uns den Rücken frei, damit wir den Kopf frei haben für den Unterricht." Diese Äußerung einer Teilnehmerin des BBB in einem Radiointerview aus dem Jahr 1995 zeigt treffend die Notwendigkeit einer sozialpädagogischen Begleitung, um Umschulungsabbrüche vermeiden zu können. Ziel der Sozialpädagogik in Umschulungsmaßnahmen mit Wiedereinsteigerinnen nach einer langjährigen familienbedingten Berufsunterbrechung ist es, soziale Hindernisse beim Lernen zu beseitigen, z.B. Lernbarrieren von Teilnehmerinnen abzubauen und Lerngruppenbildungsprozesse unterstützen.

Gerade zu Beginn der Laufzeit des Projektes lag der Hauptschwerpunkt der Arbeit auf dieser Ebene, Kontakte zu Institutionen und Einzelpersonen herzustellen, die den Teilnehmerinnen im Bereich der Kinderbetreuungssuche behilflich werden konnten (AnsprechpartnerInnen in insgesamt 7 Städten und Jugendämtern). Das Projekt hat umfangreiche Institutionskontakte aufgebaut, um kompetente AnsprechpartnerInnen bei Behörden und Beratungsstellen im Bergischen Raum zu haben.

Die Erfahrungen im sozialpädagogischen Bereich zeigten, daß die Sozialpädagogin in Krisenzeiten sowie zu Beginn der Maßnahmen ein hohes Maß an zeitlicher Flexibilität mitbringen mußten. Dabei sah das sozialpädagogische Konzept immer das sogenannte Prinzip der „Hilfe zur Selbsthilfe“ vor, d.h. eine Stabilisierung der Teilnehmerin sollte dahingehend erreicht werden, daß sie letztendlich unabhängig von sozialpädagogischer Betreuung wurde. Die Sozialpädagogin arbeitete in diesem Sinn *mit* der Teilnehmerin individuelle Problemlösungsstrategien aus, nicht *für* sie.

Insgesamt betrachtet zeigten die Erfahrungen mit der Zielgruppe, daß entscheidende Veränderungen in der Lebenssituation der Teilnehmerinnen in allen Fällen zu einem vermehrten Bedarf an sozialpädagogischer Hilfe führten (z.B. Trennungssituation, Umzug, neuer Lebenspartner).

Die Sozialpädagoginnen waren Ansprechpartnerinnen in Fragen

- der finanziellen Situation,
- der persönlichen Lebensorganisation,
- der Organisation der Kinderbetreuung,
- im Umgang mit eigenen oder Umfeldveränderungen (Probleme mit dem Lebenspartner, dem Ehemann, dem Exehemann sowie Probleme mit den Kindern wie z.B. Leistungsabfall in der Schule),
- bei Problemen mit Ausbildungsanforderungen oder Praxisanforderungen (ungünstige Arbeitszeiten, zwischenmenschliche Konflikte im Arbeitsfeld),
- bei diffusen Versagensängsten,
- bei Konflikten in der Lerngruppe,
- bei Behördengängen, bei Fragen des Arbeits- und Sozialrechts,
- bei Problemen der Kinderbetreuung.

Die Unterstützung und Klärung der Kinderbetreuungssituation war zu Beginn und im Vorfeld des Projektes die wichtigste Aufgabe der Sozialpädagogin. Institutionellen Kinderbetreuungslösungen wurde in der Regel der Vorzug gegeben. Trotzdem mußte gerade auch zu Beginn der Maßnahmen auf individuelle Tagesmütterlösungen zurückgegriffen werden, da zu wenig Kindertagesstätten- und Hortplätze in der Region vorhanden waren. In einigen Fällen erwies sich die erste Kinderbetreuungslösung, die zu Beginn der Maßnahme gefunden wurde, als langfristig nicht zufriedenstellend, und neue Lösungsmodelle mußten gefunden werden (z.B. wegen unterschiedlicher Erziehungsstile von Teilnehmerin und Tagesmutter). Im Bereich der Suche nach geeignetem Kinderbetreuungspersonal wurde ein Informations- und Kontaktnetz zwischen Kinderbetreuungsinstitutionen und Projekt geschaffen.

Erwerbssituation und Verbleib der Teilnehmerinnen nach Beendigung des Projektes

Nach Abschluß der Umschulungsmaßnahmen hatten 52 Umschülerinnen bereits drei Monate nach Beendigung des Projektes eine Erwerbstätigkeit in ihrem neu erlernten Beruf aufgenommen. Viele Institutionen hatten die Teilnehmerinnen bereits als zuverlässige, engagierte und „Arbeit sehende“ Arbeitskräfte in Praktika erlebt. Einige Frauen absolvierten nach den Prüfungen bewußt eine wohlverdiente kurze „Verschnaufpause“, bevor sie eine Erwerbstätigkeit aufnahmen.

Eine andere Gruppe von Teilnehmerinnen favorisierte, direkt im Anschluß an die Prüfungen erwerbstätig zu werden. Sie begründeten dies mit einem für die Zielgruppe wichtigen Argument: „Ich will nicht, daß meine Familie wieder in den alten Trott verfällt und ich wieder die Taxifahrerin, Köchin und Hausmamsell werde wie vor der Umschulung. Jetzt ist noch alles eingespielt, und es läuft wie geschmiert. Meine Familie ist jetzt selbständig, und so soll es bleiben.“

Fazit

Die persönliche Lebenssituation von Berufsrückkehrerinnen steht in enger Wechselwirkung mit dem erfolgreichen Abschluß einer Umschulung. Nur wenn es gelingt, die Vereinbarkeit von familiärer Situation und Qualifizierungssituation zu gewährleisten und die während dieser Zeit auftretenden Probleme durch entsprechende Rahmenbedingungen im Projekt zu lösen, kann eine Umschulung erfolgreich abgeschlossen werden.

Das Bergische Berufsbildungsprojekt für Berufsrückkehrerinnen konnte innerhalb der heterogenen Gruppe der “Berufsrückkehrerinnen“ Personengruppen erreichen, die bisher häufig aufgrund ihrer familiären Situation von Umschulungsmaßnahmen ausgeschlossen waren.

Im Projekt befanden sich Frauen,

- deren schulische Lernphasen und /oder deren Erstqualifikation zum Teil sehr weit zurückliegt,

- die alleinerziehend und *ohne familiären Rückhalt* der Herkunftsfamilie waren,
- die Sozialhilfe bezogen,
- deren Muttersprache nicht deutsch ist,
- in aktuellen Trennungssituationen,
- die aufgrund eines niedrigen Familieneinkommens eine Ausbildung ohne eine finanzielle Förderung nicht aufnehmen konnten,
- ohne AFG-Ansprüche.

Das Projekt konnte die oben genannte Zielgruppe (siehe dazu Tabellen im Anhang) erreichen und erfolgreich in die Qualifizierungsmaßnahmen integrieren, da es gelang, durch entsprechende Angebote, wie finanzielle Absicherung, Kinderbetreuungssuche, sozialpädagogische Begleitung, Orientierungs- und Stabilisierungswochen im Vorfeld der eigentlichen Umschulungsphase die *Lebenswirklichkeit* der Teilnehmerinnnen nicht außer Acht zu lassen. Grundsätzlich stellt die Umschulungssituation für alle Personen, die daran teilnehmen, eine Belastung dar. Die Fülle des zu Erlernenden erfordert während dieser Zeit die volle Konzentration auf den Lernstoff. Berufsrückkehrerinnen erleben diese Situation in den meisten Fällen als Doppel- bzw. Mehrfachbelastung, denn ihre Zuständigkeit für die Familien- und Kinderarbeit bleibt auch während der Umschulungsphase erhalten. Die eigentlich auch für die Frauen in der Umschulungssituation notwendige Reproduktionsfunktion der Familie entfällt bei ihnen (da die Teilnehmerinnen in der Regel auch weiterhin die Reproduktionsarbeit leisten).

Die Notwendigkeit, den Teilnehmerinnen ihrer Lebensituation entsprechende Rahmenbedingungen in Umschulungsmaßnahmen zur Verfügung zu stellen, wird im folgenden Auszug eines Radiointerviews deutlich, das mit Teilnehmerinnen des BBB während des Projektes aufgenommen wurde. Auf die Frage der Interviewerin : „Wie kamen Sie zum Projekt?“ antwortete eine Teilnehmerin: „Die Idee hatte ich eigentlich schon lange, die Ausbildung zu machen. Ich wußte nur nicht, wie ich das realisieren soll. Ich habe vier Kinder. Der Älteste ist 15 und der Kleinste ist 3 Jahre alt. ... Dann habe ich auch halt vom Projekt gehört, und das war eben die Chance. Mit der Kinderbetreuung und Unterstützung, die man hat. Das ist normalerweise ja nicht gegeben. Vor allen Dingen: auch in einer Klasse zu sein, wo wirklich auch nur Frauen sind, die ähnliche Probleme haben, eben die auch Kinder haben. Mit dem Lernen ist es manchmal sehr viel. Gerade auch vor Klausuren muß man manchmal auch die Nacht zum Tag machen, weil einfach die Zeit dann auch nicht da ist. Ich denke, da geht es den meisten ähnlich, und dann kommt man sich auch nicht so verloren vor, als wenn man in einer Klasse sitzt mit Leuten, die diese Probleme nicht haben.“

Tabelle 1: Alter der Teilnehmerinnen

Alter	*bis 30*	*bis 35*	*bis 40*	*bis 45*	*bis 50*	*gesamt*
Erzieherinnen	2	8	2	5	3	20
Kinderpflegerinnen	3	7	4	6	-	20
Altenpflegerinnen	4	4	3	6	3	20

Tabelle 2: Sozialdaten der Teilnehmerinnen

	Sozialhilfebezug	*Alleinerziehend*	*Kinder im Betreuungsalter*
Erzieherinnen	4	10	19
Kinderpflegerinnen	10	10	19
Altenpflegerinnen	5	10	17

Pathologisierung des Alters und Geschlecht

Ursula von Wedel-Parlow

1. Altern in der heutigen Gesellschaft

Alter ist, neben Geschlecht z.B., eine der gesellschaftlichen Differenzierungsformen. Soziologie beschäftigte sich mit Altern zunächst aus der Perspektive sozialer Probleme, u.a. mit Haushalts- oder Pflegeinstitutionsstrukturen, Wohnen, Armut, Altersstereotypen: Problemdefinitionen wurden dabei meist aus dem sozialpolitischen Feld übernommen. In neueren Studien wird hohes Alter „als Teil von Lebenslauf und Altersgliederung“ gesehen und „in den Zusammenhang der gesellschaftlichen Organisation der Arbeit gestellt“ (Kohli 1992:232). Neben Arbeit gewinnen im biographischen Verlauf auch Familie und soziale Netzwerke an Bedeutsamkeit und werden damit in ihrer jeweiligen Vergesellschaftungsform zu einem genuin soziologischen Thema, das aufzeigt, daß auch menschliche Lebensalter soziale Konstruktionen darstellen (Hagestad 1990).

Wie die gerontologische Forschung zeigt, ist der Prozeß des Alterns abhängig von vorgängigen Lebensphasen bzw. biographischen Verläufen. Dabei sind nicht die einzelnen „Lebensereignisse selbst, sondern die Formen der Auseinandersetzung mit diesen für die Entwicklung des Individuums entscheidend“ (Martin 1997:7; Thomae 1983). So kann auch nicht vom Geschlecht als einer wichtigen Kategorie von Lebenslage und Biographie abstrahiert werden, zumal aufgrund geschlechtsspezifischer Lebenserwartungsdifferenzen die u.U. mit hohem Alter verbundenen sozialen und gesundheitlichen Einschränkungen (Pflegebedürftigkeit und Vereinsamung) in quantitativer Hinsicht vorrangig Frauen betreffen. So vertieft sich die geschlechtsspezifische Ungleichheit in Bezug auf die Altersarmut, die aufgrund der Koppelung des Rentensystems an die Erwerbstätigkeit vor allem Frauen betrifft. Andererseits kommt es zu einer strukturellen Feminisierung des Alters, da nun auch für Männer die Alltagsstrukturen der Haushaltsführung und Familie/Ehe dominant werden, der Ruhestand auch im Freizeitverhalten sich eher geschlechtshomogenisierend auswirkt (Kohli 1992:253). Allerdings sind auch die Varianzen weiblicher Alternsprozesse erheblich, sowohl, was die objektive Lebenssituation anbetrifft, als auch die subjektive Verarbeitung und Einschätzung derselben (subjektive Befindlichkeit): Faktoren wie Familienstand, sozioökonomische Lage, Bildung, Berufsbiographie etc. können geschlechtsspezifische Betrachtungen relativieren.

Sozialpolitisch definiert sich die heutige Situation vor allem in der wiederholten Darstellung des sog. Altersquotienten, d.h. dem Verhältnis des Anteils der über 60jährigen zum Anteil der 20-60jährigen. Danach steigt dieser nach Prognosen bis zum Jahr 2040 von 1993: 35.1% auf 71.4% (Statist. Bundesamt 1996). Diese demographisch alternde Bevölkerung spricht gegenwärtig von Alterslast und Generationskonflikt, Altersarmut, Multimorbidität und Demenz, Einsamkeit und Hilfsbedürftigkeit, sozialer Sicherung und Wohnproblemen. Die dritte Lebensphase erscheint dabei nicht als politisches oder soziales Potential, sondern als individuelle und soziale Belastung. Das bedeutet nicht nur, daß immer mehr Menschen ein hohes Alter erreichen, sondern daß Alter vor allem als Krankheit, Abweichung und Abhängigkeit in den Blick gerät, sei es aus dem Blickwinkel des alten Menschen selbst, der um seine Selbständigkeit fürchtet, sei es aus der Sicht von Kindern, d.h. meist Frauen mittleren Alters, die die Pflegebedürftigkeit ihrer Eltern auf sich zukommen sehen.

Im Zuge der Konzeptualisierung eines Forschungsprojektes zur „Krankheit im Alter oder Altern als Krankheit“ – am Beispiel der Genese von Verwirrtheit und institutionellen Karriereverläufen alter Menschen unter diesem Etikett – sollen hier einige Überlegungen zur Geschlechtsspezifität im Umgang mit Krankheit und Abhängigkeit im Alter angestellt werden.

Nach Skizzierung der heutigen Situation sozialer Netzwerke alter Menschen, ihrer Abhängigkeit und Krankheit im höheren Alter, sollen dann am Beispiel der Demenz, der „Verwirrung“, als der wohl quantitativ bedeutsamsten Erkrankung, die mit dem Lebensalter korreliert, mit Hilfe erster empirischer Ergebnisse soziale Variablen beschrieben werden, die Hypothesen zur Geschlechtsspezifität generieren könnten.

2. Netzwerk, Abhängigkeit und Krankheit im Alter

2.1 Genese von Krankheit: medizinsoziologische Theorieansätze

Im wesentlichen rekurriert die Soziologie in der Betrachtung von Krankheit auf drei Forschungsstränge: Zum einen auf soziale Ungleichheit und Krankheit: die Armutsthese mit dem Aufweis erhärteter Zusammenhänge zwischen sozialer Lage und Morbidität und Mortalität (Marmot 1996). Eine zweite Forschungsrichtung stellen die Streßtheorien dar, die mit prämorbiden und krankheitsbedingten Belastungen und später auch mit subjektiven Bewältigungsstrategien (coping) versuchen, zu ätiologischen Aussagen zu kommen. Nicht zuletzt die Defizite der Erklärungskraft der ersten beiden führt zu dem dritten Strang ätiologischer Hypothesen, dem sozialen Netzwerk und sozialer Unterstützung (social support). Hier wird es im wesentlichen um diesen dritten Strang gehen, der, anders als bei Streß- und sozialen Schichtungskategorien, in besonderer Weise geeignet scheint, die unterschiedlichen Existenzbedingungen alter Menschen in dieser Gesellschaft zu differenzieren, besonders auch unter dem Augenmerk des Geschlechts.

Ausgehend von Durkheims klassischer Studie zum Selbstmord stützen eine Fülle von Forschungsergebnissen seine Annahmen, daß ein enger sozialer Zusammenhalt (Religionszugehörigkeit und Ehestatus z.B.) Einfluß auf psychisches und somatisches Wohlbefinden habe (Überblick bei Badura 1987:20) So weisen beispielsweise Verheiratete eine längere Lebenserwartung als Nicht-Verheiratete, Geschiedene und Verwitwete auf. Vertrauensbeziehungen schützen vor Depressionen (Brown/Harris 1978), und erzwungene soziale Isolation birgt erhebliche Gesundheitsrisiken (Waltz 1987). Wenn dieses Grundkonzept auch nicht strittig ist, so ist der Charakter der Verknüpfung sozialer Unterstützung mit psycho-physischer Beeinträchtigung nur skizzen- und lückenhaft erkennbar.

Während der Zusammenhang zwischen Psyche und Soma (z.B. in der Psychoneuroimmunologie) zunehmend deutlicher abbildbar wird, gilt dies für die Wirkungsweisen von Umwelteinflüssen auf psychische Systeme sehr viel weniger. Soziologisch ableitbar ist, daß Emotionen eng mit kognitiven Sinndeutungen, Identität oder Umwelt betreffend, verbunden sind und diese sich wiederum in der Interaktion zwischen Personen und ihren sozialen Umwelten entwickeln. Diese für Gesundheit relevanten Zusammenhänge zwischen Psyche und Umwelt sind jedoch nicht zuletzt aus methodischen Gründen weit weniger über Modellvorstellungen hinaus verstanden (Badura 1987:20).

2.2 Krankheit und Geschlecht

Bei auf allen Altersstufen höheren Mortalitätsraten für Männer fällt die subjektive Einschätzung des Gesundheitszustandes umgekehrt aus: Frauen empfinden diesen als deutlich schlechter als gleichalte Männer und nehmen auch das Gesundheitssystem erheblich stärker in Anspruch als Männer (Eickenberg/Hurrelmann 1997). Beim Übergang zum höheren Alter scheinen besonders jene Frauen gesundheitlich auffällig, die sich bisher besonders auf Ehe und Familie konzentriert haben. Frauen, die ihr Selbstwertgefühl und ihre Identität vorwiegend aus der eigenen Entwicklung und nicht aus der Existenz von Mann und Kindern herleiten, gelangen zu einer höheren Akzeptanz des Alters selbst (Fooken 1987). Ebenso beeinflußt eine hohe soziale Integration von Frauen in außerfamilialen Bereichen nicht nur die Chance erfolgreichen Alterns, sondern auch ihre allgemeine Lebenserwartung (Moen et al. 1989).

2.3 Familienstand und Haushaltsform

Der Familienstand verteilt sich mit zunehmendem Alter geschlechtsspezifisch: Mitte der 90er Jahre waren in Deutschland rund 13% der über 65-jährigen Frauen nicht verheiratet (ledig oder geschieden), rund ein Drittel war verheiratet (bei den über 80jährigen nur noch 10%) und 54% (79%) waren verwitwet. Bei den Männern derselben Altersgruppen lagen die Werte dagegen bei nur 6% Nicht-Verheirateten, 77% (56%) Verheirateten und nur knapp 17% (39%) Verwitweten (eigene Berechnungen aus StBA 1996 für 1994): Zum einen haben Männer aufgrund unterschiedlicher Lebenserwartung und des typischen Altersabstands bei ihrer Heirat ein geringeres *Verwitwungsrisiko* als Frauen, aber sie heiraten auch öfter im höheren Alter, da zum einen der Heiratsmarkt für sie (quantitativ) günstiger ist und sie zum anderen mit einer meist jüngeren Frau eine „günstige Haushaltshilfe" (Höpflinger 1994:46) erlangen.

Bezogen auf Krankheit und Sterblichkeit profitieren von einer *Ehe* im Alter vor allem Männer. Dies zeigt sich in einer niedrigeren Morbidität und Mortalität verheirateter Männer gegenüber unverheirateten Geschlechtsgenossen. Diese Diskrepanz gilt für Frauen nicht, eine protektive Wirkung der Ehe ist gering (Klein 1993; Höhn/Pollard 1992). Stattdessen ist Verwitwung vor allem Frauenschicksal und d.h. auch: Begleitung und Pflege des kranken Partners bis zu dessen Lebensende. Die durchschnittliche Ehedauer hat sich vom Eheschließungsjahr 1870 über 1930 bis 1970 von 23.4 über 36 auf voraussichtlich 43 Jahre erhöht (Beck-Gernsheim 1993:159), sodaß die nachelterliche Phase den „längsten Zeitabschnitt im Familienzyklusmodell" darstellt (Nave-Herz 1988:75). Etwa 59% auch jüngerer weiblicher Gejburtsjahrgänge (hier 1943/45) werden schätzungsweise eine Verwitwung erleben (Männer 24%), nur 17% eine Scheidung (Höpflinger 1994:58).

85% aller *Einpersonenhaushalte* mit über 65jährigen Bewohnern waren weiblich (StBA 1996). 1987 lebten von den Frauen ab 75 Jahren gut 72% in einem Einpersonenhaushalt, 10% bei den Kindern und weitere 18% wohnten mit anderen Personen (Geschwister, andere Verwandte, Freundinnen etc.) (Schwarz 1989:242). Diese alleinstehenden Frauen zeichnen sich durch eine hohe persönliche Unabhängigkeit und Eigenständigkeit aus und nicht etwa durch Isolationstendenzen (Fooken 1980). Es läßt sich kein Zusamjmenhang zwischen Familienstand und Zufriedenheit mit bestehenden sozialen Kontakten abbilden: Da bei alleinstehenden Frauen außerfamiliäre Kontakte eine wichtigere Determinante von Lebenszufriedenheit darstellen als bei Verheirateten (Everwien 1992), besitzen ledige Frauen auch ein breiter abgestütztes Kontaktnetz als verheiratete Altersgenossinnen (Höpflinger 1994). Bei der näheren Untersuchung zur Lebenssituation von Hundertjährigen zeigt sich, daß die meisten auf ein zufriedenstellendes Berufsleben zurückblicken, mit einer hohen Aktivität bis ins höchste Alter hinein (Martin 1997).

2.4 Singularisierung, soziale Isolation und Einsamkeit

Für diese zunehmende Ein-Personen-Haushaltsführung gilt: Singularijsierung ist nicht weiblicher Hang zum Alleinleben, sondern von der Alters- und Familienstandsstruktur der Frauen abhängig. Wenn dieser Begriff oft mit Einsamkeit und sozialer Isolation verknüpft wird, so kann auch gegenjläufig argumentiert werden: Eine selbständige Haushaltsführung schließt soziale Kontakte nicht nur nicht aus, sondern ermöglicht autonome Entjscheidungen hinsichtlich der Art intimer, familärer oder freundschaftlicher Beziehungen und deren Kombination. Das Wohnen in Mehrgenerationsjhaushalten kann dagegen Einschränkungen, Mehrarbeit für alte Frauen und vor allem Sozialkontrolle mit sich bringen. Die Zahl jener alten Menschen, die sich als einsam bezeichnen, hat in den letzten Jahrzehnten trotz Singularisierung der Haushaltsführung abgenommen (Glatzer 1992). Das Vereinsamungsrisiko dürfte darüber hinaus geschlechtsspezifisch insofern variieren, als Frauen eher familiale Kontaktnetze pflegen als Männer, was ihre spätere Eingebundenheit in diese erleichtert. Darüber hinaus weisen Frauen mehr intime Freundschaften – oft langjährige, mit ähnlichen Lebenserinnerungen verbunden – auf als Männer, deren Freundschaften eher auf gemeinsame Aktivitäten und weniger auf emotionale Intimität ausgerichtet sind. Diese Intimität der Freundschaften ermöglicht Frauen eher, altersbedingte Lebensprobleme aufzuarbeiten, während Männerfreundschaften im Lebensverlauf oft an Aktivität einbüßen (Lehr/Minnemann 1987). Zusätzlich zu berücksichtigen ist, daß soziale Isolation oder geringe Kontaktdichte nicht mit subjektiv geäußerter Einsamkeit korreliert bzw.umgekehrt schützen soziale Kontakte nicht vor Einsamkeit. Insgesamt nimmt das Risiko sozialer Isolation mit steigendem Alter zu: Gleichaltrige sterben und Behinderungen Hochaltriger schränken Außenkontakte erheblich ein. Die Lebenszufriedenheit gerade lediger Frauen der Kriegsgeneration zeichnet sich (gerade gegenüber verheirateten, eher „familienzentrierten" Frauen) durch eine aktive Lebensbewältigung und hohe Lebenszufriedenheit aus (Wilken/Kemmler 1997). Auch aus anderen Untersuchungen geht hervor, daß es u.U. die erheblichen biographischen Belastungen dieser Frauen waren, die früh zu aktivem, vielfältigem Bewältigungsverhalten und Lebenskompetenz herausgefordert haben (Wilken/Kemmler 1997). Dies gilt auch im Zusammenhang mit subjektiv eingeschätzter gesundheitlicher Befindlichkeit (Schneider et al. 1997).

2.5 Abhängigkeit und Hilfsbedürftigkeit

Altersspezifizierte Angaben lassen erkennen, daß Männer in allen Altersstufen heute noch häufiger eine tägliche Unterstützung im Haushalt benötigen als Frauen, die lebenslang solche Kompetenzen erwerben (mußten). Dies gilt für nahezu alle Fähigkeiten des täglichen Lebens: Das altersspezifische Risiko von Hilfsbedürftigkeit ist für Männer höher als für Frauen (Höpflinger 1994). Zusätzlich gelingt es Frauen schlechter, gerade wenn sie Kinder aufgezogen haben, informelle oder formelle Hilfe anzunehmen, so daß trotz ihrer geringeren Zahl Männer eher als Frauen in privaten Haushalten hauswirtschaftliche und pflegerische Dienstleistungen erhalten (Abelin/Schlettwein-Gsell 1990).

Wenn man das intergenerationelle Unterstützungsverhältnis als zahlenmäßiges Verhältnis von potentiell pflegebedürftigen und potentiell pflegenden Angehörigen in Betracht zieht, so werden bei gleichbleibender geschlechtsspezifischer Arbeitsverteilung sehr rasch mehr pflegebedürftige als pflegende weibliche Personen gezählt werden. Dies gilt auch für die professionelle Pflegearbeit: In den nächsten Jahrzehnten müßte das Pflegepersonal für chronisch Pflegebedürftige mehr als verdoppelt werden. Daß dies unrealistisch ist, läßt sich an den Berufswahlen junger Frauen (und Männer) ablesen. Zukünftig müßte also zur ausreichenden Stärkung der familialen und professionellen Altenpflege der Generationenvertrag auf eine neue Grundlage gestellt werden, nämlich daß zukünftig Männer bereit sein müssen, „einen Teil des ‚Daseins für Alte' mitzutragen" (Beck-Gernsheim 1993:167).

Die Wahrscheinlichkeit einer Unterbringung im Heim steigt mit dem Alter. Der Familienstand ist insofern von Bedeutung, als unverheiratete alte Menschen häufiger als gleichaltrige Verheiratete institutionalisiert sind. Beide Faktoren erklären den Frauenüberschuß beim Heimeintritt, aber auch in der Verweildauer in Alten- und Pflegeheimen: Nicht der Geschlechtsunterschied, sondern das Alter und der Familienstand beeinflussen die Heiminanspruchnahme (Bickel/Jäger 1986; Klein et al. 1997).

3. Ein Beispiel: Das soziale Abbild der Verwirrung

3.1 Prävalenz und Problemstellung

Beim Besuch der Hausarztpraxis klagt eine 50jährige Frau über nächtliche Unruhe und Vergeßlichkeit ihrer im Hause wohnenden Mutter mit dem Ergebnis, daß der Arzt ihr ein Rezept mit einem Psychopharma-kon/Schlafmittel für die Mutter mitgibt. Einige Zeit später stürzt die Mutter beim nächtlichen Aufstehen und zieht sich eine Oberschenkelhalsfraktur zu. Im Krankenhaus hat die alte Dame Orientierungsprobleme, laut Pflegedokumentation treten Verwirrtheitszustände, Anzeichen von Demenz auf. Eine stärkere Sedierung angesichts ihrer Unruhe verstärkt die Orientierungsprobleme, und der Stationsarzt rät der Tochter zu einer Heimeinweisung der Mutter mit Hinweis auf den Verlauf dementieller Erkrankungen. Diese Heimeinweisung erfolgt auch auf eine Pflegestation, deren Atmosphäre von verwirrten alten Menschen geprägt ist, die diese Station nicht ohne Begleitung verlassen dürfen. Dem Versuch, sich diesem neuen Aufenthaltsort zu entziehen, nach Hause zu gehen, wird mit verstärkter Medikamentierung begegnet. Bis zu ihrem Tod vermittelt die Mutter den Eindruck zunehmender Orientierungslosigkeit und Depressivität.

Dieses (konstruierte) Beispiel eines Alternsverlaufs stellt idealtypisch die soziale Genese von Verwirrung und des Erhalts einer aktenkundigen Demenzdiagnose und des darauffolgenden Einweisungswegs in ein Pflegeheim dar.

Betrachtet man *Prävalenzstudien zur Demenz* der über 65jährigen Bevölkerung, so beträgt diese bei mittelschweren und schweren Störungen etwa 6%, mit zunehmendem Alter steigt diese Rate exponentiell: bei den 80-84jährigen auf 10-12% und bei über 90jährigen auf ca. 30% (Schumacher et al. 1997:47). Bis zum Jahr 2040 ist mit der Zunahme der Demenzen um ca. 52% zu rechnen (Häfner/Löffler 1991:684). Dabei stellt die senile Demenz vom Alzheimer-Typ die häufigste Form (ca.50%) diagnostizierter Demenz dar. Sie verläuft progressiv und irreversibel, ihre Ursachen sind noch weitgehend ungeklärt, kausale Therapieformen sind somit noch nicht vorhanden. Die Lebenserwartung beträgt etwa 7-8 Jahre. Der vaskulären Demenz (Multiinfarktdemenz) liegt demgegenüber eine hirnorganische Veränderung durch eine Störung der Gefäßversorgung des Gehirns zugrunde. Sie tritt weniger häufig auf, beginnt plötzlich, und die Patienten haben eine geringere Lebenserwartung.

Ätiologisch muß bei einer Demenzdiagnose nicht nur die Unterscheidung zwischen primär degenerativen Demenzen (vom Alzheimer-Typ), vaskulären Demenzen und sekundären Demenzen getroffen werden, sondern auch differentialdiagnostisch an andere organische Syndrome, affektive Störungen, aber auch an Prozesse „normalen" Alterns, Vergeßlichkeit und altersassoziierte Gedächtnisstörungen gedacht werden. Die international gebräuchlichen *Diagnosekriterien* für dementielle Erkrankungen verlangen deshalb einen erheblichen interdisziplinären Aufwand (psychometrische Testverfahren, klinische Ratingskalen etc.), der in einer Allgemeinarztpraxis i.d.R. nicht zu leisten ist. Genau hier aber wird die Mehrzahl aller Demenzdiagnosen erstellt (Cooper et al. 1992). D.h., die Stufe des validen und standardisierten Diagnoseverfahrens erreicht nur die Minderheit jener alten Menschen, die bei den wenigen gerontopsychiatrisch geschulten niedergelassenen Nervenärzten oder in klinisch-geriatrischen Spezialeinrichtungen untersucht werden. Die Mehrheit erlangt ihre „Diagnose" vom Hausarzt, häufig unter fremdanamnestischen Angaben ohne differential-diagnostische Prüfung (s.o.), oder von einem Heimarzt, der meist aufgrund von Personalklagen zum Handeln aufgefordert wird.

Bedenkt man, daß in einer Spezialambulanz für Demenzkranke (Memoryclinic), die Modellcharakter in Deutschland aufweist, weniger als die Hälfte aller mit der Frage Demenz überwiesenen Patienten tatsächlich dement waren (Heuft et al. 1997), so wird die Brisanz dieser in der Mehrheit unkontrollierten Vergabe des Etiketts Demenz problematisch: Nur eine Differentialdiagnose ermöglicht die Einleitung geeigneter Therapien der behandelbaren Störungen, z.B. der vaskulären, sekundären Demenzen oder der Depressionen (Zachhuber et al. 1997). Bei nicht dementen alten Menschen gilt es, eine Institutionalisierung, juristische Konsequenzen der Einrichtung einer Betreuung (Erbschaftskonflikte), aber auch eine meist eingeleitete medikamentöse Behandlung zu verhindern. All dies Handeln bezieht sich auf das Krankheitsbild einer Demenz vom Alzheimer-Typ, das wie kaum ein anderes das Stigma der Unheilbarkeit, des Verlustes und Versagens auf sich vereint (Kuhlmey 1996). So stellt die Bundesregierung nach Inkrafttreten der Pflegeversicherung anhand aller Anträge für ambulante Pflege bis (September) 1996 in einer Zwischenbilanz fest, daß in allen Pflegestufen als häufigste Diagnose „Altersverwirrung“ auftritt (Parität aktuell 4/1996). Im stationären Bereich der Pflegeheime ist diese Diagnoseform quantitativ noch ausgeprägter (Schumacher et al. 1997). Dieser weit über die validierte Prävalenz hinausgehend benutzte Terminus Altersverwirrung bzw. Demenz bestimmt zunehmend die alltäglichen Interaktionen mit alten Menschen, nicht nur in der stationären Pflege. Frauen sind auch in gerontopsychiatrischen Einrichtungen zwar überrepräsentiert, aber dementielle Erkrankungen treten bei Frauen nicht häufiger auf als bei Männern. Der hohe Anteil weiblicher Alzheimer-Patientinnen spiegelt lediglich einen Altersstruktureffekt wider, d.h. mehr Frauen erreichen jenes Alter, in dem solche Störungen häufig auftreten (Höpflinger 1994).

3.2 Ort und Ziel der empirischen Studie

Ziel des gesamten Forschungsprojektes ist es, diese demnach häufigste Ursache von Pflegebedürftigkeit im Alter näher auf ihre Genese hin zu betrachten, d.h. zu Hypothesen zu gelangen, die dazu geeignet sind, diese Art von Pathologisierung und Medikalisierung alterstypischer Probleme, bzw. von Problemen mit alten Menschen, zu beschreiben und zu überprüfen.

Nach einer Reihe von Experteninterviews auf den verschiedenen Thematisierungsebenen der Demenz: Sozialstationen, Allgemeinkrankenhaus, Altenpflegeheime, Spezialambulanz, geriatrisches Krankenhaus, Angehörige dementiell Erkrankter, Krankenkassen etc., begann das Projekt (aus eher pragmatischen Gründen der Finanzierbarkeit) an der Spitze der thematischen „Wissenshierarchie“, bei einer Geriatrischen Klinik, und nur hierüber gilt es hier zu berichten.

In dieser Klinik einer westdeutschen Großstadt werden nicht nur alte Menschen internistisch behandelt, sondern es wird auch versucht, auf einer eigens auf dementiell Erkrankte ausgerichteten Station eine Rehabiltationsbehandlung im Hinblick auf Verbesserung/Erhaltung von Alltagskompetenzen durchzuführen. Im Verbund mit Angehörigengruppen und deren intensiver Beratung soll ein Verbleib in häuslicher Umgebung und/oder eine Verbesserung der Lebensqualität auch in einer stationären Pflegeeinrichtung erreicht werden.

Im Rahmen eines Lehrforschungsprojektes an der Universität-GH Essen (Lebens- und Wohnformen alter Menschen)* beteiligen sich Studierende der Sozialarbeit/Sozialpädagogik und der Erziehungswissenschaften an einer Evaluationsstudie, in der sie sich einen Eindruck über den Effekt und die Dauerhaftigkeit u.U. erreichter Rehabilitationswirkungen verschaffen sollen. Die Messung der Alltagskompetenzen mittels eines an die ADL (Activities of daily living)-Skalen angenäherten Fragebogens erfolgt zu drei Zeitpunkten: Innerhalb der ersten Woche nach Aufnahme auf die Rehabilitationsstation und zur Entlassung nach etwa vier Wochen jeweils durch das Pflegepersonal sowie weitere vier Wochen nach Entlassung durch Projektstudierende in der häuslichen oder Heimumgebung.

Die Station hat ca. 15 Betten in Ein- und Zwei-Bett-Zimmern, die „krankenhausunähnlich", d.h. wohnlich um einen großen, wohnzimmerartigen Flur gruppiert sind. Das Behandlungsteam bemüht sich mit offenen Stationszimmertüren und ästhetischer Symbolik zur Orientierung um eine transparente Struktur und ein kommunikativ offenes Stationsklima. Eine Entfernung von der Station ohne Begleitung ist nicht möglich. Die Einweisung in diese Einrichtung erfolgt entweder von anderen geriatrischen Stationen der gleichen Klinik, von anderen Krankenhäusern, von niedergelassenen Ärzten, Pflegediensten, Angehörigen oder durch die Patienten selbst.

Die hier mit ersten Daten vorgestellte Untersuchung stellt eine Totalerhebung (konsekutive Stichprobe) dar. Da nahezu alle Patienten aus dem städtischen Nahraum kommen, ist die Evaluation für die Studierenden auch (mit wenigen Ausnahmen) durchführbar. Die Studie begann Ende 1995, und die hier erstmals vorgestellte Auswertung (N=203, Stand 1997) stellt einerseits einen ersten Versuch der Klärung evaluativer Fragen dar und liefert andererseits Daten zur soziostrukturellen Beschreibung dieser Gruppe, hier von Experten diagnostizierter, dementiell erkrankter alter Menschen.

3.3 Untersuchte Variablen und Klientel

Über die Hälfte der Patienten befindet sich in der Altersgruppe zwischen 76 und 85 Jahren, gefolgt von der nächsthöheren Alterskategorie der 86-95jährigen. Nur rund ein Fünftel war jünger als 75 Jahre, und diese Vertei-lung mit Tendenz zu Hochaltrigkeit hat sich seit 1996 noch leicht verstärkt. Diese Altersverteilung gilt für beide Geschlechter, so daß das Zwei-Drittel-Über-

---

* Das Lehrforschungsprojekt wird geleitet von Frau Magdalene Blaue (lehrende Sozialarbeiterin) und der Verfasserin, beide im Fachbereich 1 der Universität GH Essen, und kooperiert mit dem leitenden Arzt Dr. H.G. Nehen.

gewicht von Frauen in der Untersuchungspopulation etwa dem in der Allgemeinbevölkerung vorherrschenden Muster der höheren Lebenserwartung von Frauen entspricht.

Die Verteilung des Familienstands unterscheidet sich dagegen erheblich von jener der altersvergleichbaren Bevölkerung: Etwa ein Fünftel der Frauen, aber nahezu die Hälfte der Männer ist verheiratet (Bev.: 33% vs. 77%). Über 70% der Frauen, aber weniger als 4o% der Männer sind verwitwet (Bev.: 54% vs. 17%), nicht verheiratet sind jeweils etwa ein Zehntel der weiblichen und männlichen Patienten (Bev.: 13% vs. 6%). Über die Hälfte der Patientinnen lebte zum Aufnahmezeitpunkt allein, bei den Männern nur ein Drittel.

Die neben den Sozialdaten berücksichtigten ca. 25 Variablen zur Alltagskompetenz, jeweils an den drei Meßzeitpunkten erhoben auf einer sechsstufigen Skala, wurden für den Aufnahmezeitpunkt einer ersten Faktorenanalyse unterzogen. Daraus konnten Faktoren gewonnen werden, von denen die ersten drei für unseren soziologischen Zusammenhang wichtig erscheinen:

Faktor 1: „Körpernähe“, beinhaltet körperbezogene Kompetenzen (Essen, Waschen, Anziehen, Kontinenz);

Faktor 2: „Kommunikation“, beinhaltet die Kommunikationsfähigkeit und -willigkeit in Bezug auf Angehörige, Mitpatienten und Personal;

Faktor 3: „Orientierung“, ergab die „Klumpung“ all jener Variablen, die sich mit der Einhaltung der Tagesstruktur, dem Tag-/Nachtrhythmus, der orientierten und selbständigen Mobilität beschäftigen.

4. Erste Ergebnisse: Rehabilitationserfolg und Sozialstruktur

4.1 Rehabilitationserfolg

Für alle Variablen bildet sich längs der drei genannten Meßzeitpunkte (Aufnahme, Entlassung und Evaluationszeitpunkt vier Wochen nach Entlassung) ein ähnlicher Kurvenverlauf: Den niedrigsten Kompetenzwert schätzt das Pflegepersonal in der Aufnahmesituation und zeichnet danach einen steilen Kompetenzanstieg zur Zeit der Entlassung (nach ca. vier Wochen klinischer Rehabilitation) auf. Die von Studierenden erbrachte Messung nach weiteren vier Wochen zeigt regelhaft eine Reduktion der Kompetenzen, deren Ausprägungsgrad nunmehr zwischen Aufnahme- und Entlassungswert rangiert. Das bedeutet, daß zwar regelhaft von einem ‚Rehabilitationserfolg‘ ausgegangen werden kann, der erreichte Kompetenzzuwachs bei der Entlassung in der Höhe aber nicht gehalten werden konnte. Die Klärung der Frage, inwieweit hier tatsächlich von einem Erfolg der klinischen Maßnahme gesprochen werden kann, vor allem in welchen Stärke, müßte auf mehreren Ebenen nachuntersucht werden. Zum einen auf institutioneller Ebene: Findet hier u.U. regelhaft eine Unterschätzung der Patientenkompetenzen bei Aufnahme, bzw. eine Überschätzung des institutionellen Erfolges bei Entlassung, statt? Birgt die pflegerische vs. studentische Schätzkompetenz systematische Fehler trotz Hospitationen und Interviewerschulungen? Geht der Erfolg der Kompetenzsteigerung auf klinische Rehabilitationsmaßnahmen (z.B. Training, Strukturierung, medikamentöse Neueinstellung) oder auf Zuwendungsveränderung, Entlastung der bisherigen häuslichen oder professionellen Pflegebeziehung, internistische Therapieänderungen (Entgiftung durch Medikamentenabsetzung) u.ä. zurück?

4.2 Rehabilitation und Wohnsituation

Betrachtet man die Wohnsitution der Patienten nach einer evtl. Mobilität zwischen Aufnahme und Evaluationszeitpunkt vier Wochen nach Entlassung, so zeigt sich folgendes Bild: Von allen Patienten (N=203) ist über die Hälfte nicht wohnmobil (57,2%): d.h., sie verbleiben wie zuvor im Altenheim (18,4%), bleiben bei einem Kind oder Enkel (6%), bei ihrem Partner (18,9%) oder allein (13,9%). Immerhin 42,8% sind mehr oder weniger gezwungen, ihren Wohnsitz zu verändern. Dies betrifft 70% der vormals Alleinlebenden und jeweils ca. 30% der vor Aufnahme mit Partner oder Kindern/Enkeln zusammenlebenden alten Menschen. Das bedeutet, daß die klinische Rehabilitation für fast die Hälfte der Betroffenen zu einem biographischen Einschnitt wird, der vor allem im Falle der vormals selbständig und allein Lebenden in über zwei Dritteln der Fälle zur Aufgabe dieser Selbständigkeit und zum Übergang in eine pflegerische Alteneinrichtung zwingt. Nach Geschlecht differenziert überwiegen die Männer bei der Verlegung in ein Pflegeheim, insbesondere bei den vormals Alleinlebenden (Männer 81%, Frauen 66%).

4.3 Kompetenz und Sozialstruktur der Patienten

Bei der Kompetenzenverteilung über die drei wichtigsten Faktorenbündel ist es das *Geschlecht,* das gleichförmig variiert: Zu allen drei Meßzeitpunkten zeigen Frauen höhere Kompetenzwerte in allen drei Faktoren (Mittelwertvergleiche). Die höchste Diskrepanz zwischen den Geschlechtern zeigt sich bei den körpernahen Kompetenzen (Faktor 1) und den kommunikativen Kompetenzen (Faktor 2). In der Einzelbetrachtung finden sich ca. 10-15% mehr Frauen bei den höchsten Kompetenzausprägungen, während umgekehrt Männer bei den niedrig ausgeprägten Kompetenzen bis zu 15% häufiger vorkommen. Im Mittelfeld der Kompetenzwerte ist das Geschlechterverhältnis ausgeglichen.

Beim *Familienstand* weisen die Verwitweten auf allen Kompetenzebenen die höchsten Werte auf, es folgen die Verheirateten und dann als schwächste Subgruppe mit der höchsten Heimeinweisungsrate nach Entlassung die Nicht-Verheirateten.

Entgegen der Erwartung vermindern sich bei den *Altersgruppen* die Kompetenzen nicht mit steigendem Alter, es lassen sich umgekehrte Tendenzen festmachen: Die jüngeren Altersgruppen bis 75 Jahre rangieren auf allen Ebenen an unterster Stelle im Kompetenzniveau, die nächsthöheren Altersgruppen von 75-95 liegen entweder gleichauf oder zeigen jedenfalls keine Verschlechterung in Richtung höhere Altersgruppen. Bei den kommunikativen Kompetenzen liegt die Gruppe der 86-95jährigen bei weitem an der Spitze mit ihren Fähigkeiten. Inwieweit dies einen geschlechtsspezifischen Reflex der höheren Frauenrepräsentanz und -kompetenz abbildet, ist zu vermuten, aber nicht zweifelsfrei. Wichtig scheint hier die Widerlegung üblicher praktischer Handhabung zu sein, daß der Rehabilitationserfolg bei älteren Jahrgängen von geringerem Erfolg sei, eher zeigt sich hier das Gegenteil.

Betrachtet man abschließend die Kompetenzenverteilung in Bezug auf die *Wohnsituation* vor und nach Krankenhausaufenthalt, so zeigt sich diese erst einmal erwartungsgemäß: Die höchsten Kompetenzen auf allen Ebenen zeigen jene Alleinlebenden, die wieder in ihre Häuslichkeit zurückkehren konnten. Es folgen mit Abstand die kleine Gruppe der bei Kindern oder Enkeln Verbleibenden, danach die Alleinlebenden, die in ein Heim eingewiesen wurden, und zuletzt jene, die bei ihrem Partner verbleiben. Am schlechtesten schneiden bei diesem Kompetenzenprofil nicht etwa die immobilen Heimbewohner ab, sondern bei weitem die vom Partner in ein Heim Verwiesenen, und zwar in allen drei Kompetenzbereichen.

4.4 Interpretation einiger Ergebnisse

Für etwa die Hälfte der hier behandelten alten Menschen bedeutet diese Rehabilitationsbehandlung eine endgültige Institutionalisierung in einer Pflegeeinrichtung. Dies gilt vor allem für fast drei Viertel der vormals allein Lebenden. Die hohe Zuwendungsintensität der klinischen Einrichtung ermöglicht zwar u.U. Trainings- und Selbständigkeitserfolge, diese gehen aber zu einem nicht unerheblichen Teil bald wieder verloren, sei es in der Pflegeroutine häuslicher Familienangehöriger oder derjenigen von Seiten des Heimpersonals. Es bleibt abzuwarten, inwieweit eine erneute (geplante) Nachuntersuchung zu einem späteren Zeitpunkt noch einen Rehabilitationseffekt messen kann.

Frauen weisen zu allen Meßzeitpunkten bei allen Variablenprofilen tendenziell höhere Kompetenzwerte auf als Männer, dies schlägt sich in besonders hohen Kompetenzen sowohl bei (vornehmlich weiblichen) Verwitweten, als auch in der höchsten Altersgruppe nieder. Ebenso ist die „erfolgreichste“ Gruppe derer, die wieder ihre volle Selbständigkeit im Einzelhaushalt aufnehmen, überwiegend weiblichen Geschlechts. Bedenkenswert scheint dabei, daß Frauen hier als Patientinnen in einem Kompetenzstadium lebenspraktischer Fertigkeiten in Erscheinung treten, das jenes der als behandlungsbedürftig überwiesenen Männer weit übersteigt. Das entspricht zwar vordergründig den angedeuteten Ergebnissen geschlechtsspezifisch differenter subjektiver Krankheitseinschätzung (Hurrelmann 1997). Angesichts der (in derselben Einrichtung) analysierten Zuweisungswege von Patienten mit Verdacht auf dementielle Erkrankungen jedoch entfällt diese Erklärung: Weniger als 5% kommen aufgrund subjektiver Beschwerden, alle anderen auf Drängen Dritter (Haseke 1994:45). Obwohl der Anteil der nicht (mehr) verheirateten Frauen hier jenen in der Gesamtbevölkerung erheblich übersteigt, ist die Quote der zum Aufnahmezeitpunkt Alleinlebenden geringer als im Bevölkerungsvergleich. Eine mögliche Interpretation wäre, daß die Kompetenzunterschiede auf geschlechtsspezifisch differierenden sozialen Einschätzungen über das jeweils „normale“ Altern von Männern und Frauen beruhen: Die zunächst in lebenspraktischen Alltagsverrichtungen und Kommunikationen aufscheinenden Defizite beginnender Demenz, das „Verlernen“ einzelner Alltagsroutinen im Haushalt, fallen bei Frauen in deren Fremdeinschätzung in familiären Kontexten, aber auch in ihrer Selbsteinschätzung erheblich stärker und frühzeitiger ins Gewicht als bei Männern. Deren haushaltspraktische Defizite finden oft lebenslang keine Erwähnung und erzeugen so auch im hohen Alter nicht unbedingt Problembewußtsein. Auch ihre Einschränkungen in Fähigkeiten der Kommunikation und Körperpflege stoßen u.U. auf höhere Toleranzgrenzen bei den i.d.R. pflegenden (Schwieger-) Töchtern und Ehefrauen. Hat die Ehefrau lebenslang kompensatorische Kommunikations- und Haushaltsfunktionen für beide Partner übernommen, so ist deren Abbau sozial auffälliger, und der Verlust von Kompetenzen beim Mann bleibt sozial zunächst folgenlos, weil nicht erkennbar.

Wenn dieser hypothetische Zusammenhang eines früheren Zugangs zu gerontopsychiatrischen Versorgungs- und Pflegeeinrichtungen von Frauen aufgrund ihrer höheren sozialen Auffälligkeit bereits auf diesem durch Expertise abgesicherten Feld manifester Erkrankung Gültigkeit hätte, so würde dies die Ausgangshypothese des Gesamtprojektes stützen, daß soziale Definitionsprozesse Karrieren in Richtung Demenzdefinition auf unterschiedlichen Ebenen, vor allem in pflegerischen Abhängigkeitsverhältnissen, in Gang setzen. Gestützt wird dies durch das in unseren Daten vorgefundene höhere Kompetenzenniveau jener, die außerhalb familiärer Bezüge lebten. Die Überprüfung solcher Definitionsprozesse durch *lege artis* vollzogene Diagnostik und/oder juristische Abfrage der einer Demenzdefinition zum Zwecke der Einrichtung einer Betreuung (früher Vormundschaft/Pflegschaft) zugrundeliegenden Expertise findet in der Mehrheit nicht statt und kann dies aus Gründen mangelhaft vorgehaltener institutioneller Rahmenbedingungen auch gar nicht. Wir hätten es hier also mit einer vollendeten Transformation eines sozialen Problems (Umgang mit zunehmender Hochaltrigkeit, Abhängigkeit und Pflege) in ein medizinisches zu tun, ohne daß i.d.R. medizinische Fachkunde bei Diagnose oder Therapie beteiligt wäre.

5. Ausblick

Psychopharmaka sind dazu gedacht, Schwächen zu kompensieren, eine Normalisierung des psychosozialen Geschehens herbeizuführen oder eine Psychotherapierbarkeit herbeizuführen, aber sie können auch, z.B. in Altenheimen, dazu mißbraucht werden, „psychische Auffälligkeiten auf manipulative Weise umzudirigieren", wobei dies den Interessen der Gesellschaft, der Umgebung, der Angehörigen, der Pflegepersonen entgegenkommt (Emrich 1996:292). Ins Auge fallen dabei vor allem die „verheerenden Auswirkungen ... unkritischer Tranquilizermedikation als Ausdruck therapeutischer Hilflosigkeit auf Vigilanz, Mobilität und Orientierung", die zu den betrachteten Karrieren beitragen (Heuft et al. 1997:268).

Die zunehmende Verfügbarkeit von häuslichen Hilfs- und Pflegediensten hat unterschiedliche Konsequenzen: Zum einen soll sie letztlich dauerhafte Institutionalisierung verhindern bzw. Autonomie möglichst lange ermöglichen. Andererseits wird mit diesen ambulanten Betreuungsstrukturen jede Einschränkung, Behinderung als Abhängigkeit definiert, in der der alte Mensch ein „Empfänger von Dienstleistungen ist, deren Art und Umfang andere festlegen" (Townsend 1986, zit. n. Guillemard 1992:625). Asymmetrische Austauschbeziehungen verhindern Gestaltungs- und Wahlmöglichkeiten und verstärken die gesellschaftliche Konstruktion des Alters als eine Phase des Autonomieverlusts und der Abhängigkeit. Eine in Deutschland systemimmanente Fragmentierung zwischen sozialen und medizinischen Diensten führt zu kumulativem und nicht substitutivem Gebrauch bei Fehlen jeder Koordination. Dies umso mehr, als die staatliche Gesundheits- und Sozialpolitik nicht an der viel beschworenen zu bewahrenden Autonomie alter Menschen anknüpft, sondern mit ihren gesetzlichen Entscheidungen vorhandene Versorgungssysteme, feste Institutionengefüge bedient, die bestimmte Leistungen gewähren, ausweiten, Indikationen für ihren Bezug definieren, die nichts mit der (weder interessierenden, noch abgefragten) individuellen Bedarfslage alter Menschen zu tun haben müssen. So bleibt, wie bei anderen sozialen Problemlagen auch, das Gesundheitssystem die verläßlichste Definitions- und Verweisungsinstanz – mit Autorität auch gegenüber juristischen Kontrollinstanzen ausgestattet. Gerade auf den unteren, für das Problem inkompetenten Ebenen des Definitionsprozesses hilft es, jene Schwierigkeiten zu „bewältigen", denen Pflegeverhältnisse zunehmend in Häufigkeit und Dauer ausgesetzt sind.

Literatur

Abelin, Th./Schlettwein-Gsell, D., 1986: Wer sind die Benützer der Spitex? S. 61-68 in: P. Eschmann/G. Kocher/E. Spescha (Hrsg.), Ambulante Krankenpflege. Bern: Huber.

Badura, B. 1987: Krankheitsbewältigung als psychosozialer Prozeß.. S. 7-32 in: B. Badura/G. Kaufhold/H. Lehmann/H. Pfaff/T. Schott/M. Waltz (Hrsg.), Leben mit dem Herzinfarkt. Eine sozialepidemiologische Studie. Berlin: Springer.

Beck-Gernsheim,E., 1993: Familie und Alter: Neue Herausforderungen, Chancen, Konflikte. S.158-169, in: G. Naegele/H.-P. Tews (Hrsg.): Lebenslagen im Strukturwandel des Alters. Opladen: Westdeutscher Verlag.

Bickel, H./Jaeger, J., 1986: Die Inanspruchnahme von Heimen im Alter. Zeitschrift für Gerontologie 19: 30-39.

Brown, G.W./Harris, T., 1978: Social origins of depression. London: Tavistock.

Cooper, B./Bickel, H./Schäufele, M., 1992: Demenzerkrankungen und leichte kognitive Beeinträchtigungen bei älteren Patienten in der ärztlichen Allgemeinpraxis. Nervenarzt 63: 551-560.

Eickenberg, H.-U./ Hurrelmann, K., 1997: Warum fällt die Lebenserwartung von Männern immer stärker hinter die der Frauen zurück? Medizinische und soziologische Erklärungsansätze. Zeitschrift für Sozialisationsforschung und Erziehungssoziologie 17: 118-134.

Emrich, H.M., 1996: Ethische Implikationen der Neurotransplantation. S. 291-297 in: G. Kaiser/Siegrist, J./Rosenfeld, E./Wetzel-Vandai, K. (Hrsg.): Die Zukunft der Medizin, Frankfurt: Campus.

Everwien, S., 1992: Lebenszufriedenheit bei Frauen. Eine beschreibende Analyse der Ausprägungen und Bedingungen von Lebenszufriedenheit bei ledigen und verheirateten Frauen der Geburtsjahrgänge 1919-1933. Münster: Waxmann.

Fooken,I., 1980: Frauen im Alter. Eine Analyse intra- und interindividueller Differenzen. Frankfurt: Lang.

Fooken, I 1987: Älterwerden als Frau. S. 238-271 in: A. Kruse/U. Lehr/Ch. Rott (Hrsg.): Gerontologie – eine interdisziplinäre Wissenschaft. München: Bayerischer Monatsspiegel.

Glatzer, W.: 1992: Die Lebensqualität älterer Menschen in Deutschland. Zeitschrift für Gerontologie 25: 137-144.

Guillemard, A.-M., 1992: Europäische Perspektiven der Alterspolitik. S.614-639 in: P.B.Baltes/J.Mittelstraß (Hg.), Zukunft des Alterns und gesellschaftliche Entwicklung. Berlin: de Gruyter.

Häfner, H./Löffler, W., 1991: Die Entwicklung der Anzahl von Altersdemenzkranken und Pflegebedürftigkeit in den kommenden 50 Jahren – eine demographische Projektion auf der Basis epidemiologischer Daten für die BRD (alte Bundesländer). Das öffentliche Gesundheitswesen 53: 681-686.

Hagestad, G.O., 1990: Social perspectives on the life course. S.151-168 in: R.H.Binstock/L.K.George (eds.), Handbook of aging and the social sciences. 3rd ed. San Diego, Ca: Academic Press.

Haseke, J., 1994: Stellenwert von psychopathologischem Befund und Fremdanamnese zur Differentialdiagnose der Demenz. Diss.Univ.Essen.

Heuft, G./Nehen, H.G./Haseke, J./Gastpar, M. Paulus, H.J./Senf, W., 1997: Früh- und Differentialdiagnose von 1000 in einer Memory-Clinic untersuchten Patienten. Nervenarzt 68: 259-269.

Höhn, Ch./Pollard, J., 1992: Persönliche Gewohnheiten und Verhaltensweisen und Sterblichkeitsunterschiede nach dem Familienstand in der BRD. Zeitschrift für Bevölkerungswissenschaft 18: 415-433.

Höpflinger, F., 1994: Frauen im Alter – Alter der Frauen. Ein Forschungsdossier. Zürich: Seismo.

Hurrelmann, K., 1997: Geschlecht und Gesundheit. Einführung in den Themenschwerpunkt. Zeitschrift für Sozialisationsforschung und Erziehungssoziologie 17:115-117.

Klein, Th., 1993: Familienstand und Lebenserwartung. Eine Kohortenanalyse für die BRD. Zeitschrift für Familienforschung 5: 99-114.

Klein, Th./Salaske, H./Schilling, H./Schneider, S./Wunder, E., 1997: Altenheimbewohner in Deutschland: Sozialstrukturelle Charakteristika und die Wahl des Heims. Zeitschrift für Gerontologie und Geriatrie 30:54-67.

Kohli,M., 1992: Altern in soziologischer Perspektive. S. 231-259 in: P.B. Baltes/J.Mittelstraß (Hrsg), Zukunft des Alters und gesellschaftliche Entwicklung. Berlin: de Gruyter.

Kuhlmey, J., 1996: Demenz im Alter. Theorie und Praxis der sozialen Arbeit 9:25-31.

Lehr, U./Minnemann, E., 1987: Veränderungen von Quantitärt und Qualität sozialer Kontakte vom 7.bis 9.Lebensjahrzehnt. S. 80-91 in: U. Lehr/H. Thomae (Hrsg.), Formen seelischen Alterns. Ergebnisse der Bonner Gerontologischen Längsschnittstudie. Stuttgart: Enke.

Marmot, M., 1996: Das gesellschaftliche Muster von Gesundheit und Krankheit. S.392-413 in: G.Kaiser/J. Siegrist/E. Rosenfeld/K. Wetzel-Vandai (Hrsg.), Die Zukunft der Medizin. Frankfurt/M.: Campus.

Martin, P., 1997: Langlebigkeit als Entwicklungsprozess: Zeitgeschichtliche und individuelle Perspektiven. Zeitschrift für Geriatrie und Gerontologie 30: 3-9.

Moen, Ph./Dempster-McClain, D./Williams, R.M., 1989: Social integration and longevity: An event history analysis of women's roles and resilience. American Sociological Review 54: 635-647.

Nave-Herz, R., 1988: Kontinuität und Wandel in der Bedeutung, in der Struktur und Stabilität von Ehe und Familie in der BRD. S. 61-94 in: R. Nave-Herz (Hrsg.), Wandel und Kontinuität der Familie in der BRD. Stuttgart: Enke.

Parität aktuell: Zeitung des DPWV 4/1996.

Schneider, G./Heuft, G./Lohmann, R./Nehen, H.G./Kruse, A./Senf, W., 1997: Psychogene Beeinträchtigung und aktuelle Befindlichkeit im Alter – welche Chancen eröffnet die biographische Perspektive? unveröff. MS einer DFG-Studie.

Schumacher, J./Zedlick, D./Frenzel, G., 1997: Depressvität und kognitive Beeinträchtigungen bei Altenheimbewohnern. Zeitschrift für Gerontologie und Geriatrie 30:46-53.

Schwartz, K., 1989: Veränderung der Lebensverhältnisse im Alter, dargestellt am Beispiel der Männer und Frauen der Geburtsjahrgänge 1912/16, die 1972 55-59 und 1987 70-84 Jahre alt waren. Zeitschrift für Bevölkerungswissenschaft 15: 235-246.

Statistisches Bundesamt (Hrsg.) 1996: Statistisches Jahrbuch für die Bundesrepublik Deutschland. Wiesbaden.

Thomae,H., 1983: Alternsstile und Altersschicksale. Ein Beitrag zur differentiellen Gerontologie. Bern: Huber.

Townsend, P., 1986: Ageism and social policy. S.15-44 in: C. Phillipson/A. Walker(Eds.), Ageing and social policy. London: Gower.

Waltz, M., 1987: Krankheit und Lebensqualität. S.87-125 in: B. Badura/G. Kaufhold/H. Lehmann/H. Pfaff/T. Schott/M. Waltz (Hrsg.), Leben mit dem Herzinfarkt. Eine sozialepidemiologische Studie. Berlin: Springer.

Wilken, B./Kemmler, L., 1997: Ledige Frauen der Kriegsgeneration: Eine explorative Studie zu ihren Lebenszielen und ihrer Lebenszufriedenheit. Zeitschrift für Gerontologie und Geriatrie 30: 34-45.

Zachhuber, C./Leblhuber, F./Jellinger, K./Brancher, C./Drlicek, M., 1997: Histopathologische Untersuchungen bei Demenz – Vergleich zum klinischen Befund. Zeitschrift für Gerontologie und Geriatrie 30:29-33.

Arbeit, Beruf

Künstlerinnen in Sachsen-Anhalt – Vereinbarkeit von Familie und Beruf unter neuen Bedingungen

Frauke Mingerzahn

1. Einleitung

Grundlage dieses Beitrages ist die empirische Studie „Zur sozialen Lage von Künstlerinnen in Sachsen-Anhalt“. Diese Studie wurde im November 1994 von der Leitstelle für Frauenpolitik des Landes Sachsen-Anhalt in Auftrag gegeben. Im November 1995 wurde sie abgeschlossen.

Entsprechend dem Anspruch der Ausbildung an Fachhochschulen, praxisnahe Lehre zu vermitteln, wurden 6 Studentinnen und 3 Studenten des Fachbereichs Sozial- und Gesundheitswesen der Fachhochschule Magdeburg in das Projekt einbezogen. Sie erarbeiteten die Interviewleitfäden im Rahmen eines Seminars. Dieses Seminar betreute ich gemeinsam mit meinem Kollegen Prof. Dr. Günter Wendt. Bei der Entwicklung des Interviewleitfadens orientierte sich die Projektgruppe am Lebenslagenkonzept. Unter Lebenslage wird in unserer Studie der „Spielraum, den die gesellschaftlichen Umstände dem einzelnen zur Entfaltung und zur Befriedigung seiner wichtigen Interessen bieten“ (Nahnsen 1975: 148) verstanden. „Sie stellt damit den Gesamtbegriff der sozialen Chancen des einzelnen dar.“ (ebd.) Für die empirische Untersuchung nahmen wir eine Auswahl und Eingrenzung der für die gesamte Lebenslage relevanten Lebens- und Versorgungsbereiche vor (vgl. Hanesch u.a. 1994: 26). Die wesentlichen Lebens- und Versorgungsbereiche für unsere Untersuchung waren:

- der Versorgung- und Einkommensspielraum
- der Kontakt- und Kooperationsspielraum
- der Lern- und Erfahrungsspielraum
- der Muße- und Regenerationsspielraum
- der Dispositionsspielraum (vgl. Nahnsen 1975:150; weitere Ausführungen, dazu einschließlich des Interviewleitfadens, in Mingerzahn, Wendt 1995)

Methodisch haben wir uns für ein *zweigleisiges* Vorgehen entschieden. Zum einen kam es uns uns darauf an, anhand soziodemographischer Grunddaten die soziale Lage von Künstlerinnen in Sachsen-Anhalt von einer *Makroperspektive* her zu umreißen. Dazu sind wir auf die Künstlersozialkasse zugegangen, die uns mit umfangreichem *sekundär*statistischen Material (aggregierte Daten) behilflich war.

Zum anderen wollten wir von der *Mikroperspektive* her, von den Künstlerinnen und Expertinnen und Experten, authentisch und in die Tiefe gehend erfahren, wie sie selbst ihre soziale Lage beschreiben und einschätzen. Dazu haben wir durch *primäre* Erhebungen in der Form von Intensivinterviews auf der Grundlage eines Gesprächsleitfadens Informationen eingeholt. Diese bilden den Schwerpunkt unserer Untersuchung.

Wir entschieden uns für die Durchführung von Interviews, weil wir zum einen bei einer schriftlichen Befragung – gerade unter Künstlerinnen – keine hohe Rücklaufquote erwarteten. Künstlerinnen suchen das persönliche Gespräch. Zum anderen geht es bei der Schilderung von Lebenslagen nicht um standardisierte Aussagen, sondern vor allem auch um subjektive Befindlichkeiten, die mit keiner anderen Methode zu erfassen sind. Die durchgeführten Interviews gaben uns darin Recht. Die befragten Künstlerinnen waren bereit, viel über sich und über ihre künstlerische Tätigkeit, über ihre subjektive Befindlichkeit zu erzählen.

Die Interviews mit den Künstlerinnen führten vor allem die Studentinnen und Studenten durch. Der Besuch von Künstlerinnen in ihrer privaten oder beruflichen Umgebung vermittelte ihnen Einblicke in eine zum Teil sehr fremde Lebenswelt.

Die Festlegung einer Interviewzielgruppe ist gerade bei Künstlerinnen eine schwierige Entscheidung. Eine allgemeingültige Aussage darüber, wer zu dieser Gruppe gehört, ist nicht möglich (wenn man nicht eine formale, auf administrative Belange zugeschnittene Unterteilung, wie sie z.B. der KSK, vornimmt).

Bezugsgrößen anderer Berufsgruppen wie regelmäßiges Einkommen, kontinuierliche Arbeit, Hochschulabschluß u.ä. sind nur beschränkt brauchbar, da viele Künstlerinnen Autodidaktinnen sind, oft diskontinuierlich arbeiten, weil sie das zum Leben notwendige Einkommen oft nicht durch ihre Kunst, sondern auf andere Weise verdienen. Diskontinuität ist auch deshalb kunstimmanent gegeben, weil z.T. nur einzelne Werke hergestellt oder Engagements nur für eine Spielzeit abgeschlossen werden und danach Phasen mit anderweitigen Tätigkeiten folgen können (vgl. Landtag Nordrhein-Westfalen 1993).

Gerade in den neuen Bundesländern, also auch in Sachsen-Anhalt, vollziehen sich hier Veränderungen, die Einfluß auf die Entwicklung von Kunst und Kultur und auf die subjektive Befindlichkeit von Künstlerinnen haben. Entscheidungskriterium für die Aufnahme in unsere Zielgruppe war daher die Präsentation als Künstlerin in der Öffentlichkeit. Das heißt, wir verstehen bei unserer Untersuchung unter Künstlerinnen Frauen, die mindestens einmal mit einem „künstlerischen Produkt“, sei es ein Buch, ein Film, ein Engagement, eine Ausstellung usw., an die Öffentlichkeit getreten sind.

Wir haben uns bemüht, die Künstlerinnen entsprechend ihrem Anteil der Versicherten in der Künstlersozialkasse zu befragen. Dies ist uns nur zum

Teil gelungen. Zum einen erhielten wir bei der Bitte um ein Interview auch Absagen. Zum anderen waren wir bei der Auswahl der Künstlerinnen auf Vermittlerinnen und Vermittler, Expertinnen und Experten angewiesen. Aus beidem ergibt sich eher eine Positivauslese. Bei unserer Befragung sieht man also sozusagen „nur die im Lichte, die im Dunklen sieht man nicht". Die sich daraus ergebende Sicht wird jedoch teilweise durch die Ex pertInnen relativiert.

Regional haben wir eine relativ breite Streuung angestrebt. Es wurden nicht nur Künstlerinnen in den Regierungsbezirksstädten Dessau, Halle und Magdeburg, sondern auch in kleineren Städten, wie Stendal, Halberstadt, Bernburg, Quedlinburg und Schönebeck, und in kleineren Gemeinden im ländlichen Bereich interviewt.

Wir haben 42 Künstlerinnen und 8 ExpertInnen, d.h. Vertreter des Kunst- und Kulturbetriebes, interviewt. Diese empirische Grundlage läßt gewisse verallgemeinerbare Rückschlüsse zu. Unterstützt und unterstrichen werden sie durch die sekundärstatistische Auswertung der Daten der Künstlersozialversicherung.

Ziel der Studie ist unter anderem auch, Ansatzpunkte für die Förderung von Künstlerinnen in Sachsen-Anhalt zu liefern. Alle Künstlerinnen befragten wir explizit nach ihren Vorstellungen über die Fördermöglichkeiten durch das Land und andere Einrichtungen und Institutionen. Sie können den Ansatzpunkt für Überlegungen in dieser Richtung bieten.

Ich habe aus der Untersuchung zwei Schwerpunkte herausgegriffen, die ich im folgenden darstellen möchte:

1. Wie haben sich die Voraussetzungen für ihre Kunstausübung für die Künstlerinnen in den letzten Jahren verändert?
2. Wie sehen die Künstlerinnen Möglichkeiten der Vereinbarkeit von Familie und Beruf unter den veränderten Bedingungen?

Diese Fragestellungen sind den Dimensionen Kontakt- und Kooperationsspielraum und Dispositionsspielraum zuzuordnen.

2. Ergebnisse der Interviews

2.1 Haltung zum Markt oder der „Umgang mit den neuen Spielregeln"

Die Künstlerinnen sprachen bei unserer Frage nach den Veränderungen im Kunstbetrieb von einer „Diktatur des Marktes". Zwar gebe es keine Zensur mehr. Diese sei jedoch durch eine Abhängigkeit vom Markt ersetzt, (vgl. Mingerzahn/Wendt 1995: 29). Künstlerinnen vieler Kunstarten äußerten Probleme dabei, sich mit ihrer Kunst einem Publikum, Leserinnen und Lesern oder anderen Konsumentinnen und Konsumenten, anbieten zu müssen. Vielfach äußerten Künstlerinnen den Wunsch, sich selbst treu zu bleiben (vgl. Mingerzahn/Wendt 1995: 30), und formulierten Ansprüche an die eigene Kunst. Künstlerinnen sehen sich einem Spagat zwischen der Realität (die eigene Kunst verkaufen zu wollen oder zu müssen) und künstlerischem Anspruch ausgesetzt.

Diese Aussagen werden im folgenden für die einzelnen Kunstarten spezifiziert, gehen doch die Künstlerinnen auch unterschiedlich mit den „neuen Spielregeln" um.

2.1.1 Schriftstellerinnen

Gerade der Literaturbetrieb hat sich für die Künstlerinnen Sachsen-Anhalts stark verändert. Es steht eine große Anzahl in- und ausländischer Verlage zur Verfügung, denen die Schriftstellerinnen ihre Manuskripte anbieten können. Der Kunstbetrieb ist dadurch nicht mehr so lokal und eingegrenzt. Nach Ansicht der befragten Künstlerinnen ergeben sich neue Arbeitsfelder für Schriftstellerinnen auch durch Aufträge für Rundfunk, Fernsehen und Theater (vgl. Mingerzahn/Wendt 1995: 28).

Daraus ergibt sich jedoch keine automatische Verbesserung für die einzelne Schriftstellerin. Die Konkurrenz auf einem nationalen und internationalen Markt führt dazu, daß die Schriftstellerinnen Sachsen-Anhalts kaum nachgefragt, ihre Bücher wenig gedruckt werden. Zum Teil empfinden sie auch eine Sprachlosigkeit, die sie am Schreiben hindert. Erschwerend hinzu kommen der veränderte Stellenwert der Literatur in den neuen Bundesländern (Lesen ist sehr viel stärker als in DDR nur noch eine Freizeitbeschäftigung unter vielen, Informationen werden vorrangig aus anderen Medien gewonnen – vgl. Mingerzahn/Wendt 1995: 29) und ein anderes System der Literaturförderung. Das ermöglicht es nur sehr wenigen Autorinnen (und auch Autoren), von ihrer Kunst zu leben.

Keine der von uns befragten Schriftstellerinnen kann zur Zeit von ihrer Literatur leben. Alle haben eine andere hauptberufliche Tätigkeit aufgenommen bzw. beziehen Rente. Bisher gewohnte Arbeitsstile mußten und müssen aus diesem Grunde aufgegeben werden.

Was heißt das für die Schriftstellerinnen? Subjektiv erleben die Schriftstellerinnen die veränderte Situation negativer als andere Künstlerinnen. „Klinkenputzen" wird als würdelos empfunden (vgl. Mingerzahn/Wendt 1995: 30). Auch das Problem, für einen Markt schreiben und ein breites Spektrum bedienen zu müssen, wird kritisch betrachtet. Fast alle Schriftstellerinnen sind auf der Suche nach neuen Verlagen, einige von ihnen haben auch schon erste Kontakte aufgenommen.

Sehr wichtig erschien uns gerade bei den Schriftstellerinnen die Sicht der Expertin und des Experten. Sie schätzen den Umgang der Schriftstellerinnen mit den „neuen Spielregeln" bei den Autorinnen sehr unterschiedlich ein.

Einigen gelingt das recht gut. Andere haben Probleme, ihre Werke zu verkaufen und sich darzustellen.

Hier scheint es jedoch einen Unterschied zwischen der Innensicht der Autorinnen und der Außensicht der Expertin und des Experten zu geben. Auch die von den Expertinnen und Experten als in der Gegenwart relativ erfolgreich angesehenen Schriftstellerinnen veranschlagen ihre eigenen Veröffentlichungschancen und -erfolge nicht so hoch, wie von den Expertinnen und Experten eingeschätzt.

Von Expertinnen und Experten werden Veränderungen beschrieben, die von den interviewten Schriftstellerinnen nicht benannt wurden. Dazu gehören soziale Härten, psychischer Druck und Depressionen, die dann wiederum die künstlerische Tätigkeit hemmen. Viele Schriftstellerinnen fühlen sich nicht in der Lage, die Schnellebigkeit ihrer Zeit in ihren Werken festzuhalten. Sie suchen die eigene Identität und fragen nach der Bedeutung ihrer Aussagen in ihren Büchern für die Gegenwart. Manche von ihnen verstummen für eine längere oder kürzere Zeit oder veröffentlichen ihre Werke gar nicht mehr. Diese noch kritischere Sicht der Expertinnen und Experten resultiert meiner Meinung daraus, daß die Schriftstellerinnen, die zu einem Interview bereit waren, eher eine „Positivauslese" darstellen. Einige der von uns angesprochenen Schriftstellerinnen waren überhaupt nicht zu einem Interview bereit. Sie gehören eher zu der Gruppe, die resigniert haben oder verbittert sind.

2.1.2 Darstellende Künstlerinnen

Auch hier sollen zunächst kurz die von den Schauspielerinnen und Sängerinnen benannten Veränderungen der Marktsituation skizziert werden.

Nach der Wende sind in Sachsen-Anhalt viele Theater geschlossen worden. Auch die Künstlerinnen, die eine Anstellung haben, äußerten zum Teil die Angst vor der Schließung ihres Theaters. Verändert hat sich auch die Publikumssituation. Während die Schauspielerinnen und Sängerinnen in der DDR nahezu ausnahmslos in ausverkauften Häusern auftreten konnten, sehen sie sich nun oft leeren Zuschauerrängen gegenüber. Auch die Theater haben einen Funktionsverlust zu verzeichnen. Vor der Wende innegehabte Funktionen, wie Informationsvermittlung und zum Teil die Schaffung einer „Gegenkultur" neben der offiziellen, werden von anderen Medien wahrgenommen oder nicht mehr benötigt (vgl. Mingerzahn/Wendt 1995: 37).

Die Künstlerinnen konstatieren außerdem eine in der DDR nicht gekannte Schnellebigkeit an den Theatern. Wer oder was heute noch „in" war, ist morgen schon „out" (vgl. Mingerzahn/Wendt 1995: 39). Veränderungen der Spielpläne und Profilveränderungen der Theater führen dazu, daß sich Schauspielerinnen veränderten Rollenangeboten gegenübersehen. Die Mehrheit der darstellenden Künstlerinnen verzeichnet hier für sich eine Verschlechterung ihrer Situation. Sie bekamen vor der Wende mehr oder bedeutendere Rollen als in der Gegenwart.

Die mit dem Konkurrenzkampf einhergehenden Vermarktungbedingungen werden von den Schauspielerinnen negativ gesehen und als „Klinkenputzen“ oder „Fleischbeschau“ beschrieben. Dennoch schätzen nach einer Studie von Constanze Stange 40% der darstellenden Künstlerinnen ihre persönlichen Marktchancen als gut oder sehr gut ein (vgl. Stange 1997:47). Darstellende Künstlerinnen gehören trotz ihrer Ablehnung der mit der neuen Marktsituation verbundenen Praktiken zu den Künstlerinnen, die mit diesen veränderten Bedingungen offensiver umgehen als bei spielsweise Schriftstellerinnen oder Frauen anderer Berufsgruppen. Dabei hilft ihnen ihr Beruf. Eine Schauspielerin sagte, sie schlüpfe, wenn es nötig sei, auch bei einem Vorstellungsgespräch in eine Rolle (vgl. Mingerzahn/Wendt 1995: 38).

Viele der darstellenden Künstlerinnen leiden unter den leeren Zuschauerrängen. Aus den Gesprächen war in vielen Fällen Verbitterung darüber herauszuhören. Zum Teil wird diese Situation von den Künstlerinnen als persönliches Versagen gewertet.

2.1.3 Unterhaltungskünstlerinnen

Die von uns befragten Unterhaltungskünstlerinnen gehören zu der Gruppe von Künstlerinnen, die am offensivsten mit den neuen Spielregeln umgehen. Auch dabei spielen offensichtlich zwei Faktoren eine Rolle. Zum einen waren diese Künstlerinnen bereits in der DDR als Selbständige tätig. Zum anderen haben wir nur Künstlerinnen befragt, die nicht nur heute noch in der Unterhaltungskunst tätig, sondern auch relativ erfolgreich sind. Das heißt, wir haben diejenigen interviewt, die es schnell gelernt haben, mit den Spielregeln klarzukommen und sich im harten Showgeschäft durchzusetzen. Es gibt jedoch auch Künstlerinnen, die diesen Bereich verlassen haben oder nicht so erfolgreich sind wie die von uns befragten Frauen.

Nach Aussagen des Experten gehen die Künstlerinnen Sachsen-Anhalts sehr unterschiedlich mit der neuen Situation um. Einige weichen in andere Kunstformen als in die von ihnen bisher vertretenen aus. Sie bieten größere künstlerische Vielfalt an und stellen sich auf den Kunstgeschmack ihres Kundenkreises ein. Dazu gehört auch, mehr flache, seichte Unterhaltung anzubieten. Andere haben den Bereich der Kunst ganz verlassen. Das trifft besonders auch für Frauen zu. Haben sie jedoch einmal den künstlerischen Bereich verlassen, ist es sehr schwer, wieder in ihn zurückzukehren, auch für diejenigen, die durch wenige oder keine Auftrittsmöglichkeiten an den Rand gedrängt wurden.

Vielen Künstlerinnen Sachsen-Anhalts gelingt es jedoch nach Ansicht des interviewten Experten zunehmend besser, sich zu vermarkten. Künstlerinnen aus den neuen Bundesländern waren und sind in ihrer künstlerischen

Arbeit oft äußerst professionell. Allerdings mußten sie sich nach der Wende erst auf die neue Vermarktungssituation einstellen. Sie konnten nach der Wende kein Hochglanzmaterial bei Agenturen vorzeigen, im Unterschied zu den Künstlerinnen aus dem Westen Deutschlands oder aus dem Ausland. Ihre selbstabgelichteten Werbematerialien führten bei Agenturen in den alten Bundesländern zu Befürchtungen über die Qualität der entsprechenden Künstlerin. Die Künstlerinnen, die die ersten Jahre nach der Wende durchgestanden und die Entscheidung getroffen haben, ihre Kunst auch weiterhin auszuüben, investieren jetzt in den Bereich der Werbung und setzen auch Hochglanzmaterial ein.

Die Vermarktungssituation ist nach Meinung des Experten für diejenigen am schwierigsten, die ihre Kunst aus innerer Berufung ausüben und keine leichte Unterhaltung anbieten wollen. Auf der anderen Seite ist es für sie zugleich am einfachsten, weil diese Künstlerinnen und Künstler z.T. an materiellen Dingen nicht interessiert sind.

Die Künstlerinnen weinen nach Ansicht des von uns befragten Experten der Situation, von der Konzert- und Gastspieldirektion versorgt zu werden, keine Träne nach. Diejenigen, die wirklich gut und berufen sind, machen weiter.

Die Künstlerinnen sind in ihrer Einschätzung kritischer. Sie müssen sich anpassen, um überhaupt arbeiten zu können. Eine Künstlerin sagte im Interview, daß ihr zwar vieles nicht paßt, daß sie es trotzdem akzeptiert. Auch gefällt es ihr nicht, daß kurz nach dem Auftritt noch über die Gage diskutiert wird. Oft scheint auch weniger die Leistung, das Können und das Talent zu zählen, als das „Verpackungsmaterial“. Eine Künstlerin beschreibt ihre Erfahrungen: „Das ist oft wie beim Einkaufen. Wer sein Produkt am besten beschreibt und es optisch gut verkaufen kann, hat den größeren Teil der Käufer auf seiner Seite. Das ist manchmal ganz schön unrealistisch, und Geld regiert die Welt.“ (vgl. Mingerzahn, Wendt 1995: 54)

2.1.4 Bildende Künstlerinnen

Für die bildenden Künstlerinnen besteht objektiv eine schwierige Situation, für viele besonders materieller Art. Die Auftragslage der meisten Künstlerinnen ist zurückgegangen. Der Kunstmarkt in den neuen Bundesländern ist noch schwach entwickelt. Demgegenüber haben sich die Kosten für Mieten der Ateliers und Ausstellungen, für Arbeitsgeräte und Material erhöht (vgl. auch Stecker 1994: 89). Ateliers mußten und müssen auch aus Finanzknappheit oder aufgrund von ungeklärten Eigentumsverhältnissen von Häusern aufgegeben werden. Zwei Drittel der befragten Künstlerinnen sind der Meinung, daß sich ihre materielle Lage nach der Wende verschlechtert hat.

Nach einer für fast alle Künstlerinnen schwierigen Phase nach der Wende hat sich die Lage vieler der bildenden Künstlerinnen nach eigenen Aussagen wieder verbessert. Nachdem viele ehemalige Kunden zunächst andere für sie wichtige Produkte kauften, hat sich die Auftragslage und der Verkauf der eigenen Produkte der Künstlerinnen in vielen Bereichen wieder eingepegelt. Alte Kunden sind zu den Künstlerinnen zurückgekehrt.

Auffallend im Vergleich zu anderen Künstlerinnengruppen ist bei den bildenden Künstlerinnen die positive Sicht der veränderten Situation und auch der neuen Markt- und Vermarktungssituation. Die bildenden Künstlerinnen geben an, daß sie noch dabei sind, die „neuen Spielregeln“ zu erlernen. Zwar fällt ihnen das nicht so leicht wie den Unterhaltungs-künstlerinnen oder Schauspielerinnen, ihre Haltung ist jedoch weniger resignativ als die vieler Schriftstellerinnen. Die bildenden Künstlerinnen beißen sich durch, auch wenn ihnen das nicht immer leicht fällt.

Stärker als bei den anderen Künstlerinnen fiel uns auf, daß das Alter bei der Einschätzung der neuen Situation und Vermarktungslage eine Rolle spielt. Während junge Künstlerinnen sehr optimistisch sind und viele Möglichkeiten, z.B. zu Auslandsaufenthalten nutzen, gibt es auf der anderen Seite besonders ältere Künstlerinnen, die sich mit den Gegebenheiten arrangieren.

Auch die bildenden Künstlerinnen geben einen Verlust des Stellenwertes der Kunst als etwas Exklusives, Einmaliges an.

2.2 Zur Vereinbarkeit von Familie und Beruf

Welchen Einfluß haben diese veränderten Arbeitsbedingungen der Künstlerinnen auf ihre Betrachtungsweise der Vereinbarkeit von Familie und Beruf? Wir sind bei der Arbeit am Interviewleitfaden von der Hypothese ausgegangen, daß gerade der künstlerische Bereich ein Arbeitsbereich ist, in dem sich Beruf und Familie für Frauen sehr schwer vereinbaren lassen, und daß das von den Künstlerinnen auch so widergespiegelt wird. Diese Hypothese wurde durch die Ergebnisse der Studie – so verallgemeinert – falsifiziert. Eine Gruppe, auf die diese These zutrifft, sind die alleinerziehenden Künstlerinnen. Sonst unterscheiden sich die Einschätzungen stark nach den unterschiedlichen Kunstarten.

Im folgenden soll auf Besonderheiten der einzelnen Kunstarten bei der Vereinbarkeit von Familie und Beruf eingegangen werden. Innerhalb der jeweiligen Kunstart klingen auch die besonderen Probleme von alleinerziehenden Künstlerinnen an.

2.2.1 Schriftstellerinnen

Bei den Schriftstellerinnen gingen wir von der Annahme aus, daß sie zu der Gruppe von Künstlerinnen gehören würden, bei der eine Vereinbarkeit von Familie und Beruf relativ gut möglich ist. Diese Annahme hat sich durch die

Aussagen der Schriftstellerinnen nicht bestätigt. Um zu verstehen, welche Schwierigkeiten für Schriftstellerinnen bei der Vereinbarung dieser beiden Lebensbereiche entstehen, muß ihre Gesamtsituation berücksichtigt werden. Diese hat sich nach der Wende deutlich verändert.

Während Schriftstellerinnen vor der Wende zu größeren Teilen von ihrer schriftstellerischen Tätigkeit leben konnten, ist das heute kaum noch der Fall. Von den von uns befragten Schriftstellerinnen konnte zur Zeit keine von ihrer schriftstellerischen Tätigkeit leben. Sie haben andere hauptberufliche Tätigkeiten aufgenommen bzw. beziehen schon Rente oder Vorruhestandsgeld. Allein schon diese hauptberufliche Tätigkeit läßt den Autorinnen kaum Zeit zum Schreiben. Wenn dann noch eine Familie Ansprüche an Zeit und Zuwendung stellt, wird Schreiben zuweilen fast unmöglich. Auch ist es für Schriftstellerinnen mit Kindern oft nicht möglich, die neu entstandenen Arbeitsformen, z.B. Stadtschreiberinnen-Stellen oder Stipendien in einer anderen Stadt, zu nutzen. Schriftstellerinnen benannten im Gespräch, daß sie ihren Kindern nicht häufige Umzüge und vor allem Schulwechsel zumuten wollen. Das wäre jedoch notwendig, um diese Stellen zu bekleiden.

Besondere Schwierigkeiten, Beruf und Familie miteinander zu vereinbaren, haben unter den Schriftstellerinnen die Alleinerziehenden. Die neuen Bedingungen im Literaturbetrieb verlangen eine größere Flexibilität. Zur schriftstellerischen Tätigkeit gehören auch Lesungen und Lesereisen und der Besuch von Lesungen von Berufskolleginnen und -kollegen. Vor allem für alleinerziehende Schriftstellerinnen sind diese schwer zu realisieren.

Die Familie wird in ihrer Bedeutung von den Schriftstellerinnen als Wert hervorgehoben – und zwar nicht nur als Lebensbereicherung an sich, sondern auch als Gewinn für die schriftstellerische Arbeit. Kinder vermitteln Realitätssicht, durch sie fließen alltägliche Betrachtungen in die Arbeit ein.

2.2.2 Darstellende Künstlerinnen

Der Bereich der darstellenden Kunst ist nach Aussagen der befragten Künstlerinnen der am schwersten mit einer Familie zu vereinbarende Bereich. Die Organisation des Alltags ist oft schwierig, besonders für Schauspielerinnen und Sängerinnen mit kleinen Kindern, da sie einem geteilten Arbeitstag unterworfen sind und ein Teil ihrer Tätigkeit in den späten Nachmittags- und Abendstunden liegt. Die Betreuung der Kinder erfordert ein hohes Koordinierungsvermögen(vgl. auch Ullrich, Wiegand 1996: 85).Vor der Wende gab es eher die Möglichkeit, Beruf und Familie miteinander zu vereinbaren. „Jetzt ist es ein Drahtseilakt." (Mingerzahn, Wendt 1995) Einige Künstlerinnen waren der Meinung, daß eine Vereinbarkeit von Familie und Beruf unter den veränderten Bedingungen eigentlich unmöglich sei. Heute sei eine wirkliche Wahl zwischen Beruf und Familie notwendig. Am negativsten wurde die Situation von den alleinerziehenden Künstlerinnen eingeschätzt.

Unter den von uns interviewten Schauspielerinnen und Sängerinnen war allerdings der Anteil der alleinerziehenden Mütter im Vergleich zu anderen Künstlerinnen am höchsten. Verheiratete Schauspielerinnen schätzen die Vereinbarkeit von Kunst und Familie als etwas positiver ein.

Für alleinerziehende Künstlerinnen ist auch ihre materielle Situation oft ein Problem. Außerdem fehlen ihnen Austausch und Unterstützung. Selbst für verheiratete Künstlerinnen ergibt sich ihrer Meinung nach aus der Familiensituation eine Kontaktarmut gegenüber anderen Personen (vgl. Mingerzahn/Wendt 1995: 46).

Beide Seiten, sowohl die darstellenden Künstlerinnen, als auch deren Familien, müssen aufeinander Rücksicht nehmen. Dafür wurden verschiedene Beispielsituationen angeführt, wie etwa die Ablehnung eines Engagements in einer anderen Stadt, weil die Tochter zur Schule kam, oder das Zurückstekken der Familie in bestimmten Situationen.

2.2.3 Unterhaltungskünstlerinnen

Der Bereich der Unterhaltungskunst, der von uns als einer derjenigen angesehen wurde, in dem die Probleme der Vereinbarkeit von Familie und Beruf am größten sein müßten, wurde von den Künstlerinnen selbst nicht so bewertet. Allerdings leben alle diese Künstlerinnen in festen Partnerschaften, in denen sie Halt und Unterstützung finden und die ihnen offensichtlich diesen Erfolg erst möglich gemacht haben. Nur unser Experte vertrat die Meinung, daß Unterhaltungskunst und Familie schwer miteinander zu vereinbaren seien. Diese unterschiedliche Sichtweise ist sicher auch unserer Auswahl der Künstlerinnen geschuldet. Wir befragten nur Künstlerinnen, die die schwierigen Jahre nach der Wende geschafft haben und die auch heute noch als Unterhaltungskünstlerinnen tätig sind.

2.2.4 Bildende Künstlerinnen

Von uns wurden 21 bildende Künstlerinnen befragt. Den Begriff bildende Kunst haben wir sehr weit gefaßt. Zur Gruppe der bildenden Künstlerinnen gehören sowohl Graphikerinnen, darunter Gebrauchsgraphikerinnen und Textilkünstlerinnen, als auch Malerinnen, Collagistinnen, Keramikerinnen und Restauratorinnen. Dabei vertritt die Mehrzahl der von uns befragten Künstlerinnen dieser Sparte nicht einen ganz speziellen Bereich innerhalb der bildenden Kunst. Sie sind auf mehreren Gebieten tätig.

Unter den bildenden Künstlerinnen ist der Anteil derjenigen am größten, die eine gute Vereinbarkeit von Familie und Kunst angeben. Auch alleinerziehende Künstlerinnen sehen in der Selbstverwirklichung als Künstlerin und der Rücksichtnahme auf die Familie keinen diametralen Gegensatz. Sie sind sich einig, daß es möglich ist, Beruf und Familie miteinander zu vereinbaren, auch wenn dabei Schwierigkeiten auftauchen.

3. Ausblick

Neue Szenarien für die zukünftige Entwicklung des Arbeitsmarktes beschreiben das „Zerbröseln“ der in stabile und übersichtliche Erwerbsstrukturen gegliederten Arbeitsgesellschaft. Angesichts dessen stellt sich die Frage, ob Künstlerinnen (ungewollt) als „Pionierinnen“ dieser neuen Entwicklung gelten können.

Dafür spricht, daß Künstlerinnen schon immer mit Diskontinuitäten in ihrer beruflichen Entwicklung umgehen mußten. Phasen kreativen Schaffens wechseln sich mit mehr oder weniger unproduktiven Phasen ab. Wie gingen die Künstlerinnen damit um?

In ihrer Freiberuflichkeit sehen Künstlerinnen sowohl Chancen als auch Risiken. Die Unabhängigkeit, der fehlende Zwang, sich auf eine fremdbestimmte, vorstrukturierte berufliche Karriere einstellen zu müssen, wird als Chance begriffen, persönliche Spielräume zu erhalten und zu vergrößern. Sie wird aber mit dem Verzicht auf alle Schutznormen des Arbeits- und Sozialrechts und mit einer dauernden, besonders materiellen Unsicherheit erkauft, die vielen Künstlerinnen die Entwicklung einer beruflichen und privaten Identität und die Verwirklichung der eigenen Lebenswürfe erschwert. In den Interviews mit den Künstlerinnen zeigten sich deutlich diese beiden Seiten.

Im Übergang von einer relativen materiellen Sicherheit in der DDR, wenn auch auf einem relativ niedrigen Niveau, zu den Unsicherheiten der Marktwirtschaft sehen die Künstlerinnen Sachsen-Anhalts sowohl Chancen als auch Risiken. Die Unsicherheiten reichen bei einigen Künstlerinnen so weit, daß sie jegliches künstlerisch-kreative Schaffen lähmen und zu Depressionen, Resignation und Ausstieg aus dem Beruf führen (vgl. Mingerzahn, Wendt 1995, Stange 1997). Sicherlich wären diese Aussagen auch auf Frauen anderer Berufsgruppen zu übertragen, die von einem festen Angestelltenverhältnis in die scheinbare oder tatsächliche Freiberuflichkeit wechseln.

Gegen die Betrachtungsweise der Künstlerinnen als Beispiel für Frauen anderer Berufsgruppen spricht aber die Besonderheit des künstlerischen Berufs. „Der Beruf, den sie ausüben, ist Berufung, vielfach haben sie ihn sich erkämpfen müssen. Selbst wenn sie – auch aus pragmatischen Gründen – künstlerisch kürzer treten müssen, ist das drängende Bedürfnis nach künstlerischer Arbeit immer da. Ihr Leben ist von Sinnfindung, Sinnbestimmung und Sinnsuche geleitet. Leben und Arbeit bilden eine untrennbare Einheit. Die Arbeit ist nicht nur Zeiterfüllung plus Broterwerb, bzw. umgekehrt beginnt für sie das eigentliche Leben nicht erst nach Feierabend ... Kinder und eine Familie spielen keine so große Rolle.“ (Stecker 1994:76). Für diesen Beruf aus Berufung werden auch materielle und finanzielle Entbehrungen, zumindest zeitweise, in Kauf genommen. Gerade wenn man sich dagegen typische Frauenberufe betrachtet, sind diese im Unterschied zu künstlerischer Tätigkeit durch wenig Kreativität und Selbstbestimmung gekennzeichnet.

Auch stellte sich für Künstlerinnen schon bisher die Frage nach der Vereinbarkeit von Familie und Beruf konsequenter als für Frauen anderer Berufsgruppen.

Beide, Künstlerinnen und andere arbeitende Frauen, haben gemein, daß sich berufliche Diskontinuitäten und „Heimarbeit" schwer mit einer Familie vereinbaren lassen – so lange zumindest, wie eine Zuschreibung der Familie als frauentypischem Bereich stattfindet. Während jedoch bei Künstlerinnen in Ost und West ihre Identitätsfindung nicht ausschließlich über die Definition als Mutter stattfand, bieten andere Berufe viel weniger eine eigene Identität für Frauen an. Einher ging bzw. geht das mit „Muttipolitik" und Mütterideologie.

Sowohl für Künstlerinnen, als auch für Frauen anderer Berufsgruppen ist es schwierig, bei niedrigen Einkommen Lebensphasen der Nicht-Erwerbstätigkeit allein finanziell zu bewältigen. Phasen der Armut, besonders aber ein Alter in Armutssituationen, wären vorprogrammiert, wenn keine materielle Absicherung erfolgt. Diese ist in der Regel nicht über private Ansparmodelle zu erreichen. Deshalb ist es notwendig, erwerbsunabhängige Ansprüche auf Unterstützungsleistungen zu begründen. Die bisher diskutierten Modelle reichen von einer Grundrente bis zum Bürgergeld.

Literatur

Hanesch, W., et al., 1994: Armut in Deutschland. Reinbek bei Hamburg: Rowohlt.

Landtag Nordrhein-Westfalen, 1993: Frauenkultur in Nordrhein-Westfalen: Antwort der Landesregierung auf die große Anfrage 13 der Fraktion der SPD.

Mingerzahn, F., Wendt, G., 1995: Zur sozialen Lage von Künstlerinnen in Sachsen-Anhalt: Eine Studie im Auftrag der Staatskanzlei des Landes Sachsen-Anhalt, Leitstelle für Frauenpolitik. Magdeburg: unveröffentliches Manuskript.

Nahnsen, I., 1975: Bemerkungen zum Begriff und zur Geschichte des Arbeitsschutzes. S. 145-166. in: Osterland, M. (Hrsg.), Arbeitssituation, Le-benslage und Konfliktpotential. Frankfurt am Main: Europäische Verlagsanstalt.

Stange, C., 1997: Zur sozialen Lage von Künstlerinnen und Künstlern im Land Sachsen-Anhalt. Eine empirische Studie. Magdeburg: Kultusministerium Sachsen-Anhalt.

Stecker, H., 1994: Die FRAU, Die Kunst, Die DDR. Künstlerinnen in der DDR und im Nach-Wende-Ostdeutschland. S. 75-94. in: Bütow, B., Stecker, H. (Hrsg.), EigenArtige Ostfrauen. Frauenemanzipation in der DDR und den neuen Bundesländern. Bielefeld: Kleine.

Ullrich, R., Wiegand, E., 1996: „Unsere Kunst muß Biß haben. Sonst – wozu?". Aus Lebens- und Arbeitsbiographien Ostberliner Schauspielerinnen. Berliner Debatte INITIAL. Zeitschrift für sozialwissenschaftlichen Diskurs 5: 79-92.

„Sanfte Farben, leichte Materialien und eine Linienführung ohne Schnickschnack“

Mode- als Wirtschaftssoziologie

Volker Ronge

„Die polaren Schwankungen, denen die moderne Wirtschaft sich vielfach schon zu entziehen weiß ..., sind auf den der Mode unmittelbar unterworfenen Gebieten doch noch herrschend. Die Form eines fieberhaften Wechsels ist hier so wesentlich, daß sie wie in einem logischen Widerspruch gegen die Entwicklungstendenzen der modernen Wirtschaft steht.“ (Georg Simmel, 1911; zit. 1986, 204)

Einleitung

Die Mode ist, wenngleich sich die Zahl derer, die sich – nicht selten mit einem Schuß Koketterie – damit beschäftigen, in engen Grenzen hält, ein beliebtes Thema für die Soziologie[1] – zu Recht. Denn, wie Schwarz (1987, 151) es begründet hat: „Die Mode ist seit der Moderne – seit etwa 200 Jahren – ein zuverlässiges Prinzip der Vergesellschaftung. Sie ist ... eine Konstitutionsbedingung moderner industrieller Gesellschaften. Sie mag vor- oder postmodern andere Funktionen gehabt haben oder haben, seit der Moderne hat *die Mode* Dauer, stellt also nichts Zufälliges dar. Der Wechsel *der Moden* ist eine Bedingung für ihre Beständigkeit. Die grundsätzliche Ausrichtung der Individuen auf die Mode, ihre individuelle Akzeptanz, ist eine andere Bedingung für ihre Dauer. (...) *Die Mode* ist eine zentrale Institution tief im Sozialen, aus dem *die Moden* als schillernde Blasen an die Oberfläche aufsteigen, um dort zu zerplatzen – was denn sonst?“

Wovon handelt die Modesoziologie – ohne daß hier ein konsentierter Kanon erwartet werden darf? Zu allererst thematisiert sie fast ausschließlich

1 Es muß kurz vor ihrer Emeritierung gewesen sein, daß ich der damaligen Fakultätskollegin Renate Wald von meinem – für mein eigenes Forschungsspektrum, vor allem in der Fremdwahrnehmung, damals ganz untypischen – Interesse an der Mode erzählte. Sie lieh mir daraufhin freundlicherweise einen Stehsammler mit von ihr aufbewahrten modesoziologischen Texten verschiedenster Natur aus. Als dessen ehemalige Studentin hatte sie natürlich von René König ein soziologisches Interesse an der Mode mitbekommen...

die Kleider- oder Bekleidungsmode (woran ich mich hier, alle Einwände zurückstellend, auch halten werde). „Dazu gehört die Spezifik der Mode seit Beginn der Moderne gegenüber vormodernen Zeiten, das Verhältnis von Mode und Gesellschaftsstruktur, die Knappheit der Zeit im Spiegel der Moden und die modisch-ästhetische Orientierung am generalisierten andern." (Schwarz 1987, 150)

Massengesellschaft, Individualisierung, Erlebnisorientierung – man hat keine Probleme, einen Zusammenhang „großer" gesellschaftlicher Entwicklungstendenzen, die in der allgemeinen Soziologie diskutiert werden, mit dem Thema der Mode herzustellen. Bemerkenswert allerdings ist, daß in all solchen Zusammenhängen – und tatsächlich fast durchgängig in der Modesoziologie – Mode als Form von *Konsum* aufgefaßt (und dann vor allem die soziale Diffusion von Mode betrachtet) wird. René König, sicherlich einer der modesoziologischen Klassiker, versteht Mode ausdrücklich als „Konsumstil" (1985, 319). Und Roland Barthes sucht in seinem „Système de la Mode" nach dem (in den Modezeitschriften geknüpften) wortreichen Bedeutungsnetz zwischen dem – modischen – Gegenstand und seinem Benutzer (1985, 10). Immerhin interessiert er sich noch für die „Autoren" bzw. die ökonomischen Hintergründe dieser Bedeutungsproduktion: „Aus Berechnung ist die Industriegesellschaft dazu gezwungen, sich Konsumenten zu erziehen, die nicht rechnen; hätten die Produzenten und Käufer der Kleidung ein identisches Bewußtsein, ließe sich Kleidung nur in dem Maße absetzen (und herstellen), wie sie verschleißt, also sehr langsam. (...) Um das rechnende Bewußtsein des Käufers zu trüben, ist es nötig, vor dem Objekt einen Schleier von Bildern, Motiven und Bedeutungen auszubreiten, es in ein Medium zu tauchen, das zur Klasse der Appetitanreger gehört, kurz: es ist nötig, ein Trugbild des realen Objekts zu schaffen, das die träge Zeit des Verschleißes durch eine souveräne Zeit ersetzt, in der das Objekt die Freiheit hat, sich in einem jährlich stattfindenden Potlatch selbst zu zerstören. Der kommerzielle Ursprung unseres kollektiven Imaginären ... kann also niemandem verborgen bleiben." (Barthes 1985, 10) Kurz: „die Mode wird von bestimmten Produzentengruppen unterhalten, um die Käufer zu veranlassen, ihre Kleidung rascher durch neue zu ersetzen. Dieser Zyklus verliefe zu langsam, wenn er einzig vom Verschleiß abhängig wäre ..." (Barthes 1985, 307)

König hätte an dieser kühlen Destruktion von Konsumentensouveränität, wie Barthes sie vornimmt, wenig Freude gehabt, er hat daran geglaubt (1985, 332 f.). Allerdings überzeugt auch Barthes' simpler Marxismus nicht. Die Produktions„seite" der Mode ist viel komplexer, als daß sie sich so einfach nach Drahtziehermuster („die Industriegesellschaft", „bestimmte Produzentengruppen") charakterisieren und abhaken ließe.

Fragestellung

Fragt man Modemacher oder -händler, so singen sie durchwegs ein Klagelied über den bzw. die Konsumenten: Sie seien immer weniger kalkulierbar, zerfielen in immer zahlreichere Zielgruppen mit unterschiedlichem Mode-Geschmack, wechselten ihre Mode-Präferenzen in immer schnellerem Rhythmus. Das Risiko der Modeproduktion und der Lagerhaltung des Modehandels werde immer größer. Der Handel müsse immer größere Teile seines Sortiments für preisreduzierte Abverkäufe einkalkulieren. Dies alles wirkt zurück auf das Verhältnis zwischen Produzenten und Händlern: Die Einkäufer werden immer „vororder-scheuer", die sog. Vororder-Mengen werden immer geringer, wodurch sich das Verkaufsrisiko des Handels teilweise auf die Produzenten (rück)verlagert. Produktionskonzepte für das Produktion-Handels-Verhältnis wie JIT (just in time) und QR (quick response) versuchen, dieses Problem zu entschärfen.

Auf der anderen Seite entwickelt sich der Mode-Produktionsprozeß zu immer größerer Kompliziertheit. Es ist ziemlich müßig, darüber zu streiten, ob es die Konsumenten oder die Produzenten sind, die die Geschwindigkeitsschraube des Modewechsels immer mehr angezogen haben, wer da wen antreibt; interessant ist dagegen die Frage, wie sich immer schnellerer Modewechsel und immer unsicherere Modetrends mit den immer komplizierteren und allemal bestimmte Zeitvorläufe bedingenden Prozessen der Modeproduktion vertragen können. Die immer unsichereren Trends stoßen ja auf eine komplexe, aus vielen Stufen aufgebaute Produktion, an der eine Vielzahl von Unternehmen beteiligt ist. Außerdem sind im Zeitalter der Konfektionsmode ziemlich große Kapitalmengen im Spiel, die auf Verzinsung aus sind. Viel schwieriger als innerhalb eines Unternehmens, aber höchst dringlich, stellt sich in solchem Kontext das Problem der Koordinierung der Produktionsprozesse, heute übrigens im globalen Raum. Die (zusätzliche) Variable „Mode" impliziert, m.a.W., eine ganz erhebliche Erschwernis von unternehmerischer Produktion.

Das führt (zunächst) zur Frage, wie denn der „Entstehungsprozeß" der Mode überhaupt funktioniert – eine Frage, auf die man in der üblichen Modesoziologie deshalb keine Antwort findet, weil sie dort gar nicht erst gestellt wird.

Mode herzustellen, ist ein Problem. „Von der Faser bis zum Endprodukt benötigt man heute 12 bis 18 Monate" (Textil-Wirtschaft Nr. 47 v. 24.11.1988, S. 4). Das ist nicht an sich problematisch, sondern wird es erst im Kontext von Modewechsel. „Die lange Zeitdauer, die benötigt wird, um Bekleidung herzustellen, wird dem schnellen Modewechsel ... nicht gerecht." (Nagel/Riess/Theis 1991, 6) Unsere Fragestellung wird sich im Hinblick auf dieses Problem auf zwei Punkte konzentrieren: 1. Wieviel (Vorlauf-) Zeit beansprucht heute die Mode-Produktion, wobei natürlich, durch Konkurrenz verursacht, höchster und steigender Zeitdruck unterstellt wird? Die zeitliche Bezugsgröße dafür bildet der Modewechsel im Handel und Konsum; dieser erfolgt mehr oder weniger halb- bzw. vierteljährlich mit den Jahreszeiten Frühling, Sommer, Herbst und Winter[2]. 2. Wie erfolgt – oder besser: wie gelingt – die Koordination der Produktionsprozesse in einer Branche, die in der Hauptsache mittelständisch strukturiert ist – Großunternehmen mit „organisationsfähiger" hoher Fertigungstiefe im eigenen Bereich bilden die Ausnahme – und sich weltweit verteilt?

Wie ist es, m.a.W., möglich und erklärbar, daß schon im November 1991 hinsichtlich der (Herren-) Mode des darauffolgenden Winters (1992/93) vorausgesagt werden kann, „daß sanfte Farben, leichte Materialien und eine Linienführung ohne Schnickschnack den Ton abgeben werden. Wichtig für alle Männer, die modisch auf dem laufenden sein wollen: die Hosenbeine werden schmaler. Rund um die Hüften allerdings sorgen auch weiterhin Bundfalten für bequemen Sitz. Superleichte knielange Mäntel in Hängerform sollen kaum 200 Gramm wiegen und in Seidenqualität auch einen Transport im Aktenkoffer vertragen. (...) Im Herbst und Winter sorgen Farbnuancen wie die blau-graue ‚Rhapsodie', die rot-braune ‚Serenade', die grünliche ‚Pastorale' und die braune ‚Romanze' für neue Effekte. (...) Premiere im Mode-Winter (1992/93; VR) haben füllig geschnittene Westen aus Strick oder Tuch, die ebenso wie Hosen gern mit Reißverschlußtaschen versehen sind ..." (Westd. Zeitung v. 30.11.1991)

Die Frage ist hier nicht etwa, ob man Modetrends prognostizieren kann. Das kann jeder – freilich immer mit dem Risiko der mehr oder weniger folgenreichen Fehlspekulation. Es geht vielmehr darum, daß (bzw. wie) die Modetrends für alle wirtschaftlich Beteiligten (Produzenten und Händler) so verläßlich und verbindlich werden, daß damit die aus Unsicherheit und Wandel der Modenachfrage resultierenden unternehmerischen Risiken ins Erträgliche gemildert werden.

Der Modeentstehungsprozeß

Ein einschlägiges Praktiker-Handbuch definiert: „Der gesamte Modeentstehungsprozeß umfaßt alle Stufen von der Farbfindung über die Produktion der Faser und des Bekleidungsstückes bis hin zur Akzeptanz der neuen Mode durch die Konsumenten. Er kann in drei aufeinander folgende Stufen differenziert werden: der Innovationsprozeß in der Industrie, die Akzeptanz durch den Handel und der Akzeptanzprozeß bei den Konsumenten ..." (Hermanns 1991, 19 f.)

2 Das Vier-Jahreszeiten-Modell hat sich inzwischen wohl durchgesetzt, nicht zuletzt Dank der Düsseldorfer Messe IGEDO (vgl. Welt am Sonntag v. 20.4.97, S. 30).

Für unsere Fragen ist an dieser Darstellung zunächst angenehm, daß sie „aus der Sicht“ der Produktion bzw. Produzenten erfolgt und nicht der Ideologie der Konsumentensouveränität aufsitzt, nach welcher „der Kunde/Käufer/Konsument“ geradezu erratisch und unprognostizierbar die Modefäden zieht und die Modetrends bestimmt (und somit den Produzenten und Händler zur bedauernswerten tragischen Figur macht). Unser Augenmerk konzentriert sich im Folgenden nur auf die Produktionsstufe, unter höchstens partieller Einbeziehung des Marketings gegenüber dem Handel.

In stofflicher und technologischer Sicht lassen sich in der Mode-Produktion vier „Variablen“ unterscheiden, die – vorab des Konsums und auch des Handels – bestimmt und koordiniert werden müssen: Farbe, Faser, Form und Dessin (Hermanns 1991, 19). Dabei ist es so, daß „die Farbe grundsätzlich von Saison zu Saison (also am schnellsten; VR) variiert, während Form, Faser und Dessin zum Teil nur eine leichte Modifikation erfahren“ (Hintz/Dittrich 1991, 858). Unsere Fragestellung läßt sich deshalb am besten an der Entstehung der Modefarben festmachen, weil sich hier wegen des saisonalen Wechsels das Zeit- und Koordinationsproblem am schärfsten stellt.

Generell läßt sich sagen, daß „immer kürzer werdende Zyklen des modischen Wechsels und die damit größer werdenden wirtschaftlichen Risiken“ (Hermanns 1991, 59) sich auf die Modeproduktionsseite als strukturelle Belastung – und natürlich als unternehmerische Herausforderung – auswirken.

Es gibt jedoch auch entlastende Mechanismen. Zwei davon möchte ich hier skizzieren: Mode„institute“ und Modemessen.

Modefarben – und die Rolle von Mode„instituten“

Die Bestimmung der saisonalen Modefarben bildet wahrscheinlich das wichtigste Problem der Modeproduktion. Modefarben stehen in zwei strukturellen Bezügen: einerseits mit ihren – hier im Wortsinne „stofflichen“ – Trägern, den Fasern und Stoffen; andererseits mit sog. Modethemen – deren große Bedeutung daraus erwächst, daß Kleidung – unter Modebedingungen – tendenziell nurmehr das Nebenprodukt zum „eigentlichen“ Produkt darstellt: dem Erlebnis, dem „Feeling“ usw.

Beide Bezüge bedingen einen zeitlichen Vorlauf: Die Fasern und Stoffe müssen – in den jeweiligen Modefarben und -dessins – vorhanden, d.h. produziert worden sein, bevor die Silhouetten bestimmt und die Schnitte gefertigt werden und, natürlich, schon lange, bevor die Konfektionsproduktion beginnt. Auch die – insbesondere – mit Modefarben verbundenen Modethemen müssen vor der jeweiligen Saison auf die „Agenda“ von Multiplikatoren, d.h. in die Modemedien, gebracht werden, damit die spätere Kundschaft sich an sie gewöhnen kann, darauf vorbereitet ist (vgl. Baumann 1991).

Die – jeweiligen, saisonalen – Modefarben ergeben sich mitnichten „naturwüchsig“ aus (wechselnden) Präferenzen der Konsumenten oder im Spiel von Marktkräften; sie werden vielmehr – zwar diskursiv, aber – in einem formalisierten Ablaufprozeß mit zweijährigem Vorlauf (!) zur jeweiligen Saison branchenweit festgelegt (vgl. Lohr 1991, 160 ff.).

Aber wie und von wem? In diesem frühzeitig vor der jeweiligen Saison einsetzenden und die ganze Branche „steuernden“ Planungs- und Koordinierungsprozeß spielen sog. Modeinstitute eine entscheidende Rolle. In Deutschland sind dies insbesondere das Deutsche Mode-Institut in Frankfurt – für die Damen(oberbekleidungs)mode – und das Institut für Herrenmode in Köln. Ähnliche Institute gibt es z.B. auch für – die ebenfalls modebestimmten – Gütersektoren Schuhe und Brillen. Auch auf internationaler Ebene finden sich derartige Institute, z.B. ein Internationales Baumwoll-Institut oder ein European Fashion Export Council.

Die Geschäftsführerin des Deutschen Mode-Instituts hat ihre Rolle in der „Steuerung“ der Damenmode einmal so formuliert: „Grundlage für die Darstellung des zeitlichen Ablaufs der Entwicklung von Mode für eine Saison ist der Arbeitsplan des Deutschen Mode-Instituts (DMI), denn dieses Institut bietet allen am modischen Prozeß Beteiligten Informationen zu dem Zeitpunkt an, an dem man sie braucht, weil neue Kollektionen gestaltet werden.“ (Lohr 1991, 160)

Einen zentralen Punkt dieser frühzeitig erforderlichen Informationen bilden die Modefarben. Wie erfolgt deren Festlegung – wie gesagt, im langen, von der Produktion benötigten Vorlauf zur betreffenden Saison?

- Zwei Jahre vor einer/jeder Saison wird – sogar international, für 18 Länder – eine erste sog. Farbkarte erstellt. Die Institution, die dies tut, bzw. bei der dies geschieht, sitzt in London und trägt den bezeichnenden Namen „International Colour Authority“ – bezeichnend insofern, als der Terminus „Authority“ im angelsächsischen Sprachgebrauch auch für staatliche Behörden verwendet wird. Der Begriff signalisiert – hier: branchenweite – Planung und Steuerung, im Gegensatz zu erratischer Spontaneität. Die hier erarbeitete, sog. Intercolor-Farbkarte bildet die Grundlage für die anschließende Entwicklung nationaler Farbkarten.
- In Deutschland entwickelt daraufhin das DMI auf dieser Basis seine – nationale, deutsche – „DMI-Tendenzfarbkarte“. Diese wird den Produzenten gut eineinhalb Jahre vor einer/jeder Saison (gegen einen recht ordentlichen Preis) zum Erwerb angeboten.
- Ungefähr gleichzeitig erfolgt eine erneute internationale Abstimmung der inzwischen national (weiter)entwickelten Modefarben auf der – oder genauer: am Rande der – Stoffmesse „Première Vision“ in Paris. Diese Abstimmung resultiert in der Farbkarte der Première Vision. Sie ist ein Jahr vor der Bezugssaison fertig und wird den Bekleidungsfabrikanten und dem -handel vorgestellt.

- Zur gleichen Zeit, also ein Jahr vor der Bezugssaison, hat das DMI seine „Tendenzfarbkarte" zur sog. „Order-Farbkarte" konkretisiert. Auch sie ist an die Bekleidungsfabrikanten und -händler adressiert. Spätestens damit ist eine Fixierung und Standardisierung des Modefarbenspektrums für die jeweilige Bezugssaison erreicht: also ein volles Jahr im voraus.

Parallel zu diesen Modefarben-Festlegungen erfolgen übrigens, ebenfalls unter der Ägide des DMI, ähnliche Steuerungsvorgänge in Bezug auf die Garne sowie die Stoffproduzenten, schließlich für die Konfektionäre und Stricker.

Alle diese Vorgänge laufen mehr oder minder parallel und befruchten einander. Ein besonders erwähnenswertes Produkt dieser Prozesse bilden die sog. Modethemen, an denen die erwähnten „materiellen" Aspekte – Farben, Stoffe, Dessins, Schnitte – sozusagen festgemacht werden. Diese Modethemen kristallisieren sich bereits etwa eindreiviertel Jahre vor einer Saison heraus – und ermöglichen somit eine einigermaßen kalkulationssichere Produktion.

Natürlich ist das Mode-Institut keine Behörde, sondern so etwas wie eine – in Form eines privaten Vereins organisierte – institutionelle Klammer für eine Vielzahl von Abstimmungsgremien und -vorgängen. Die organisatorischen Grundeinheiten des DMI – oder vielleicht besser: beim DMI – bilden insgesamt acht Arbeitskreise, die miteinander vernetzt sind. Beispielsweise treffen sich in einem Arbeitskreis „Stoffe" Stoffhersteller mit Konfektionären und dem Handel:

„Der Arbeitskreis Stoffe kommt zweimal in jeder Saison zu einer Sitzung zusammen. Die erste Sitzung findet etwa zwei Jahre vor der Saison statt, die jeweils im Blickpunkt steht. Hier wird über grundsätzliche Orientierungen und neue Entwicklungen bei Stoffen gesprochen. Zur zweiten Sitzung treffen sich die Mitglieder kurz nach der Interstoff (der wichtigsten deutschen Stoffmesse; VR). Thema sind dann sehr präzise Informationen über Qualitäten, Ausrüstungen, Dessinierungen und Drucke." (aus einem Prospekt des DMI)

Aus der Sicht des Mode-Instituts handelt es sich bei den „Mitgliedern" der Arbeitskreise um „Fachleute" der Mode (Lohr 1991, 162). Sie sind allerdings außerdem immer auch ökonomische Interessenten, zum Teil auch in einer maklerartigen Funktion. Und von daher bedeutet die von ihnen ausgehende Fixierung und Standardisierung von Modefarben, -mustern, -silhouetten und -themen immer auch den Abgleich unter Konkurrenten sowie zwischen – unternehmensübergreifenden – Produktionsstufen zum ökonomischen Zweck der branchenweiten Verminderung des Mode-Produktions-Risikos.

Modemessen

In keiner Branche spielen Messen eine derart große Rolle wie in der Textil- und insbesondere in der Bekleidungswirtschaft. Für die am Modeentstehungsprozeß Beteiligten bilden Messebesuche einen erheblichen Teil ihrer Tätigkeit; sie stellen in der Modebranche ein absolutes „Muß" dar. Was ist der Grund dafür? Es hängt mit unserem Thema der starken „Modifizierung" im Bekleidungssektor zusammen.

In wirtschaftswissenschaftlicher Sicht bilden Messen einen speziellen, übrigens sehr alten, Typus von Märkten. Andere Typen sind z.B. Börsen, Versandhäuser mit ihren Katalogen, Läden, Super„märkte". Die an sich abstrakte Markt-Vorstellung der Ökonomie findet auf diesen Märkten ein konkret-sinnliches Pendant. Die Besonderheit von Messen – hier sind vornehmlich solche gemeint, die nicht für Konsumenten gedacht sind und veranstaltet werden – besteht darin, daß sie zu persönlicher Kommunikation zwischen (einer Vielzahl von) Produzenten und Händlern (bzw. deren einzelnen Stufen) führen. Manche Messen sind nur „Schauen"; meistens handelt es sich jedoch um Veranstaltungen, auf denen „geordert" werden kann und soll. Und ordern bedeutet – selektiv – steuern.

Im Kontext der Kleidermode spielen zwei Typen von – natürlich immer saisonbezogenen – Messen eine herausragende Rolle: erstens Messen bzw. Modeschauen, bei denen die Haute Couture, die sog. Mode„schöpfer", sich mit Interessenten der Konfektionshersteller und -händler trifft; zweitens Ordermessen, wo die Einzelhändler die jeweilige Konfektionsware als Muster von den Herstellern – in der Erwartung und mit der Möglichkeit zu ordern – vorgestellt bekommen. Zur Orderung müssen die Kollektionen übrigens rund 9 Monate vor der jeweiligen Saison „stehen" (Lohr 1991, 162).

In den Medien wird in der Hauptsache über Modeschauen der Haute Couture berichtet; dafür gibt es Mode„seiten" oder -sendungen und -redaktionen[3]. Den Ordermessen fehlt dagegen der entsprechende „Nachrichtenwert"; sie kommen deshalb – bezeichnenderweise – höchstens im Wirt-

---

3 Die Modeschauen der Haute Couture lassen sich nicht einfach als erste oder oberste Stufe des Prozesses der Modeentstehung interpretieren, von der her dann sozusagen kaskadenhaft die „normale", tragbare, konfektionierte, massenhaft verkaufte und getragene Mode abgeleitet wird. Diese Modeschauen sind vielmehr ein System sui generis, mehr der Kunst – in ihrer abgegrenzten Autopoiesis – als dem Alltagsleben zuzuordnen, von dem sie weit entfernt bleiben, auf das sie höchstens echohaft einwirken (vgl. SZ v. 15./16.3.97, S. 47). Daß diese – wie jede – Kunst ihrerseits auf das Alltagsleben rekurriert, sich von der „Straße" – und dort vor allem vom Abweichenden – inspirieren läßt, ist selbstverständlich. Dieser Mode„zirkus", diese „Modewelt", „liebt den Protest, die Rebellion, das Schockierende", ist eben damit „weltfremd" (Zitate aus einem Presseartikel über die Pariser Modenschauen: SZ v. 20.3.97, S. 13).

schaftsteil vor: als unternehmerische Veranstaltung. Für die Mode im Alltag der Massen spielen die Ordermessen allerdings die weit wichtigere Rolle.

Viel stärker als in anderen Branchen sind Mode-Messen durch interaktive Kommunikation bestimmt. Sie vermitteln in einem echten Sinne, unter „Gleichberechtigung" beider (jeweiligen) Seiten, zwischen Produktionsstufen sowie zwischen Produktion und Handel. Die jeweilige Saisonkonfektion wird z.B. nur als Muster vorgestellt, unterliegt dann, vor der Massenfertigung, der Beeinflussung durch das Orderverhalten der Einkäufer des Handels.

Mit dieser intensiven Kommunikation wird der reine Marktmechanismus durchbrochen. Die starke „Modifizierung" fordert eben diesen Preis der Abweichung. Andernfalls wäre die Beteiligung an der Modeherstellung selbstmörderisch.

Schluß

Meine vorstehenden skizzenhaften Ausführungen zur Produktions- bzw. Entstehungsseite der (Bekleidungs-)Mode sollten einen leisen Kontrapunkt zu einer Modesoziologie setzen, die sich m.E. völlig einseitig nur mit der Mode als Konsum beschäftigt. Hier bietet sich noch ein weitgehend „unbeackertes" weites Feld für eine „Wirtschaftssoziologie der Mode". Further research is welcome.

Mir fällt eine Analogie ein: Eine Journalistin versuchte sich in empirischer Sozialforschung und befragte – insgesamt 100 – (Fachhochschul-) Studenten der Fachbereiche Mode-Design und Textil-Design zu ihren Berufsvorstellungen. Ergebnis: „Mehr als die Hälfte aller Studierenden wollen nicht in die Industrie gehen, weil es sie 'ankotzt'. (...) Fast alle ... fürchten, daß ihre Kreativität und ihre Sensibilität im kommerziellen Einsatz verloren gehe." (Aschke 1989, 19) „Eigentlich wollen alle nur Designer werden", resummierte die Autorin, „die Arbeit in der Industrie ist für viele ein absolutes Schreckgespenst". (ebd.)

Es ist sicherlich viel „sinnlicher", wenn sich die Modesoziologie an den fertigen Kleidern (mit den darin steckenden Menschen) festmacht und abarbeitet, als wenn sie sich – auch – mit deren Produktion und Handel beschäftigen würde. Natürlich wäre eine wirtschaftssoziologisch konzeptualisierte Modesoziologie, die zunächst einmal Nachholbedarf auf der Produktionsseite hätte, viel trockener als das, was wir haben; auf jeden Fall aber wäre sie nicht anfällig für Koketterie.

Literatur

Aschke, K., 1989, Der Traumberuf, in: dies. (Hrsg.), Kleider machen viele Leute, Reinbek, S. 14 ff.

Barthes, R., 1985, Die Sprache der Mode, Frankfurt/M. (franz. Original 1967).

Baumann, M., 1991, Die Bedeutung der Medien im Mode-Marketing, in: A. Hermanns/W. Schmitt/U.K. Wißmeier (Hrsg.), Handbuch Mode-Marketing, Frankfurt/M., S. 833 ff.

Hermanns, A., 1991, Grundlagen des Mode-Marketing, in: A. Hermanns/W. Schmitt, U.K. Wißmeier (Hrsg.), Handbuch Mode-Marketing, Frankfurt/M., S. 11 ff.

Hintz, J./Dittrich, B., 1991, Mode-Marketing aus unternehmerischer Perspektive. Ein Gespräch mit Klaus Steilmann, in: A. Hermanns/W. Schmitt, U.K. Wißmeier (Hrsg.), Handbuch Mode-Marketing, Frankfurt/M., S. 855 ff.

König, R., 1985, Menschheit auf dem Laufsteg. Die Mode im Zivilisationsprozeß, München/Wien.

Lohr, M., 1991, Der Entstehungsprozeß von Mode, in: A. Hermanns/W. Schmitt, U.K. Wißmeier (Hrsg.), Handbuch Mode-Marketing, Frankfurt/M., S. 143 ff.

Nagel, B./Riess, B./Theis, G., 1991, Quick-Response-Strategien in der Textil- und Bekleidungsindustrie (Hans-Böckler-Stiftung, Ms. 50), Düsseldorf.

Schwarz, U.H.A., 1987, Über Versuche, die Mode theoretisch einzuholen (Sammelrezension), in: Soziologische Revue, S. 149 ff.

Simmel, G., 1986 (1911), Die Mode, in: S. Bovenschen (Hrsg.), Die Listen der Mode, Frankfurt/M., S. 179 ff.

Der Stellenwert des „sozialen Ehrenamtes" in der individualisierten Gesellschaft

Dagmar Schlapeit-Beck

Das ehrenamtliche und soziale Engagement in Wohlfahrtsverbänden, Kirchen, Vereinen, Gewerkschaften und Parteien geht seit Jahren dramatisch zurück.

Befindet sich *das Ehrenamt* deshalb in *einer Krise*? Erleben wir in unserer individualisierten „Risikogesellschaft" eine Tendenz fort von der Solidargemeinschaft hin zu einer Generation von Egoisten und Hedonisten in einer Freizeit- und Konsumgesellschaft? Oder erleben wir einen grundlegenden *„Wandel des sozialen Ehrenamtes":* fort vom lebenslangen, generationenübergreifenden, kontinuierlichen Engagement im Traditionsverband, hin zum sporadischen Einsatz je nach biographischem Lebensabschnitt und fort von der selbstlosen altruistischen Hingabe für andere aus Solidarität und Nächstenliebe für „Gottes Lohn", hin zur bürgerschaftlichen Eigeninitiative in Tauschbeziehung zu anderen?

1. Wegfall des traditionellen Potentials – des sogenannten Ergrauten Ehrenamtes

Schon 1966 betonte Christa Hasenclever (zit. in: Stenzel 1968, S. 11), daß man den Gesundheitszustand einer Gesellschaft an der Zahl und der Qualität der Mitbürger messen könne, die aus Gewissensgründen und eigener Überzeugung im Interesse des Gemeinwohls handeln würden. Lange Zeit schien es so, als befände sich das soziale Ehrenamt in einem langsamen, aber unaufhaltsamen Prozeß des Aussterbens. Unablässig und wie in keinem anderen Arbeitsmarktsegment vermehrten sich daneben jedoch die sozialen Berufe und Institutionen sozialer Dienstleistungen. Nach den Berechnungen der Wohlfahrtsverbände sind fast 2 Mio. Menschen in der Bundesrepublik ehrenamtlich im sozialen Bereich tätig, was ca. 3% der Bevölkerung entspricht. Hinzu kommen schätzungsweise 500.000 Menschen, die außerhalb der Spitzenverbände der freien Wohlfahrtspflege ohne Bezahlung in diesem Bereich arbeiten, sowie ca. 500.000 an Selbsthilfegruppen Beteiligte. Die volkswirtschaftliche Gesamtleistung von den *„ehrenamtlichen Mitarbeitern"* wird von der Bundesarbeitsgemeinschaft der Freien Wohlfahrtsverbände auf 2 bis 3 Mrd. DM im Jahr geschätzt. Vertreter von Wohlfahrtsverbänden rechnen mit einer volkswirtschaftlichen Gesamtleistung von ca. 5-6 Mrd. DM im Jahr. Das entspräche einer Leistung von 2.800 DM für eine Mitarbeiterin jährlich (Krüger 1993, S. 83). Nach Reihs (1995, S. 12) erbringen die 1,7- 2 Mio. ehrenamtlichen Mitarbeiter/innen in den Einrichtungen der freien Wohlfahrtspflege bei einem durchschnittlichen wöchentlichen Engagement von 3 Stunden die Arbeitsleistung von 160.000 fiktiven Vollzeitbeschäftigten. Allein jeden Monat werden in der Bundesrepublik ca. 240 Mio. Stunden ehrenamtlicher Arbeit geleistet.

Nach Olk (1988, S. 24 f.) ist die Bereitschaft zur ehrenamtlichen Arbeit in Klein- und Mittelstädten noch am stärksten ausgeprägt. Zwei Drittel bis 80 Prozent der Ehrenamtlichen sind Frauen (im sozialen Ehrenamt ist ihr Anteil nach Theresa Bock mit 94% besonders hoch), die überwiegend Hilfsdienste verrichten. Viele von ihnen sind über 60 Jahre alt. Aber helfende und dienende Tätigkeiten werden insbesondere von jüngeren Frauen immer weniger akzeptiert (vgl. Backes 1991).

INFAS veröffentlichte 1984 daß zwischen 7 und 8 Mio. erwachsene Bundesbürger und -bürgerinnen im Sozialsektor freiwillig und unentgeltlich tätig seien. Bestätigt werden diese Zahlen durch eine Analyse von Engels aus dem Jahre 1991 (S. 20) wonach sich 17,5% der Bundesbürger/innen ehrenamtlich im Sozial- und Gesundheitsbereich engagieren, was deutlich mehr ist, als in den Wohlfahrtsverbänden ermittelt wurde. 0,8% der 15- bis 75jährigen Bevölkerung in Nordrhein-Westfalen sind in sozialen Selbsthilfegruppen aktiv (vgl. Olk 1987).

Im Rahmen der ALLBUS-Untersuchung 1988 wurde festgestellt, daß die Beteiligung an Wohlfahrtsverbänden und sozialen Hilfsorganisationen leicht von 7% auf 6% zurückgegangen sei, die an kirchlichen und religiösen Vereinigungen stark von 15% auf 6% der Befragten. In Rettungs- und Hilfsorganisationen waren 1986 11% der Befragten aktiv (vgl. Garhammer 1990, S. 143). Backes (1991, S. 91) weist darauf hin, daß verläßliche Daten zum Zeitaufwand nicht vorliegen: „Die üblichen Schätzungen liegen bei durchschnittlich 12 bis 18 Stunden im Monat“. Auch der Spiegel in seiner Ausgabe 37/1994) konstatiert, daß den deutschen Vereinen der Nachwuchs ausgehe. Immer weniger Heranwachsende ließen sich für die organisierte Freizeit in Sportmannschaft und Traditionspflegeclubs begeistern, vor allem die Hilfsorganisationen wie das Rote Kreuz würden sich über das schwindende Engagement beklagen. Daneben laufen Trend- und Individualsportarten den Mannschaftssportarten den Rang ab. Der Trend zur *„Professionalisierung“* sozialer Dienstleistungen hat gleichzeitig dazu geführt, daß heute die fünf führenden Wohlfahrtsverbände mit 700.000 hauptamtlichen Stellen zu den größten Arbeitgebern in Deutschland angewachsen sind (vgl. Becker 1994, S. 141f.) In der Bundesrepublik hat sich zwischen 1980 und 1989 die Zahl der Stellen für Sozialarbeiter/innen mit einer Zunahme von 85% fast verdoppelt, der jährliche Zuwachs liegt gegenwärtig bei 5-7 Prozent. Der deutsche Sozialstaat nimmt innerhalb der europäischen Staaten eine Spitzenposition ein. Das bezieht sich sowohl auf die Angebote wie auch auf die staatliche Finanzierung (vgl. Becker 1994, S.141 f.).

Rauschenbach (1993, S. 26 ff.) weist darauf hin, daß allein im Bereich der Jugendhilfe die Zahl der tätigen Personen im Zeitraum von 1974 bis 1990 von 220.000 auf 330.000 Personen und damit um 50% zugenommen hat. Betrachtet man die Entwicklung der sozialen Berufe insgesamt, so zeigt sich, daß von den heute bereits weit über 700.000 Arbeitsplätzen in diesen Berufen 3 von 4 erst nach 1970 hinzugekommen sind. Zwar sind gegenwärtig ca. 16-18% der bundesdeutschen Bevölkerung im sozialen Sektor bisher in irgendeiner Form freiwillig und unbezahlt tätig geworden. Die INFAS-Studie (1984) belegt aber zugleich, daß noch zusätzlich ein erhebliches Potential von an sozialem Engagement Interessierten existiert. Bis zu 33% der nur gelegentlich ehrenamtlich Tätigen geben an, daß sie bereit wären, mehr von ihren Zeitressourcen zur Verfügung zu stellen, wenn es notwendig sei.

Vergleichbare Erkenntisse liegen auch aus den Vereinigten Staaten vor. Die Bereitschaft, sich persönlich durch freiwilliges Tun zu engagieren, war nach dem Ergebnis einer wissenschaftlich begleiteten Gallup-Studie 1980/81 bei 52% der erwachsenen US-Bevölkerung und 53% der Teenager vorzufinden. 31% der Befragten betätigten sich im Durchschnitt mehr als zwei Stunden pro Woche, 1985 waren es jedoch bereits 3,5 Stunden. Immer noch waren mehr Frauen als Männer unter den Volunteers. Als Herausforderung zum freigewählten Mitmachen waren die persönliche Ansprache und das Vorfinden von Handlungs- und Entscheidungsfreiräumen die wichtigsten Faktoren. Noch weit mehr amerikanische Bürger wären nach Umfrageergebnissen bereit, sich durch selbst ausgewählte Eigenarbeit im sozialen Bereich zu engagieren, wenn sie genauer wüßten, wo und wie sie diese „anpacken“ könnten (vgl. Paulwitz 1992, S. 198).

Allerdings sind die Kosten einer voll funktionsfähigen ehrenamtlichen Arbeitskraft die gleichen wie die einer angestellten Arbeitskraft minus der eigentlichen Lohnkosten. Alle anderen Kostenfaktoren, also die sogenannten Investitionskosten in das Humankapital einer Organisation, sind nach Sengling (1994, S. 1) identisch.

Angesichts dieser Beobachtungen verfestigt sich der Eindruck, daß die Bereitschaft zum freiwilligen bzw. ehrenamtlichen Engagement nicht grundsätzlich abnimmt, sondern sich in einem grundlegenden Wandel befindet.

2. Die Bedeutung des Begriffs „Soziales Ehrenamt"

Nach der Definition von Theresa Bock (1986, S. 223) wird ehrenamtliche soziale Arbeit wie folgt umschrieben: „Ehrenamtlich Tätige sind Bürger, die sich, ohne durch verwandtschaftliche Beziehungen oder ein Amt dazu verpflichtet zu sein, ohne Entgelt, sporadisch oder regelmäßig für Aufgaben in der sozialen Arbeit zur Verfügung stellen". Ehrenamtlich Tätige „verschenken" demnach ihre Arbeitskraft, indem sie sie – in der Regel jenseits ihrer beruflichen bzw. familiären Tätigkeiten und Verpflichtungen – zu Konditionen bereitstellen, die weit unterhalb des auf dem Arbeitsmarkt zu erzielenden Arbeitseinkommens liegen.

Ein zentrales Merkmal ehrenamtlicher Tätigkeit im Vergleich zu anderen Formen unbezahlter freiwilliger sozialer Tätigkeiten besteht im höheren Organisierungs- und damit auch Verpflichtungsgrad dieser Form von Hilfe. Ehrenamtliche Tätigkeit wird in aller Regel innerhalb einer formal organisierten Einrichtung und Institution, z.B. bei einem freien Träger der Wohlfahrtspflege oder einer Kirchengemeinde, erbracht. Bei aller Spontaneität und Freiwilligkeit ist ehrenamtliche Arbeit insofern in einen Rahmen arbeitsteiliger Kooperation (auch mit professionellen Helfern), Einsatzplanung und Aufgabendefinition eingebunden. Ehrenamtliches Engagement ist daher nicht selten mit mündlichen oder schriftlichen Vereinbarungen und Abmachungen verknüpft, schließt monetäre Entschädigungen wie Fahrtkostenerstattungen, Aufwandsentschädigungen und geringe Entgelte nicht aus und enthält auch im Hinblick auf die Qualifikation durchaus Komponenten formaler Einarbeitungs- und Fortbildungsprozesse.

In der heutigen sozialpolitischen Fachdiskussion gilt der Begriff *„Ehrenamt"* als überholt. Nach der Definition des lutherischen Theologen Paul Althaus meint *„Ehre"*, die Geltung des Menschen im Urteil anderer, der gute Name, das Ansehen. Die „Ehre sei unentbehrliche Bedingung des Lebens und des Wirkens in der Gemeinschaft. Ehre gilt für ihn als konstitutiv für jede Form sozialen Lebens" (vgl. Althaus 1953, S. 19). Es ist jedoch problematisch, die Althaussche Definition von Ehre unkritisch in die Gegenwart zu transferieren, in der traditionelle Werte, zu denen auch „Ehre" gehört, zunehmend infrage gestellt werden, und die zudem das eigene Handeln vom Urteil anderer abhängig macht.

Auch den zweiten Teil des Wortes, den Begriff des *„Amtes"* will ich kurz beleuchten. „Schon seit dem Mittelalter war es üblich, öffentliche Aufgaben zum Teil an Einzelpersonen, in der Regel Adlige, oder Personengruppen wie die Zünfte zu übertragen. In der Regel war damit die Möglichkeit verbunden, an der Macht der weltlichen oder kirchlichen Höfe teilzuhaben. Voraussetzung für die Übertragung eines solchen Amtes war die finanzielle Unabhängigkeit. Erst mit der Entwicklung hin zur bürgerlichen Gesellschaft werden die Bedingungen für eine begrenzte Teilnahme an gesellschaftliche

Macht und Entscheidungsprozesse durch die Übertragung und Übernahme eines öffentlichen Amtes erweitert. (...) Damit wird die Vorstellung vom Ehrenamt als Honoratiorentätigkeit geprägt. Allein die Tatsache, daß jemand ein öffentliches Ehrenamt bekleidet, zeigt, daß er einer bestimmten sozialen Schicht angehört (Reihs, 1995, S. 22 f.)

Uffrecht (1994) hält die Bezeichnung *„Ehrenamt“* für freiwilliges soziales Engagement für unangemessen und schlägt deshalb vor, „ehrenamtlich“ nur noch politische Wahlämter oder ein Vorstandsamt im Bereich nichtstaatlicher Organisationen zu nennen. So hält er etwa das Amt des Bundespräsidenten für das höchste Ehrenamt in unserem Staat. Den Begriff des öffentlichen Ehrenamtes gab es bereits im klassischen Griechenland. Derjenige wurde in dieses Amt gewählt, der das Vertrauen der polis besaß, ihre Aufgaben lösen zu können. Das Amt war mit Zuwachs an Ansehen verbunden. Die Ehre galt dem Amt. Die Kosten blieben dem Amtsinhaber. Uffrecht spricht deshalb nicht mehr von der *„Ehrenamtlichkeit“,* sondern verwendet Bezeichnungen wie *„freiwillige Tätigkeit“* oder *„freiwilliges Engagement“*. *„Freiwillige Mitarbeiter“* ist auch die im angelsächsischen Sprachraum benutzte Bezeichnung, da man dort vom *„voluntary worker“* spricht.

Gisela Notz (1989, S. 14) 19) betont, daß für den Begriff *„Ehrenamt“* bewußt die Verwendung der Bezeichnung *„Arbeit“* gewählt werden sollte, weil es sich bei ehrenamtlicher sozialer Arbeit um gesellschaftlich notwendige, ja unabdingbare Arbeit handelt, die, wie jede andere Arbeit, meßbar, bezahlbar, abgrenzbar, teilbar und verteilbar sei. Nach den Thesen des Deutschen Vereins zu *„Ehrenamtlichen Kräften im Rahmen ambulanter sozialpflegerischer Dienste“* (1988) wird das Ehrenamt wie folgt charakterisiert:

- Ursprünglich ist die ehrenamtliche Tätigkeit die Erfüllung einer dem Einzelnen von der Gemeinde oder dem Staat übertragenen Aufgabe („Amt“), die unentgeltlich ausgeführt wird und damit dem Einzelnen zur Ehre gereicht (z.B. Schöffe oder Betreuer).
- Ehrenamtliche Hilfe liegt zwischen der primären Hilfe (Familie, Freunde, Nachbarn) und der professionellen Hilfe, die vom Staat oder von gemeinnützigen Einrichtungen angeboten wird, und rekrutiert sich teilweise auch aus beiden. Backes (1991) betont, daß ehrenamtliche Arbeit von Frauen eine *„Zwischenarbeitsform“* zwischen Haus- und Erwerbsarbeit darstelle.
- Ehrenamtliche Kräfte sind alle diejenigen, die sich ohne Entgelt freiwillig bereiterklären, anderen zu helfen. Als Entgelt zählt nicht die Erstattung von Auslagen, sei es in Form der Einzelabrechnung oder eines pauschalen Aufwendungsersatzes.
- Sofern Personen kraft persönlicher Beziehung insbesondere in Familie und Nachbarschaft tätig werden, gelten sie nicht als ehrenamtlich Tätige (primäre Hilfe).

- Als ehrenamtlich tätig werden im Verständnis des Deutschen Vereins auch nicht solche Personen verstanden, die für einen pflegerischen Einsatz entlohnt werden, auch wenn sie deutlich unter dem marktüblichen Preis für vergleichbare Leistungen bezahlt werden (minimal bezahlte Hilfe).

3. Wer arbeitet heute noch im „Sozialen Ehrenamt“?

Angesichts der wachsenden Partizipation von Frauen am Arbeitsmarkt und der Abnahme konfessioneller Bindungen geht das „klassische“ Potential der *„Ergrauten Ehrenamtlichkeit“* in der verbandlichen Wohlfahrtpflege zurück. Dieses rekrutiert sich hauptsächlich aus Hausfrauen in mittlerem Alter, deren Kinder aus dem Haus und die finanziell abgesichert sind, die sich traditionell stark in Kirchengemeinden und Wohlfahrtsverbänden engagieren. Ihre ehrenamtliche Tätigkeit wurde mit „Gottes Lohn“ entgolten. Wichtig ist diesen Frauen der Kontakt zu anderen Menschen; die unmittelbare Hilfe; einfach dort anzufassen, wo sie Not erkennen. Sie arbeiten im Verborgenen, besitzen kein Sprachrohr, ernten wenig öffentliche Anerkennung, sondern motiviert aus Nächstenliebe oder aus Solidarität bedeutet das ehrenamtliche Engagement für sie ein geradezu selbstverständliches sinnstiftendes Element einer traditionell verantwortungsvollen Lebensführung. Heute kehren die meisten Frauen jedoch wieder in den Beruf zurück und haben wegen der Doppelbelastung von Familie und Beruf weniger Zeit für ein solches ehrenamtliches, außerhäusliches Engagement.

Nach Gisela Notz (1987, S. 142 ff.) lassen sich heute *sechs Typen des sozialen Ehrenamtes* voneinander unterscheiden:

- Frauen mit kleinen Kindern oder zu versorgenden Familienangehörigen, die Schwierigkeiten haben, Haus und Erziehungsarbeit mit Erwerbsarbeit zu vereinbaren. Sie arbeiten ehrenamtlich, weil sie neben der Hausarbeit gesellschaftlich nützliche Arbeit leisten wollen (Ehrenamt als außerhäusliches Betätigungsfeld, als Kontakt zur Öffentlichkeit).
- Frauen in mittlerem Lebensalter, deren materielle Existenz durch den Ehepartner abgesichert ist. Nach der Reduzierung familiärer Belastungen (z.B. in der Empty-Nest-Phase) suchen sie außerhalb der Erwerbsarbeit ein neues sinnstiftendes Betätigungsfeld (Ehrenamt als nützliche Aufgabe; sog. „ergrautes Ehrenamt“).
- Ältere Frauen und Männer, die ihre Erwerbsbiographie abgeschlossen haben, deren materielle Existenz gesichert ist und die in der ehrenamtlichen Arbeit eine gesellschaftlich sinnvolle, anerkannte und befriedigende Beschäftigung suchen (Ehrenamt als soziale Relevanzerfahrung im Alter).

- Erwerbstätige Frauen und Männer, die in der ehrenamtlichen Arbeit einen Ausgleich für eine nicht befriedigende Berufsarbeit suchen (Ehrenamt als Kompensation).
- Frauen und Männer, die sich noch in der Berufsausbildung befinden bzw. studieren. Sie arbeiten ehrenamtlich, um berufsrelevante Erfahrungen zu sammeln (Ehrenamt als berufsbezogenes Übungs- und Orientierungsfeld).
- Frauen und Männer, die ihren Arbeitsplatz verloren bzw. nach der Ausbildung oder nach dem Studium noch keine Stelle gefunden haben (Ehrenamt als berufliche Einstiegshilfe).

Mit Hilfe dieser Typisierung wird deutlich, wie sich die *Rückerstattungserwartungen* der ehrenamtlich Tätigen ausgeweitet und zugleich gewandelt haben. Frauen ohne Berufseinbindung, Überbrückung von Phasen der Nichterwerbstätigkeit, Partizipation an lokaler Öffentlichkeit, Kompensation von erstarrter Berufsroutine, soziale Relevanzerfahrung nach dem Berufsleben oder mehr und sinnvoll genutzte Zeiträume sind nur einige der Währungseinheiten, in denen die Ehrenamtlichen die Gratifikation und ihren privaten Nutzen für ihr Engagement erwarten. Diese Pluralisierung der Rükkerstattungserwartung führt folgerichtig zu einer Ausdifferenzierung unterschiedlichster Personengruppen und damit zu einer Entstandardisierung des stereotypen Bildes der etwa 50jährigen, caritativ-religiös motivierten, existentiell abgesicherten Mittelschichtsfrau mit fast erwachsenen Kindern.

Auch nach Gisela Jacob (1991) gibt es folgende zentrale Muster typischer Biographieverläufe ehrenamtlicher Mitarbeiter/innen:

- Ehrenamtliche Arbeit stellt eine selbstverständliche Dienst- und Pflichterfüllung dar. Diese Haltung umfaßt ein kontinuierliches, langfristiges Engagement als praktizierte Nächstenliebe und den selbstlosen Einsatz für andere Menschen.
- Das ehrenamtliche Engagement ermöglicht einen sozialen Aufstieg über persönliche Leistungen unter Umgehung formaler Qualifikationsabschlüsse. Die Übernahme neuer Aufgaben impliziert einen Aufstieg in gesellschaftlich anerkannten Positionen (Ehrenamtskarriere).

Das soziale Ehrenamt dient als Instrument der Suche nach biographischer Orientierung. Die Unabhängikeit aus anderen Verpflichtungen (beruflich oder familiär) wird dazu benutzt, persönliche Zielsetzungen zu verwirklichen. Die zuletzt genannte Form sozialer Ehrenamtlichkeit stellt einen Handlungsentwurf dar, der dem eigenen Lebenskonzept entspricht und kennzeichnend ist für den Wandel der Motivation, ehrenamtlich tätig zu sein. Altruistische Motive sind hier weniger handlungsrelevant als individuelle. Während es für ältere Frauen eher egoistisch erscheint, einen erkennbar persönlichen Nutzen aus der freiwilligen sozialen Tätigkeit zu ziehen, gehen jüngere Frauen heute selbstbewußter mit dem Anspruch auf „ein Stück eigenes Leben", wie es Elisabeth Beck-Gernsheim (1983) bezeichnet, um. Aber auch für ältere Frauen bedeutet die ehrenamtliche Tätigkeit nicht nur Aufopferung. Sie verfügen über eine relativ freie Zeiteinteilung, können ihr Erfahrungswissen anwenden und erhalten die Möglichkeit von Entscheidungskompetenzen, was zur Folge hat, daß auch die Frauen im traditionellen Ehrenamt hierdurch durchaus ein erhöhtes Selbstwertgefühl und mehr Sicherheit im Umgang mit anderen gewinnen und gewonnen haben (vgl. Krüger 1993, S. 87).

Das alltagsweltliche Klischee der ehrenamtlich arbeitenden Frau entspricht demnach nicht mehr der heutigen Realität: Sie sind unter 50 Jahre, häufig berufstätig und verfügen über eine gute Schul- und Berufsausbildung. In den Selbsthilfegruppen und -organisationen ist der Anteil junger und hochqualifizierter Frauen noch höher. Sie versuchen vielfach, aus unbezahlten Selbsthilfeaktivitäten Berufsperspektiven für sich zu entwickeln. Einer Korrektur ferner auch das unterstellte Motiv der ehrenamtlich Arbeitenden, anderen selbstlos helfen zu wollen. Vielmehr existiert ein Motivbündel, daß die Suche nach einem neuen Lebenssinn, das Engagement, soziale Veränderungen zu bewirken und besonders die Lebenssituation von Frauen zu verbessern, beinhaltet.

4. Wie sieht das „Soziale Ehrenamt" heute aus?

Die im November 1994 veröffentlichte schleswig-holsteinische Untersuchung zur ehrenamtlichen Arbeit von Frauen und Männern bestätigt diese These: So wurde festgestellt, daß beruftätige Frauen (Teilzeit- und Vollzeitbeschäftigte) in einem höheren Ausmaß ehrenamtlich tätig sind als nichtberufstätige Frauen. Es hat sich jedoch gezeigt, daß sich auch hier die gesellschaftliche Arbeitsteilung von Frauen und Männern fortsetzt: Frauen orientieren sich sowohl im Hinblick auf die Erwerbsarbeit als auch im Hinblick auf ihr ehrenamtliches Engagement weitaus stärker an der Familie, als dies Männer tun. Daß heißt, sie nehmen eine Teilzeittätigkeit auf, um Familie und Beruf zu vereinbaren. In gleicher Weise engagieren sie sich ehrenamtlich in der Regel nur dann, wenn dies nicht auf Kosten der Familie geht.

Auch Nestmann und Schmerl (1990, S. 23) haben festgestellt, daß gerade berufstätige Ehefrauen und Mütter ein vielfaches an *„Social Support"* als Männer, und keineswegs weniger als andere Frauen leisten. Die Wurzeln gegenwärtiger ehrenamtlicher Arbeit von Frauen sieht Backes (1987, S. 18) in der humanitären Nächstenliebe und caritativ christlichen Hilfstätigkeit gegenüber Armen, die sich deutlich von den administrativ-politischen Ehrenämtern unterscheidet, die auch historisch vorwiegend von Männern wahrgenommen worden seien. Aufgrund dieser Differenz bestimmt sie den typischen Charakter des Frauenehrenamtes durch die verschiedenen historischen Epochen hindurch als „gesellschaftliche Rationalisierungsreserve". Das Ehrenamt erscheint für Frauen als Ausgleich zu den negativen Aspekten der Haus- und/oder Erwerbsarbeit. Insofern suggeriert es eine Lösung für das subjektive Leiden von Frauen an den Ambivalenzen des weiblichen Lebenszusammenhangs.

Die Untersuchung über „Ausmaß und Konfliktfelder ehrenamtlicher Arbeit von Männern und Frauen in der bayerischen Landeskirche“ (Reihs 1995) bestätigt, daß nach wie vor 2/3 aller gemeindlich Ehrenamtlichen weiblich sind, obwohl Frauen nur 53% der bayerischen Kirchenmitglieder stellen. Ebenso wie bei der schleswig-holsteinischen Untersuchung kommt auch das SWI zu dem überraschenden Ergebnis, daß die ehrenamtliche Arbeit in der Regel von denen geleistet wird, die gleichzeitig auch Berufsarbeit und/oder Familienarbeit leisten. Danach sind 80% der Männer und 65% der Frauen, die innerhalb der Gemeinde ehrenamtlich arbeiten, verheiratet, obwohl der Anteil der verheirateten Frauen in der Bevölkerung nur bei 46,5% liegt. Beim Ausbildungsniveau wird sichtbar, daß sowohl bei Männern, wie auch bei Frauen die Gruppe mit einem mittleren bzw. hohem Schulabschluß deutlich überrepräsentiert ist. Insbesondere Frauen mit einem hohen schulischen Ausbildungsniveau fühlen sich vom sozialen Ehrenamt besonders angesprochen, weil sie dort ihre sonst brachliegende Qualifikation sinnvoll einsetzen können (vgl. Reihs 1995, S. 81 ff.).

Die SWI-Untersuchung bestätigt auch die These, daß man sich ehrenamtliche Arbeit leisten können muß. Die Gruppe der bis 1.200 DM Haushaltseinkommen ist im gemeindlichen Ehrenamt deutlich überrepräsentiert, denn ihr Anteil in der gesamten Gesellschaft liegt bei 14% (im Ehrenamt haben nur 1,8% der Männer und 3,7% der Frauen ein Haushaltseinkommen von bis zu 1.000 DM). 44% der Männer und 31% der Frauen verfügen über ein Haushaltseinkommen von über 4.000 DM, obwohl diese Gruppe gesamtgesellschaftlich nur 20% ausmacht. Insgesamt zeigt sich auch für das Ehrenamt, daß es einen Zusammenhang zwischen Engagement und höherem Einkommen gibt (Reihs 1995, S 94 ff.). Nach den Ergebnissen der Untersuchung von Engels (1991, S. 56 f.) engagieren sich die einkommensstärksten Personen neben der Kirche auch in den Bereichen Schule, Parteien und Gewerkschaften.

Schon 1967 hat Kosmale die verschiedenen ehrenamtlichen Arbeitsbereiche in die maskuline Kategorie Leitung, Führung, Administration und in die feminine persönliche und soziale Dienste eingeteilt. Ausgeprägte Ergebnisse zeigt die SWI-Untersuchung auch zur geschlechtsspezifischen Arbeitsteilung innerhalb des gemeindlichen Ehrenamtes: Männer sind überrepräsentiert im Kirchenvorstand, im Bereich Musik, in der Jugendarbeit, im Lektorendienst, in der Synode, in den kirchlichen Vereinen, als Meßner/ Hausmeister, in der Männerarbeit, in den Verwaltungen/Büros, während der Anteil der Frauen in den Bereichen Kuchen backen, Gemeindebriefe austragen, Sammeln, Kirchenchor, Frauenarbeit, Besuchsdienst, Seniorin-nengruppe, Mutter-Kind-

Gruppe, Ökumene, Mission, Dritte-Welt-Arbeit, Klinik und Telefonseelsorge deutlich höher ist (vgl. Reihs 1995, S. 127).

Frauen empfinden bei ihrer ehrenamtlichen Arbeit vorrangig dann Freude, wenn sie positive Auswirkungen für sich selbst erleben. Bei Männern dagegen herrscht Freude, wenn ihre ehrenamtliche Arbeit äußerlich sichtbar wird. Trotz dieses Eindrucks soll nicht verschwiegen werden, daß für beide die Kontakte an erster Stelle bei den besonders erfreulichen Dingen stehen, gefolgt von Anerkennung (vgl. Reihs 1995, S. 198). Bei der Frage, ob eine finanzielle Honorierung ehrenamtlicher Arbeit gewünscht wird, verneinen dies mehr als 73% aller Männer und Frauen. 15,5% der ehrenamtlichen Frauen erwarten eine Anrechnung auf die Rentenanwartschaft, 7% eine Vergütung ohne Sozialversicherungsanspruch. Wesentlich ausgeprägter als finanzielle Vergütung wird eine Kinderbetreuung während der ehrenamtlichen Arbeit eingefordert. Beachtliche 55% der Männer und 57% der Frauen wünschen ein solches Angebot während der ehrenamtlichen Arbeit. Dabei legen sie eindeutig Wert darauf, daß es ein Betreuungsangebot in dieser Zeit gibt. Die Übernahme der Kosten für einen individuell eingestellten Babysitter hat demgegenüber keine Bedeutung (vgl. Reihs 1995, S. 219 f.).

5. Das soziale Ehrenamt im Wandel

Das Ehrenamt hat seine Unschuld als freiwillige, freitätige, unbezahlte, spontane, ganzheitliche und zweckfreie Hilfe von Mensch zu Mensch heute verloren. Bei dem „Strukturwandels des Ehrenamtes" nimmt die Belast-barkeit und Kontinuität des sozialen Engagements eher gegenüber dem traditionellen Ehrenamt ab. Indem Werte wie Disziplin, Gehorsam, Pflichterfüllung, Ehre und Unterordnung an Bedeutung verlieren und Selbstentfaltungswerte wie Autonomie- und Egalitätsstreben, Kreativität, Spontaneität, Selbstverwirklichung, aber auch Genuß und Abenteuer an Bedeutung hinzugewinnen, wandeln sich auch die Formen des sozialen Engagements beträchtlich: Olk (1992, S. 35) vertritt die These, daß die Bereitschaft der ehrenamtlich Tätigen, sich unter Anleitung Professioneller aufopferungsvoll und unter Hintanstellung eigener Bedürfnisse und Interessen mit langfristigen beschwerlichen Aufgaben zu befassen, weiter abnimmt zugunsten des Interesses an freiwilliger sozialer Mitarbeit, die mehr Partizipationsmöglichkeiten und Eigeninitiative erlaubt, die wenig beschwerlich ist und neben gesellschaftlicher Anerkennung und Wertschätzung auch Gratifikationen verschiedenster Art verspricht.

Das soziale Ehrenamt hat nach Rauschenbach u.a. (1988, S. 223) sowohl einen *symbolischen,* als auch einen *ökonomischen Wert* und einen *öffentlichen* wie einen *privaten Nutzen.*

- *„Freiwillige Mitarbeit“* außerhalb verwandtschaftlicher oder nachbarschaftlicher Verpflichtung und freiwilliges Engagement außerhalb beruflicher Rechte und Pflichten verringert nicht nur die Kosten, die Personen, Institutionen oder staatliche Unterstützungssysteme ansonsten in erwerbsabhängigen Diensten übernehmen müßten. Darin liegt der ökonomische Wert derartiger freiwilliger und unentgeltlicher Hilfen. So gerät das soziale Ehrenamt zum Bindeglied in einer *„individualisierten Risikogesellschaft“* (vgl. Beck 1986, S. 29) Das ehrenamtliche Engagement stellt eine der letzten Bastionen dar, in der eine auf Vertrauen, Einfluß und Anteilnahme basierende Sozialintegration jenseits der Steuerungsmedien von Geld, Recht und Macht gelingen kann.
- Das Ehrenamt mit seiner sozialintegrativen Bedeutung für die Gesellschaft hat insofern auch einen sichtbaren *öffentlichen Nutzen*. Dieser öffentliche Nutzen wird heute immer wichtiger, da Vertrauen, Kontinuität und Zuverlässigkeit bei steigender Komplexität immer wichtiger und zugleich immer weniger kalkulierbar und immer schwieriger erzeugbar werden. Hinzugetreten ist darüber hinaus auch die ökonomische Ebene in der Hoffnung, in einer krisengeschüttelten Arbeitsgesellschaft wieder verstärkt auf die arbeitsmarkt- und haushaltentlastende *„Stille-Reserve-Armee“* der Ehrenamtlichen zurückgreifen können. Dabei wird jedoch übersehen, daß das soziale Ehrenamt in seiner traditionellen Form nicht mehr als arbeitsmarktpolitische Verschiebemasse dienen wird. Neu stellt sich damit die Frage nach dem *privaten Nutzen*, nach einer neuen Attraktiviät ehrenamtlichen Engagements für die Erbringer dieser Leistung, in Anbetracht einer fast explodierenden Fülle von konkurrierenden Angeboten und Verlockungen der Zeitgestaltung und Absorption jenseits der durch Erwerbs- und Hausarbeit gebundenen Zeit.

Das ehrenamtliche Engagement ist heute sowohl voraussetzungsvoll, als auch nicht mehr bedingungslos. Unbezahlt für andere arbeiten kann nur, wer 1. materiell gesichert ist und wer 2. über Zeit verfügt. *Zeitsouveränität* und *Existenzsicherung* sind die grundlegenden Voraussetzungen des Ehrenamtes und die entscheidenden Selektionskriterien an der Schnittstelle zwischen der Bereitschaft zum Engagement und den Möglichkeiten seiner Verwirklichung (Rauschenbach u.a. 1988, S. 224 ff.). Bisher wurde in Deutschland das ehrenamtliche Engagement – was immer auch heißt, sich Zeit für andere Menschen zu nehmen, Zeit für andere zu haben, die einem nicht mehr selbst zur Verfügung steht – unter der Annahme einer altruistischen moralischen Einstellung als ein ebenso selbstloses wie unproblematisches Geben betrachtet. Jenseits dieser Moral des selbstlosen Handelns war und ist das soziale Ehrenamt stets auch mit sehr unterschiedlichen Erwartungen und Gratifikation verbunden. Die Norm der Reziprozität von Geben und Nehmen ist somit das entscheidende handlungsmotivierende Kriterium des *„Neuen sozialen Ehrenamtes“*. Die Erwartbarkeit je individuell attraktiver Rückerstattungen wird zum wichtigsten Parameter für das Zustandekommen zukünftiger ehrenamtlicher Mitarbeit. Dabei können diese Rückerstattungserwartungen unmittelbar sein oder sich auf einen späteren Zeitpunkt beziehen *(synchrone versus diachrone Reziprozität)*. Der traditionelle Typus der sozialen Ehrenamtlichkeit wird durch ein hohes Maß an Kontinuität gekennzeichnet. Das Merkmal des *„Neuen Ehrenamtes"* stellt hingegen die lebensphasenabhängige Motivation zum jeweiligen Tätigkeitsbereich dar. Ermöglicht werden soll, neben der Bereitschaft, für das Gemeinwohl der Gesellschaft zu arbeiten, die Realisierung individueller Wünsche und Zielsetzungen.

Das Neue des Sozialen Ehrenamtes kann wie folgt charakterisiert werden:

- Reziprozität von Geben und Nehmen.
- Ehrenamtliches Engagement ist vielfach mit Rückerstattungserwartungen verbunden.
- Pluralisierung und Ausdifferenzierung des Sozialen Ehrenamtes nach Lebenslagen.
- Ehrenamtliche Arbeit gerät zum Medium für Prozesse der Identitätssuche und Selbstfindung.
- Rückgang formstabiler Dauerengagements.
- Die Grenzen zwischen ehrenamtlicher Arbeit und Selbsthilfe sind fließend.

6. Voraussetzungen für eine „Neue Kultur der Ehrenamtlichkeit"

Die neu entstehende Kultur der Ehrenamtlichkeit steht im Zusammenhang mit der sich international zunehmend verbreitenden Idee des *Kommunitarismus* oder des *Voluntarismus* als Antwort auf den Neo-Konservativismus der 80er Jahre in allen großen Industrienationen. So wurde auch in den USA ein zunehmendes Anspruchsdenken, insbesondere jüngerer Menschen, bei gleichzeitig geringer Neigung, zum Wohl der Allgemeinheit beizutragen, beobachtet (vgl. Etzioni, S. 26 f.). Als Antwort auf diese Entsolidarisierung in der Gesellschaft finden wir heute eine kommunitaristische Bewegung ausgehend von den USA, hinein in alle westlichen Industriestaaten bis hin zu Israel und zur Bundesrepublik. Die kommunitaristische Bewegung will die innere Verpflichtung des Menschen zur sozialen Verantwortlichkeit stärken. Der Kommunitarismus will vor allem die Balance zwischen Bürgerrechten und Bürgerpflichten wieder zurechtrücken *(Rights and Responsibilities)*. Wie Dettling (1995, S. 61 f.) den Sozialstaat treffsicher charakterisiert, hat der ordnungspolitische Dualismus in Deutschland zwischen Markt und Staat die Einbindung des Bürgers in die Gemeinschaft vernachlässigt. „Fragen nach der gesellschaftlichen Moral in einer individualistischen Welt, nach der Dialektik von Freiheiten und Bindungen, Rechten und Pflichten, nach der Bedeutung von Gemeinschaften für den einzelnen werden (im Kommunitarismus; d.Verf.) aufgegriffen und erörtert“ (ebd.).

Die o.g. Professionalisierung sozialer Berufe führte auch zu einem Verdrängungseffekt gegenüber den Ehrenamtlichen. Ein hoher Standard der sozialen Absicherung kann also auch potentiell Ehrenamtliche demotivieren, ohne hier einer Standardabsenkung das Wort reden zu wollen. Auch der Staat muß Rahmenbedingungen bereithalten, die Selbsthilfe und Engagement fördern, statt durch bürokratische Verfahren und formale Auflagen solches abzutöten. Daß eine solche Liberalisierung der Gesellschaft und Zurücknahme des Staates zugunsten der Gemeinschaftsbildung neue Hierarchien und soziale Ausgrenzungen erzeugen kann und damit die Errungenschaften im Verteilungskampf um Gerechtigkeit (Frauenquote, Behindertenabgabe usw.) (vgl. hierzu Rössler 1994) abgebaut würden, zeigen bereits heute die ersten Erfolge des *„New Public Managements“* oder der *„Reform der öffentlichen Verwaltung“*. Ehrenamtliches Engagement ist konstitutiver Bestandteil des demokratischen Staates und soll und kann professionelle Arbeit nicht ersetzen. Genauso soll aber professionelle Tätigkeit die ehrenamtliche Arbeit nicht verdrängen, sondern fördern. Der von Dettling vorgeschlagene Rückzug des Staates aus Dienstleistungssektoren und die Vergabe von Aufträgen im Wohlfahrtswesen nach Zielvereinbarungen mögen u.U. die Effizienz der sozialen Dienste erhöhen; ich erkenne aber in der Privatisierung des Sozialen keinen Ansatz zur Stärkung des Gemeinsinns und höherer Bereitschaft zur Ehrenamtlichkeit bei gleichzeitigem Verlust sozialer Standards, z.B. bei der Beschäftigung von Minoritäten oder bei der Bekämpfung von Diskriminierungen.

Der Kommunitarismus ist also zunächst keine originär soziale, sondern eine genuin demokratische Bewegung. Die Debatte über *„entitlements and obligations“*, über *„rights and duties“* des Bürgers im demokratischen Sozialstaat, wurde somit nicht aus der *„Krise des Ehrenamtes“*, aber durch den generellen Rückzug der Bürgerschaft aus politischer Partizipation ausgelöst (z.B. der immer weiter steigende Anteil der Nichtwähler – in den USA ca. 50%, in Deutschland bei ca. 30-40% bei den zurückliegenden Landtagswahlen) (vgl. Zoll, S. 88 f.).

Fehlende Beteiligung des Bürgers, also auch der zurückgehende ehrenamtliche Einsatz, gefährdet jedoch das demokratische Staatwesen. Schon Aristoteles hat die Reziprozität der Staatsbürgerlichkeit als den Wechsel von Regieren und Regiertwerden thematisiert: „Ein Bürger ist jemand, der sich ständig an der Verwaltung des Rechts und dem Innehaben eines Amtes beteiligt“. „Bürger sind im allgemeinen Verständnis alle, die sich am bürgerlichen Leben des Regierens und Regiertwerdens beteiligen“ (zit. in: Janowitsch 1980, S. 2 f.).

Wer einer *„Neuen Kultur der Ehremamtlichkeit“* eine Chance geben will, also das Potential vieler ehrenamtlich bereiter Menschen erschließen will, ohne daß diese von den verkrusteten bürokratischen Verbandsstrukturen abgestoßen werden, muß sich sowohl als Staat wie auch als Wohlfahrtsverband fragen lassen, welche Hilfen bzw. Modifikationen der Arbeitsbedingungen für das Ehrenamt angeboten werden können. Konventionelle Angebote bedürfen der Reform. Mitgliedschaften in traditionellen Wohlfahrtsverbänden müssen weniger verbindlich sein. Beitragszahlungen dürfen nicht als Abdingung verstanden werden. Sporadische Beteiligungen sowohl im Tageszyklus, im Abstimmungsprozeß zwischen Familie und Erwerbsarbeit, wie auch im Lebensphasenzyklus müssen ermöglicht werden.

Staat und Verbände müssen den „*Wandel des sozialen Ehrenamtes*" aufgreifen und ihre Arbeit dahingehend umstellen. So haben „*ehrenamtliche Helfer*" auch eigene Bedürfnisse und Erwartungen. Dazu gehören insbesondere ihr Anspruch auf Mitbestimmung, auf Gestaltung, auf fachliche Beratung und Begleitung, das Bedürfnis nach flexibler Gestaltung der Mitarbeit sowie das Bedürfnis nach sozialer Einbindung und Anerkennung.

Die Notwendigkeit der Reaktivierung ehrenamtlichen Engagements sehe ich ebenso wie Dettling: „Die Transformation des Sozialstaats wird nicht gelingen ohne die Rekonstruktion sozialer Gemeinschaften von der Familie bis hin zu Nachbarschaften und neuen sozialen Netzen" (S. 65). Denn eine Gesellschaft, die nur auf Professionalität bzw. auf Tausch und Gegenleistung basiert, ist kalt und inhuman, denn nicht jeder Mensch, der auf Hilfe angewiesen ist, ist auch in der Lage, eine Leistung zurückzugeben. Auch bei einer „*Neuen Kultur der Ehrenamtlichkeit*" möchte ich in einer solchen Gesellschaft nicht leben wollen.

Literatur

Backes, Gertrud Maria, 1987: Frauen und soziales Ehrenamt. Zur Vergesellschaftung weiblicher Selbsthilfe. Beiträge zur Sozialpolitikforschung, Bd. 1, Augsburg.

Backes, Gisela, 1991: Ehrenamtliche Arbeit älterer und alter Frauen – Ein Beitrag zu ihrer sozialen Integration?; in: Frauenforschung H. 3, S. 89-100.

Beck, Ulrich, 1986: Risikogesellschaft, Frankfurt a.M.

Beck-Gernsheim, Elisabeth, 1983: Vom „Dasein für Andere" zum Anspruch auf ein „Stück eigenes Leben". Individualisierungsprozesse im weiblichen Lebenszusammenhang; in: Soziale Welt 3, S. 306-340.

Becker, Joachim, 1994: Der erschöpfte Sozialstaat – Neue Wege zur sozialen Gerechtigkeit, Frankfurt a.M.

Bock, Theresa, 1986: Ehrenamtliche Tätigkeit im sozialen Bereich; in: Deutscher Verein für öffentliche und private Fürsorge (Hrsg.): Fachlexikon Althaus, Paul, 1953, Grundriß der Ethik.

Bock, Theresa, (7.6.)1994: Stirbt das Ehrenamt? Ehrenamtliche und berufliche Dienste in der Caritas; Referat im Caritasverband für die Stadt und den Landkreis Göttingen in Duderstadt.

Dettling, Warnfried, 1995: Politik und Lebenswelt, Gütersloh.

Deutscher Verein für öffentliche und private Fürsorge, 1988: Ehrenamtliche Kräfte im Rahmen ambulanter sozialpflegerischer Dienste – Positionspapier zum Einsatz unausgebildeter, unterbezahlter (somit teil-ehrenamtlicher) Kräfte, Frankfurt a.M., Sonderdruck.

„Die Jungen kneifen“ – Den Deutschen Vereinen geht der Nachwuchs aus, in: DER SPIEGEL 37/1994, S. 135-140.

Die Ministerin für Frauen, Bildung, Weiterbildung und Sport des Landes Schleswig-Holstein, 1994: Ehrenamtliche Arbeit von Frauen und Männern in Schleswig-Holstein, Kiel.

Engels, Dittrich, 1991: Soziales, kulturelles, politisches Engagement. Sekundäranalyse einer Befragung zur ehrenamtlichen Mitarbeit und Selbsthilfe, Köln.

Etzioni, Amitai, 1994: Gemein-Wohl-Nachbarschaft-Kommunitarismus, in: Psychologie heute, Heft 8, S. 22-26.

Garhammer, M., 1990: Private Haushalte und Sozialpolitik – Leistungspotentiale und Grenzen in: Breitkopf, Wulfhard N. (Hrsg.): Sozialpolitik jenseits von Markt und Staat, Bielefeld, S. 121-162.

INFAS, 1984: Ehrenamtliche Tätigkeit im sozialen Bereich, Aktivitäten, Potentiale, Meinungen, Bonn.

Jacob, Gisela, 1991: Zwischen Dienst und Selbstbezug – Biographieverläufe ehrenamtlicher Mitarbeiter und Mitarbeiterinnen, in: Neue Praxis, H. 1, S. 26-32.

Janowitsch, Morris, 1980/81: Observations on the Sociology of Citizenship: Obligation and Rights, in: Social Forces 59.

Kosmale, Arno F., 1967: Bereiche ehrenamtlicher Mitarbeit in der sozialen Arbeit und Kategorien ehrenamtlicher Mitarbeiter, in: Schriften des Deutschen Vereins für öffentliche und private Fürsorge, Nr. 237, Frankfurt a.M., S. 172-175.

Krüger, Dorothea, 1993: Struktureller Wandel des sozialen Ehrenamtes, in: Institut Frau und Gesellschaft; Zeitschrift für Frauenforschung, 11. Jg., S. 82-93.

Nestmann, Frank; Schmerl, Christiane, 1992: Das Geschlechterparadox in der Social Support Forschung, in: Schmerl, Christiane; Nestmann, Frank (Hrsg.): Ist Geben seliger als Nehmen? Frauen und Social-Support, Frankfurt/New York, S. 7-36.

Notz, Gisela, 1987: Arbeit ohne Geld und Ehre, Opladen.

Notz, Gisela, 1989: Frauen im sozialen Ehrenamt. Ausgewählte Handlungsfelder: Rahmenbedingungen und Optionen, Freiburg.

Olk, Thomas, 1987: Das soziale Ehrenamt, in: Sozialwissenschaftliche Literaturrundschau, Jg. 10, H. 14, S. 84-101.

Olk, Thomas, 1988: Zwischen Hausarbeit und Beruf – Ehrenamtliches Engagement in der aktuellen sozialpolitischen Diskussion, in: Müller, Siegfried; Rauschenbach, Thomas (Hrsg.): Das soziale Ehrenamt – Nützliche Arbeit zum Nulltarif, Weinheim/München, S. 19-37.

Paulwitz, Irmtraut, 1994: Volunteers – Freiwillige soziale Arbeit in den USA, in: Müller; Rauschenbach (Hrsg.): Das soziale Ehrenamt, Weinheim/München, S. 195-207.

Rauschenbach, Thomas; Müller, Siegfried; Otto, Ulrich, 1988: Vom öffentlichen und privaten Nutzen des sozialen Ehrenamtes, in: Müller, Siegfried; Rauschenbach, Thomas (Hrsg.): Das soziale Ehrenamt, Weinheim/München, S. 223-243.

Rauschenbach, Thomas, 1993: Wo geht's hin mit dem Ehrenamt? Zur Standortbestimmung eines zentralen Themas der Jugenverbandsarbeit, in: Deutscher Bundesjugendring: Viel Einsatz, wenig Ehre – Ehrenamtliche im Jugendverband, Bonn, Schriftenreihe Nr. 23, S. 17-37.

Reihs, Sigrid, 1995: Im Schatten von Freiheit und Erfüllung – Ehrenamtliche Arbeit in Bayern; SWI-Untersuchung „Ausmaß und Konfliktfelder ehrenamtlicher Arbeit von Männern und Frauen in der bayerischen Landeskirche", Bochum.

Rössler, Beate, 1994: Gemeinschaft und Freiheit. Zum problematischen Verhältnis von Feminismus und Kommunitarismus in: Zahlmann, Christel (Hrsg.): Kommunitarismus in der Diskussion, Berlin, S. 74-86.

Sengling, Dieter, (27.5.) 1994: Die Bedeutung des sozialen Ehrenamts; Vortrag anläßlich der Auftaktveranstaltung der Aktion Gemeinsinn „Gemeinsam handeln statt verdrossen lamentieren – Eine Bürgerpflicht in unserem demokratischen Verfassungsstaat heute", Erfurt.

Stenzel, A.K., 1968: Mitarbeiter für das Ehrenamt gewinnen und fördern, Wiesbaden.

Uffrecht, Bernhard, (20.-21.9.) 1994: Freiwillige Hilfe in der Bürgerschaft. Möglichkeiten und Voraussetzungen, Ehrenamt – Krise oder Formenwandel?; Vortragsmanuskript Tutzing.

Zoll, Rainer, 1994: Staatsbürgereinkommen für Sozialdienste. Vorschläge zur Schaffung eines zweiten nicht marktförmig organisierten Sektors der Gesellschaft, in: Negt, Oskar (Hrsg.): Die zweite Gesellschaftsreform, Göttingen, S. 79-97.

Berufsarbeit in der „Dritten Lebensphase“[1]

Günther Wachtler

Im Jahr 1996 hat in den USA das Wirtschaftsmagazin *Fortune* ermittelt, daß von den 500 Chefs der wichtigsten Firmen 41 älter als 65 Jahre sind. Pressemitteilungen lassen erkennen, daß sich auch in vielen europäischen Unternehmen das Alter zunehmender Bedeutung erfreut: „Grey is beautiful“ am britischen Arbeitsmarkt oder „Gute Chancen für Manager über 55 Jahre“ titelte die Süddeutsche Zeitung anfangs 1997. Gründe dafür liegen zum einen sicher darin, daß in allen europäischen Gesellschaften immer mehr alte und immer weniger junge Menschen leben; andererseits hat es aber auch bestimmt damit zu tun, daß man in Europa ebenfalls allmählich die besonderen Vorzüge von älteren Mitarbeitern schätzen lernt. Diese Entwicklungen werden für die Personalstrukturen der Unternehmen nicht ohne Folgen bleiben.

In meinen folgenden Ausführungen möchte ich deswegen zuerst einige Eckdaten der demographischen Entwicklung in Erinnerung rufen, die deutlich machen, daß die Erwerbstätigkeit alter Menschen mittel- bis langfristig erheblich an Bedeutung zunehmen wird. Daran anschließend werde ich von einigen überaus positiven Erfahrungen berichten, die in Unternehmen mit der Beschäftigung von Rentnern und Pensionären gemacht wurden, also mit sogenannten Altersruhegeldbeziehern. Daraus werde ich einige Schlußfolgerungen ableiten für den Einsatz von alten Arbeitskräften und für eine erfolgreiche Personalpolitik, die sich in Zukunft verstärkt an den sozialstrukturellen und kulturellen Voraussetzungen der betrieblichen Humanressourcen orientieren muß.

Demographische Eckdaten

Im Jahre 1960 durfte ein Mensch, der das Alter von 65 Jahren erreicht hatte, statistisch gerade damit rechnen, ungefähr noch zehn Jahre zu leben. 1996 betrug diese Chance bereits knapp 17 Jahre. Falls dieser Trend anhält, wird

1 Dieser Beitrag ist die überarbeitete Fassung eines Vortrages auf dem 18. „European Congress on Personnel Management“, der vom 24. bis 27. Juni 1997 in Lissabon stattfand.

die durchschnittliche Lebenserwartung eines 65jährigen im Jahre 2030 bei ca. 19 weiteren Jahren liegen, d. h., er wird wahrscheinlich 84 Jahre alt.

Parallel zu dieser Verlängerung der Lebenserwartungen vollzog sich ein drastischer Rückgang der Geburtenzahlen, so daß in den europäischen Industrienationen mit der Jahrtausendwende der Anteil der über 50jährigen an der Bevölkerung den Anteil der unter 30jährigen überschreiten wird; im Jahre 2020 wird etwa ein Drittel aller Menschen in diesen Ländern älter als 60 Jahre sein.

Geht man weiterhin von einem Austrittsalter aus dem Erwerbsleben von ungefähr 60 Jahren aus, so bedeutet das schon heute für den Einzelnen, daß er in der Regel nach seinem Ausscheiden aus dem Beruf noch mehr als 20 Jahre zu leben hat, was immerhin ungefähr ein Viertel seiner gesamten Lebenszeit ausmacht.

Zu Beginn des nächsten Jahrtausends wird sich also die Personalpolitik der Unternehmen mit einer Situation konfrontiert sehen, die gekennzeichnet ist durch eine erhebliche Veränderung in der Altersstruktur des Erwerbspersonenpotentials; d. h., man muß in den nächsten Jahren mit einer zunehmenden Dominanz älterer und alter Erwerbsfähiger auf dem Arbeitsmarkt rechnen.

Auf dem Arbeitsmarkt der Zukunft werden dabei aber nicht nur die 50- bis 60jährigen überproportional vetreten sein, sondern auch die Altersgruppe derjenigen, die mehr als 60 Jahre alt sind, wird verstärkt und in beachtlichem Umfange auf eine Teilhabe am Arbeitsprozeß drängen. Erste empirische Untersuchungen in Deutschland zeigen nämlich, daß die Erwerbsneigung dieser sog. „neuen Alten“ im Steigen begriffen ist, daß also der Wunsch danach, zumindest noch einen Teil der verbleibenden 20 Lebensjahre mit einer sinnvollen, gesellschaftlich anerkannten und persönlich befriedigenden Arbeit zu bereichern, weit verbreitet ist. In Deutschland gehen gegenwärtig zwischen 10 und 12% aller Ruhegeldbezieher einer bezahlten Arbeit nach (Wachtler/Wagner 1997).

Diese Entwicklungen machen deutlich, daß das Alter künftig eine zentrale strategische Kategorie in der Personalpolitik sein wird. Allerdings trifft diese Herausforderung viele Unternehmen relativ unvorbereitet. Die allgemein praktizierte frühe Verrentung oder Pensionierung der älteren Belegschaftsmitglieder hat, zusammen mit dem bisherigen Überangebot von Arbeitskräften, vielfach den Blick auf die Notwendigkeit von Maßnahmen der Personalentwicklung verstellt, die geeignet wären, die betrieblichen Personalstrukturen dem demographischen Wandel anzupassen. Spätestens ab dem Jahre 2010 aber werden die einheimischen Erwerbsbevölkerungen in Europa so stark abnehmen, und das Potential der erwerbsfähigen Personen wird sich in seiner altersmäßigen Zusammensetzung derart verändern, daß ältere und alte Arbeitnehmer eine unverzichtbare Arbeitskraftressource bilden werden.

Aber bereits jetzt gibt es Betriebe, die mit guten Gründen und meist mit noch besseren Ergebnissen ganz gezielt ältere und alte, z. T. sogar bereits pensionierte Mitarbeiter einsetzen. Wir haben in Deutschland eine der ersten empirischen Untersuchungen durchgeführt, die aufzuklären versucht, in welchem Umfang Unternehmen schon heute auf alte Mitarbeiter und Mitarbeiterinnen zurückgreifen, die sich im Ruhestand befinden bzw. in irgendeiner Form ein Altersruhegeld beziehen (Wachtler/Wagner 1997). Wir fragten nach den Gründen, die die Unternehmen zur Beschäftigung von Altersruhegeldbeziehern veranlassen, und wir interessierten uns natürlich auch für die Erfahrungen, die diese Betriebe mit ihren alten Mitarbeitern gemacht haben. Darüberhinaus erforschten wir die Motive und die Interessen, die die Rentner und Rentnerinnen dazu veranlassen, auch über das Erreichen der Altersgrenzen hinaus noch erwerbstätig zu sein. Im folgenden möchte ich kurz über die wichtigsten Erkenntnisse aus unseren Untersuchungen berichten, um daraus einige Schlußfolgerungen für den erfolgreichen Einsatz alter Mitarbeiter zu ziehen.

Empirische Ergebnisse

In einer schriftlichen Befragung von 800 nach dem Zufallsprinzip ausgewählten Betrieben in Westdeutschland stellte sich heraus, daß in mehr als einem Viertel aller Unternehmen (genau: 28%) Rentnerinnen und Rentner regelmäßig gegen Entgelt beschäftigt sind. Von den Unternehmen, in denen sog. Nicht-Normarbeitsverhältnisse („contingent work“) üblich sind, und das sind mittlerweile mehr als die Hälfte aller Unternehmen, beschäftigen sogar über ein Drittel Altersrentner. Sicherlich sind damit noch keine genauen Aussagen über den Anteil von Rentnern an den gesamten Belegschaften möglich. Erkennbar wird aber aus diesen Zahlen, daß Erwerbstätigkeiten von Altersruhegeldbeziehern keinesfalls Ausnahmeerscheinungen sind. Im Gegenteil, nachberufliche Erwerbstätigkeit von Rentnern und Pensionären ist weitverbreitet und hat bereits Eingang in die Personalplanung von erstaunlich vielen Unternehmen gefunden.

Besonders weit verbreitet ist die Mitarbeit von Rentnern in Klein- und Mittelbetrieben mit Beschäftigtenzahlen bis zu 500 Mitarbeitern, wobei der Schwerpunkt bei solchen Betrieben liegt, die zwischen 50 und 100 Mitarbeiter haben. Dort findet sich Rentnerarbeit am häufigsten, nämlich in knapp der Hälfte (46%) aller Betriebe dieser Größenordnung. Bei den grösseren Unternehmen mit mehr als 500 Beschäftigten scheint die Mitarbeit von Rentnern und Pensionären kein Thema zu sein, zumindest haben wir in unserer Erhebung keinen Betrieb in dieser Kategorie gefunden, der pensionierte Mitarbeiter in nennenswertem Umfang beschäftigt.

Über die Branchen hinweg verteilt sich die Arbeit von Rentnern ungleichmäßig. Die meisten Betriebe mit Rentnerarbeit finden sich im Bereich der Kredit- und Versicherungswirtschaft, also bei den Finanzdienstleistungen. Dort, ebenso wie im Bereich des Handels und der übrigen Dienstleistungen, bedienen sich zwischen 30 und 50% aller Betriebe der Mitarbeit von Altersruhegeldbeziehern, und selbst in der Baubranche sind es noch 12%.

Mit diesen Zahlen wollte ich deutlich machen, daß immer mehr Betriebe sich dazu entschließen, nicht grundsätzlich auf die Mitarbeit von alten Belegschaftsmitgliedern zu verzichten, nur weil diese die Altersgrenzen erreicht haben. Im Gegenteil, es wird erkennbar, daß eine wachsende Anzahl von Betrieben vermehrt Anstrengungen unternimmt, sich gerade das besondere Leistungspotential von alten und erfahrenen Mitarbeitern, auch über deren Rentenanspruchsalter hinaus, verfügbar zu machen. Ein Blick auf die Gründe, die für die Betriebe bei diesen Entscheidungen wichtig sind, offenbart, worin das Besondere im Arbeitsvermögen von Alten gesehen wird.

Betriebliche Strategien zur Beschäftigung von Rentnern

Im wesentlichen konnten wir bei unseren Befragungen von Personalverantwortlichen in den Betrieben zwei Strategien ausmachen, die zur Beschäftigung von Rentnern und Pensionären führen.

Erstens ist es die Überlegung, daß durch die Mitarbeit von Rentnerinnen und Rentnern die qualifizierten Kernbelegschaften von einfachen, aber zeitraubenden Tätigkeiten entlastet werden können. Außerdem sind temporäre Spitzen im Arbeitsanfall und saisonale sowie konjunkturelle Schwankungen besser zu bewältigen. Für diese Zwecke eignen sich Altersruhegeldbezieher besonders gut, da sie zumeist über ein breites, umfassendes und überall einsetzbares Erfahrungswissen verfügen, mit dem sie sich in den organisatorischen Ablauf reibungslos eingliedern lassen.

Zweitens ist in den Betrieben die Absicht erkennbar, die in der qualifizierten Kernbelegschaft vorhandenen spezifischen Wissens- und Erfahrungspotentiale langfristig optimal zu nutzen. Damit können die Unternehmen verhindern, daß die besonderen betrieblichen „Leistungsträger" ihre hohen fachlichen sowie ihre betriebs- und branchenbezogenen Kenntnisse „einfach mit nach Hause nehmen", wenn sie pensioniert werden. Das betriebliche Interesse an der Nutzung pensionierter und verrenteter Arbeitskräfte liegt dabei also darin, das über lange Jahre und mit nicht unerheblichem Aufwand aufgebaute Erfahrungs- und Expertenwissen der Alten als eine Humankapital-Investition zu behandeln, deren Rentabilität mit der Dauer ihrer Nutzung steigt.

Es gibt aber auch noch weitere Gründe, die die Beschäftigung pensionierter Arbeitskräfte für die Unternehmen höchst attraktiv machen. So sind diese in aller Regel nicht besonders anspruchsvoll, wenn es um die Vergütungen geht, da sie mit ihren Altersruhegeldern zumeist über eine ausreichende Versorgung verfügen. Rentnerinnen und Rentner sind zeitlich sehr flexibel, sie drängen nicht auf eine Dauerbeschäftigung und sie drohen auch bei Arbeitsknappheit nicht mit Kündigungschutzklagen. Außerdem wollen sie keine Karriere mehr machen. Sie beziehen ihre Anerkennung, ihr Selbstwertgefühl und ihren sozialen Status aus der vorangegegangen Berufsposition und sind deshalb oft auch mit einfacheren Arbeiten zufrieden.

Zusammen mit dem in einem langen Berufsleben erworbenen Pflicht- und Verantwortungsbewußtsein, einer oft nachprüfbaren Zuverlässigkeit, vielfach auch aufgrund langfristig gewachsener persönlicher Vertrauensbeziehungen, machen diese besonderen Merkmale von Arbeitskräften jenseits der Altersgrenzen die Rentner und Pensionäre zu einem wertvollen Arbeitskräftepotential für die Unternehmen. Alle Betriebe, in denen Altersruhegeldbezieher beschäftigt werden, berichten daher durchgängig von sehr guten Erfahrungen mit diesen alten Mitarbeitern. Sie gewährleisten nicht nur die betriebliche Kontinuität z. B. bei den Kunden- und Lieferantenbeziehungen und auch in der Produktentwicklung, sondern sie tragen durch die günstigen Kosten, durch ihre zeitliche Beweglichkeit und die Bereitschaft zu unsteter Arbeit viel zur Flexibilität der Unternehmen auf den unruhigen Märkten bei.

Diese Ergebnisse unserer eigenen empirischen Erhebungen decken sich bemerkenswert gut mit den Erkenntnissen, die andere Wissenschaftler in England und in den USA herausgefunden haben. Allen Forschungsresultaten in diesem Bereich ist die Aussage gemeinsam, daß die Leistungsfähigkeit und die Motivation der Alten, ihre Zuverlässigkeit und der große Fundus an Erfahrungswissen ein Potential an Humanressourcen darstellt, dessen erweiterte Nutzung für die Betriebe mit großen Vorteilen verbunden ist. Gleichzeitig räumen alle Untersuchungen mit dem bis heute noch verbreiteten Vorurteil auf, daß mit dem Altern zwangsläufig ein Abbau der Leistungsfähigkeit verbunden ist. Im Gegenteil:

In einer amerikanischen Studie über die Erfahrungen mit Rentnerarbeit in einem landesweit arbeitenden Hotelreservierungssystem wird z. B. folgendes festgestellt (McNaught 1994):

1. auch bei anspruchsvollen, hochqualifizierten Aufgaben können Rentner ebenso schnell angelernt werden wie junge Arbeitnehmer;
2. die Fluktuation bei den Alten ist wesentlich geringer als bei den Jungen: nach 3 Jahren waren noch 50% der Alten in ihrem Job, aber nur noch 10% der Jungen;
3. obwohl die alten Angestellten etwas mehr Zeit für ein Kundengespräch benötigten, wiesen sie doch eine deutlich höhere Rate an erfolgreichen Abschlüssen auf.

Aus der führenden Handelskette für „Do-It-Yourself Stores“ in Großbritannien wird berichtet, daß ein zu Testzwecken ausschließlich mit altem Verkaufspersonal besetzter Store sich als 18 mal produktiver erwies als vergleichbare Filialen (McNaught 1994). Die Gründe lagen auch hier

1. in der um den Faktor 6 geringeren Personalfluktuation bei den Älteren,
2. im wesentlich besseren Kunden-Service, der stärkeren Kundenorientierung von alten und erfahrenen Mitarbeitern,
3. in einer um 40% geringeren Rate des Absentismus bei den Alten,
4. in der wesentlich größeren Flexibilität der Alten bei der Gestaltung der Arbeitszeiten und ihrer Bereitschaft zur Arbeit an ungünstigen Zeiten (z. B. an Wochenenden, Feiertagen und in den Abendstunden).

Aufgrund dieser Erfolge mit dem Einsatz von alten Beschäftigten entschloß sich die Handelskette, von 2000 neuen Teilzeitjobs im Jahre 1997 mindestens die Hälfte mit Mitarbeitern zu besetzen, die älter als 50 Jahre sind (Süddeutsche Zeitung 31. 12. 96).

Aus Deutschland ist uns der Fall eines großen Einzelhandelskonzerns bekannt, in welchem 30% aller Teilzeitbeschäftigten, die insgesamt 60% der Gesamtbelegschaft ausmachen, aus Rentnerinnen und Rentnern besteht.

Ein weiteres Beispiel für den überaus erfolgreichen Einsatz von alten und pensionierten Mitarbeitern ist eine große Finanzdienstleistungsfirma (Kredite und Versicherungen) in den USA (McNaught 1994). Dort wurden ausgewählte Mitarbeiterinnen und Mitarbeiter nach ihrer Pensionierung auf Teilzeitbasis wieder eingestellt für die telefonische Kundenberatung und Auftragsakquisition. Der Erfolg war so durchschlagend, daß bei der Personalverwaltung ein zentrales Vermittlungsbüro für Rentnerinnen und Rentner eingerichtet wurde, das dann auch Pensionären fremder Firmen offenstand. Insgesamt wurden in dieser Finanzdienstleistungsfirma daraufhin in den USA wöchentlich ca. 400 Rentnerinnen und Rentner vermittelt, deren Durchschnittsalter bei 67 Jahren lag und deren Arbeitszeit zumeist ungefähr 500 Stunden im Jahr betrug. Entscheidende Gründe für die Einstellung von Rentnern und Rentnerinnen in großem Stil waren auch für dieses Unternehmen, daß mit dem teilzeitbeschäftigten alten Personal erhebliche Kosteneinsparungen möglich waren und die Arbeitsproduktivität wesentlich höher lag. Die Alten erwiesen sich in 90% ihrer Arbeitszeit als produktiv, während die Produktivitätsrate bei den regulär Tätigen nur bei ca. 65% bis 80% lag.

Diese Beispiele machen offenkundig, daß ältere Mitarbeiter in der Dritten Lebensphase für Unternehmen unterschiedlichster Branchen ein äußerst wertvolles Arbeitskräftereservoir sind, auf welches angesichts der eingangs skizzierten demographischen Entwicklungen jede erfolgsorientierte Personalpolitik ihre besondere Aufmerksamkeit richten sollte. Allerdings erfordert es die Beschäftigung von alten Mitarbeitern, daß in der Gestaltung der Arbeitsbedingungen und in der Organisation der Arbeit auch auf die besonderen Merkmale älterer Arbeitskräfte eingegangen wird. Aus unserer Erhebung über die Motive und die Interessen, die die nachberuflich tätigen Rentnerinnen und Rentner mit ihrer Erwerbstätigkeit verbinden, lassen sich einige Richtlinien für die adäquate Arbeitsgestaltung ableiten. Ich werde im folgenden darüber kurz berichten.

Motive der erwerbstätigen Rentner

In den von uns mit zahlreichen Rentnerinnen und Rentnern geführten Interviews gaben diese an, daß für ihre Entscheidung, nach der Pensionierung noch einmal eine Erwerbstätigkeit aufzunehmen, vor allem die folgenden vier Motive maßgeblich gewesen sind (Wachtler/Wagner 1997):

Erstens war das wichtigste Motiv für eine nachberufliche Tätigkeit das Bedürfnis, nachweislich noch gebraucht zu werden (84%). Auf dem zweiten Platz rangiert der Wunsch nach sozialen Kontakten (60%) Erst an dritter Stelle wird das zusätzliche Einkommen als Grund für die Aufnahme einer Beschäftigung im Rentenalter genannt (30%). Unmittelbar dahinter folgt an der vierten Stelle der Nennungen die Bekämpfung der Langeweile (28%).

Ein solches Befragungsergebnis läßt ohne Zweifel erkennen, daß es vor allem anderen die sinnstiftenden und die persönlichkeits- und identitätskonstituierenden Funktionen der Erwerbsarbeit sind, die ebenso wie deren vergesellschaftende Wirkungen den Wunsch nach Arbeit bei den Altersruhegeldbeziehern bestimmen.

Kriterien für die Arbeitsplatzgestaltung

Die soeben dargestellten Befunde zeigen, daß bei den alten, und dort insbesondere bei den pensionierten, Arbeitskräften zumeist völlig andere Motivstrukturen vorhanden sind als bei den jüngeren Beschäftigten. Ein wesentliches Merkmal ist dabei, daß die normalerweise dominanten Einkommens- und Aufstiegserwartungen höchstens eine untergeordnete Rolle spielen im Vergleich zu den persönlichkeitsbildenden und den sozialintegrativen. Personalplanerische Bemühungen zur Nutzung des wertvollen Leistungspotentials der alten Mitarbeiter haben auf diesen Umstand Rücksicht zunehmen.

In allen empirischen Untersuchungen zur betrieblichen Gestaltung erfolgreicher Arbeitsbedingungen für die Alten fällt deswegen ganz besonders die große Vielzahl unterschiedlicher Arbeitsverhältnisse auf, mit denen auf die individuellen Bedürfnisse der Beschäftigten eingegangen wird. Selbst innerhalb ein und desselben Betriebes gleicht kaum ein Arbeitsverhältnis dem anderen, was die Entlohnungsformen, die Zeitstrukturen, die Tätigkeitsfelder und die Vertragsinhalte betrifft. Nach unseren Beobachtungen ist im Bereich der Alterserwerbstätigkeit durchaus so etwas wie eine „Individualisierung der Personalpolitik“ zu erkennen, eine Ausrichtung also der Organisation der Arbeit an den Erwartungen der älteren Menschen, denen bei der Festlegung der Konditionen ihrer Arbeit ein maßgebliches Mitwirkungsrecht eingeräumt wird.

Der Einbezug persönlicher Präferenzen von älteren Arbeitnehmern in die betriebliche Personalpolitik trägt somit dazu bei, daß insgesamt Arbeitsstrukturen entstehen, die in weitaus höherem Maße als bisher auf die pluralen Bedürfnislagen der Arbeitskräfte ausgerichtet sind. Trotz ihrer Vielgestaltigkeit zeichnen sich diese Arbeitsbedingungen für die älteren Beschäftigten jedoch auch durch einige gemeinsame Merkmale aus, die als Maxime für die Gestaltung der Arbeit dienen können.

Alte Arbeitskräfte sind hoch motiviert, ihr Leistungsvermögen voll zu entfalten, wenn ihre Arbeit nicht an enge Zeitvorgaben gebunden ist, wenn kein Termindruck und kein Leistungsstress bestehen und wenn sie nicht rigider Kontrolle unterworfen sind. Am wichtigsten ist aber, daß sie das Gefühl haben, mitbestimmen zu können über ihre Arbeit, wobei ihnen ein hohes Maß an persönlicher Zeitsouveränität von ausschlaggebender Bedeutung ist. Pensionäre und Rentner suchen deshalb variable Teilzeit-Arbeitsverhältnisse, in denen sie auch über einen längeren Zeitraum ihren Arbeitseinsatz entsprechend ihren Bedürfnissen gestalten können.

Generell läßt sich sagen, daß alte Mitarbeiter in solchen Aufgabenfeldern besonders fruchtbar und erfolgreich eingesetzt werden können, wo eine Kombination von guten fachlichen Kenntnissen, profundem Erfahrungswissen und einer hohen sozialen und kommunikativen Kompetenz gefragt ist. Mögliche Tätigkeitsfelder liegen deshalb im Bereich von Aus- und Weiterbildung, in Mentorenprogrammen zur Einführung und zum Anlernen von Nachwuchskräften, in bestimmten Formen der Repräsentanz eines Unternehmens nach außen, z. B im Rahmen von public-relations-Strategien, in betont kundenorientierten und kommunikationsintensiven Arbeiten wie z. B. Beratungstätigkeiten und Maklerfunktionen.

Gezielt kommen alte Mitarbeiter auch dort zum Einsatz, wo das Alter als solches Marktvorteile verspricht: z. B. als Anlageberater einer Bank für das ältere Klientel, das Probleme mit Erbschaften und Lebensversicherungen hat; oder als Verkaufspersonal für Gesundheitsartikel in Sanitätshäusern. Typisch ist auch der ältere Angestellte im Reisebüro, der sich auf die Vermittlung von Schiffskreuzfahrten spezialisiert hat. Vielfach beobachten kann man die Verwendung alter Beschäftigter als hochqualifizierte Problemlösungsspezialisten, die sich sogar um konzeptionelle Neuorientierungen in bestimmten Bereichen bemühen und z. T. in Teams und in Projektgruppen an der Bewältigung von Schwierigkeiten mitarbeiten.

Offensichtlich wird bei all diesen verschiedenen Einsatzfeldern und Tätigkeitsformen, daß die Bandbreite der Verwendungsmöglichkeiten ziemlich groß ist und daß standardisierte Regelungen kaum vorhanden sind. Einer der größten Vorteile bei der Beschäftigung von Altersruhegeldbeziehern liegt in dem damit verbundenen deregulierenden Effekt und somit in der Steigerung der Flexibilität, ohne Abstriche an der Qualifikation hinnehmen zu müssen.

Weil die Unternehmen in Zukunft verstärkt auf die Mitarbeit von älteren Beschäftigten angewiesen sein werden, müssen sie bereits heute für Formen der Arbeitsorganisation sorgen, die es den Mitarbeitern ermöglichen, alt zu werden, ohne Einbußen an ihrer Leistungsfähigkeit zu erleiden. Die Schaffung alternsgerechter Arbeitsplatzbedingungen ist deshalb jetzt schon eine der wichtigsten Herausforderungen an eine vorausschauende Personalpolitik. Dazu gehören in erster Linie umfassende Maßnahmen zum Schutz und zum Erhalt der Gesundheit der Beschäftigten, ergänzt von Formen der Arbeitsgestaltung, die die Lernfähigkeit, die Kreativität, die Flexibilität und die Motivation der Beschäftigten *lebenslang* fördern. Nach übereinstimmenden Erkenntnissen vieler einschlägiger wissenschaftlicher Untersuchungen (Barkholdt et al. 1995) erweisen sich hierfür als besonders günstig:

- erweiterte Tätigkeitsspielräume,
- eine Vielfalt an Arbeitsaufgaben an einem Arbeitsplatz,
- der häufige Wechsel von Arbeitsaufgaben,
- die Ausweitung der Kooperations- und Kommunikationsmöglichkeiten und schließlich
- eine intensive Mitbestimmung bei allen die eigene Arbeit betreffenden Fragen.

Unternehmen, die ihre Arbeitsbedingungen entsprechend diesen Prinzipien gestalten, werden auch in Zukunft die besonderen Fähigkeiten ihrer alten Mitarbeiter gewinnbringend nutzen können.

Gesellschaftliche Sozialstruktur und betriebliche Personalpolitik

Die zunehmende Beschäftigung alter und auch bereits pensionierter Arbeitskräfte macht deutlich, daß in den Betrieben Formen des individualisierten Personaleinsatzes möglich sind, daß das festgefügte Normalarbeitsverhältnis erodiert und daß sich zumindest an den beschäftigungspolitischen Rändern eine Pluralisierung und eine Subjektivierung von Personalstrukturen ausmachen läßt.

Entscheidend dabei ist zu erkennen, daß diese Prozesse der Individualisierung, der Pluralisierung und der Subjektivierung von betrieblichen Personalstrukturen Ausdruck von umfassenden Veränderungen sind, die sich im gesellschaftlichen und im kulturellen Umfeld der Unternehmen vollziehen.

Die gegenwärtigen Entwicklungstendenzen in den Sozialstrukturen der europäischen Länder zur sog. „Post-Moderne“, auch bezeichnet als „reflexive Modernisierung“ (Beck/Giddens/Lash 1996), zeichnen sich dabei vor allem aus durch einen Abbau von allgemeingültigen Regelungen, durch einen Prozeß der De-Institutionalisierung und damit letztendlich durch eine zunehmende Individualisierung, womit stark erweiterte Ansprüche an eine autonome Lebensgestaltung verbunden sind. In diesem gesellschaftlichen Modernisierungsprozeß verliert auch das Alter seine strukturierende Funktion für den Lebensverlauf.

Die betriebliche Personalpolitik kann deshalb entscheidende Vorteile erlangen durch die gezielte Nutzung dieser modernisierungsbedingten Veränderungen in den sozialen und kulturellen Ressourcen der europäischen Erwerbsbevölkerungen. Bezogen auf zumindest den Westen Europas heißt das gegenwärtig, daß in der Entwicklung der betrieblichen Personalstrukturen sowohl die Veränderung in der demographischen Zusammensetzung der europäischen Bevölkerungen, als auch die Tendenzen zu mehr Individualität, Vielgestaltigkeit und Autonomie in der persönlichen Lebensführung Berücksichtigung finden müssen. Ebenso wie die kulturelle Vielfalt des zusammenwachsenden Europas zu einer Basis künftiger unternehmerischer Fortschritte gemacht werden muß, so muß auch die Verschiedenheit der Generationen genutzt werden für die Erhöhung der Beweglichkeit und der Innovationsfähigkeit der Betriebe.

Ein wichtiger Schritt hierfür ist die erfolgreiche Anwendung des wertvollen Erfahrungswissens und der besonderen Kompetenzen von alten Arbeitskräften durch deren differenzierte und variable Integration in die Unternehmen.

Literatur

Barkholdt, C./Frerichs, F./Naegele, G., 1996: Altersübergreifende Qualifizierung – eine Strategie zur betrieblichen Integration älterer Arbeitnehmer. Mitteilungen aus der Arbeitsmarkt- und Berufsforschung 3: 425-436.

Beck, U./Giddens, A./Lash, S., 1996: Reflexive Modernisierung. Eine Kontroverse. Frankfurt: Suhrkamp.

McNaught, W., 1994: Realizing the Potential: Some Examples. S. 219-236 in: Riley, M. W./Kahn, R. L./Foner, A. (eds.), Age and Structural Lag, New York: Wiley.

Wachtler, G./Wagner, P. S., 1997: Arbeit im Ruhestand, Opladen: Leske + Budrich.

Kultur

Die Entstehung der „künstlichen Verwandtschaft“ in Europa, dargestellt am Beispiel der Gildeordnung von St. Omer aus dem elften Jahrhundert[1]

Jürgen Brand

Südlich von Bourges besiegten im Jahre 1183 bewaffnete „Caputiati“ („Kapuzenleute“) ein Heer von Söldnern, die nach dem Frieden zwischen Philipp August von Frankreich und Heinrich II. von England die Einwohner terrorisierten[2]. Die zeitgenössischen Berichte[3] über diese Gemeinschaft der „Kapuzenleute“, die als *pacis foedera* (Friedens-Einung), *coniuratio* (Schwurgemeinschaft) oder *confratia* (Verbrüderung) bezeichnet wurde[4], lassen Gemeinsamkeiten zu früheren Verbindungen im Westen erkennen. So hören wir in einem Kapitular *Ludwigs des Frommen* aus dem Jahre 821 von derartigen Vereinigungen in Flandern, die sich gebildet hatten, um äussere Feinde abzuwehren[5], und auch die *Annales Bertioni* berichten 859 von entsprechenden *coniurationes* zwischen Loire und Seine. Während sie in den genannten Fällen standesübergreifend organisiert waren[6], sollten in der folgenden Zeit auch die berufsspezifisch organisierten Gruppen in den entstehenden Städten besondere Bedeutung gewinnen. Neben der Ordnung von Valenciennes[7] ist hier vor allem die *gilda mercatoria* von St. Omer zu nennen, die als Anhang diesem Aufsatz beigefügt sind. Der Text ist nach *G. Espinas* und *H. Pirenne* um

1 Vortrag, gehalten am 6. Oktober 1996 in Bourges beim Colloque international der juristischen Fakultät von Orléans und des Institut francais des sciences administratives betr. "La ville en occident du moyen âge à nos jours. Pouvoirs, administration, finances".

2 Herbert Grundmann, Rotten und Brabanzonen. Söldner-Heere im 12. Jahrhundert, in: Deutsches Archiv für Geschichte des Mittelalters 5 (1942), S. 419-492, S. 464 ff.

3 Vergl. die Übersicht bei Otto Gerhard Oexle, Die Kultur der Revolution. Schwureinung und Verschwörung im früh- und hochmittelalterlichen Okzident, in: Ordnung und juristische Studien zur Rebellion, hg. von Marie Therese Fögen, Frankfurt 1995, S. 127.

4 Nachweise bei Oexle a.a.O.

5 Otto Gerhard Oexle, Gilden als soziale Gruppen der Karolingerzeit, in: Das Handwerk in vor- und frühgeschichtlicher Zeit, Tl. 1, hrsgg. von Herbert Jankuhn u. a., Abhandlungen der Akademie der Wissenschaften in Göttingen, Phil. hist. Klasse, Nr. 122, Göttingen 1981, S. 284-354, S. 314 ff, S. 306, Anm. 123.

6 "*...non solum milites, verum etiam principes, episcopi, abbates, monachi, clerici, vel mulieres viros non habentes*", Gaufredi prioris Vosiensis chronici Lemovicensis pars altera c.22, Recueil des Historiens des Gaules et de la France, 18, Paris 1822, S. 219.

7 H. Caffiaux, Mémoire sur la charte de la frairerie de la halle basse de Valencienes (XI' et XII' siècles, in: Mémoires de la Société Nationale des Antiquaires de France, 38 (1877), S. 1-41.

1318 niedergeschrieben worden, stammt aber im Original aus dem Jahre 1083 und ist damit 100 Jahre vor der erwähnten Schlacht südlich von Bourges entstanden[8].

Bereits Ziff. 1 der Ordnung nennt die Felder der gegenseitigen Hilfeverpflichtung für die Angehörigen der Gilde: Überfälle während der Reisen, Verlust der Ware und Aufforderung zum Zweikampf. Letzterer war im mittelalterlichen Prozeß Beweismittel, und diese gefahrvolle Prozeßhandlung war schon deshalb ein Grund zum Eintritt in die Gilde, weil es erstmals die Kaufmannsgilden waren, die den Eid als Ersatz für den Zweikampf im Gericht durchsetzen konnten[9]. Der Beistand war ausdrücklich an die Mitgliedschaft gebunden. Sie gab dem angehörigen Kaufmann nach Ziff. 2 auch den Vorrang bei allen Kaufgeschäften gegenüber Nichtmitgliedern. Der Umfang der brüderlichen *caritas* der Gildebrüder erschließt sich aus Ziff. 3. Überbot ein Gildebruder beim Kauf von Waren einen anderen Gildebruder, der nicht sein Auskommen hatte (*non ad victum pertinens*), so erhielt er zwar den Zuschlag für den betreffenden Warenposten. Wenn der Überbotene aber widersprach und den Vorgang in Gegenwart des Gildenvorstehers durch das Zeugnis zweier Gildebrüder nachwies, hatte der Käufer Buße zu zahlen.

Die Rücksichtnahme auf die „*confratres*" erstreckte sich also selbst auf geschäftliche Angelegenheiten und war Ausdruck von Gleichheit und gegenseitiger *caritas*, die das gesamte Gruppenleben bestimmte. Wettbewerb zum Zwecke der Vermehrung des eigenen Vermögens auf Kosten der übrigen Mitglieder der Genossenschaft war insofern unehrenhaft und damit standeswidrig. Dieser Geist der gegenseitigen Hilfe mit der Sicherstellung der Subsistenz bestimmte bis an die Schwelle des 20. Jahrhunderts das genossenschaftliche Denken. Im Handwerk bildete es als konstitutives Merkmal der zünftigen Genossenschaft über Jahrhunderte ein einigendes Band und zugleich ein Ideal, das für die wirtschaftliche Zurückhaltung des mittelalterlichen Menschen entschädigte. So waren etwa das Zinsverbot, die Höchstgrenze der Zahl der Lehrlinge und die gleichmäßige Verteilung der vorhandenen Arbeit ein Ausdruck für den Gleichbehandlungsgrundsatz innerhalb der Genossenschaft. Mochte die Praxis oft anders aussehen, theoretisch wurde der Anspruch auf einen proportionalen Anteil an der Nahrung stets aufrechterhalten. Das soziale Gleichgewicht hatte Vorrang vor individuellem Gewinnstreben. Zumindest die älteren Zunftsatzungen enthalten daher durchweg genaue Bestimmungen über den jeweiligen Anteil an der Produktion. In Deutschland bildete vor allem die mittelalterliche Vorstellung von der „Nahrung", die jedermann gleichmäßig zukam, überraschend lange die Basis für

8 G. Espinas / H. Pirenne, Les Coutumes de la Gilde Marchande de Saint-Omer, in: Le Moyen Age, 2. Sèrie Tome V, Paris 1901, S. 189-196, S. 191.

9 Alpert von Metz, De diversitate temporum II, 20, MGH, SS, IV, S. 718 f., ansonsten Oexle, die mittelalterl. Gilden, S. 210, Anm. 44.

die Einschätzung dessen, was legitim und was illegitim sei[10]. Selbst in der relativ jungen Zunftordnung von Elberfeld und Barmen aus dem Jahre 1743 schrieb man eine gleichmäßige Auslastung der Stühle und eine Quotierung für den Fall eines Konjunktureinbruches fest. Daß diese Bestimmungen regelmäßig unterlaufen wurden[11], ändert nichts an ihrer grundsätzlichen Relevanz. Als 1850 [!] die zünftigen Lohntaxen in Bremen aufgehoben werden sollten, wandte sich die von dem Senat eingesetzte Kommission gegen dieses Vorhaben mit einer Begründung, die die Struktur des Prinzips in Ziff. 3 der Gildeordnung von St. Omer auch in der Mitte des 19. Jahrhunderts bewahrt:

„Die durch die Taxe festgestellte Gleichheit des Lohnes schlingt um alle Gesellen ein Band, welches sie eben in brüderlicher Gemeinschaft und Eintracht zusammenhält, dem Einzelnen eine gewisse Garantie giebt, daß er auch im späteren Lebensalter seinen Unterhalt zu verdienen im Stande ist, und die Folge hat, daß der stärkere und kräftigere Arbeiter den schwächeren mit durchhilft [...].“[12].

Neben den genannten drei Bestimmungen beziehen sich die Vorschriften vor allem auf die von der Gilde durchzuführende „*potatio*“. Sie wurde durch den Küster des Klosters einberufen (Nr. 22). Bereits am Tage vor dem Gelage hatten sich die Gildebrüder „friedfertig“ (*pacifice*) zu versammeln. Die Waffen waren bei den Wächtern an der Tür abzugeben (Ziff. 26). Überhaupt hatte sich jeder gegen den anderen friedlich zu verhalten, unerachtet alter oder neuer Vorkommnisse (Ziff. 4). Die bewußte Herstellung einer friedlichen Ordnung in einer von Gewalttätigkeit erfüllten Welt wurde durch zahlreiche Vorschriften gesichert. Törichte Reden gegen den Vorsitzenden (Dekan) oder Mitbrüder (Ziff. 8./9.) waren ebenso untersagt, wie das Schlagen mit der Faust oder mit einem Stein oder das Mitbringen von Waffen (Ziff. 10). Auch das Aufspringen eines Teilnehmers im Zorn von seinem Sitzplatz oder Geschrei nach dem Läuten des Glöckchens durch den Vorsitzenden

10 Obwohl beispielsweise der Reichsschluß von 1764 die Beschränkung der Gesellen und Lehrjungenzahl für die einzelnen Meister aufgehoben hatte (Text abgedruckt bei Hans Proesler, Das gesamtdeutsche Handwerk im Spiegel der Reichsgesetzgebung von 1530 bis 1806, Berlin 1954, S. 72*), dauerte diese Einschränkung des Erwerbstriebes zugunsten einer gleichmäßigen Verteilung von Arbeit und Verdienst in einzelnen Zunftordnungen ausdrücklich fort.

11 So umgingen im Wuppertal die Kaufleute regelmäßig die in dem Privileg vorgesehenen Produktionsbeschränkungen und Prinzipien einer gleichmäßigen Nahrung ("ferner soll niemand in diesen unseren beiden vorgenannten Flecken Garn machen außer mit eigenem Geld, Gut und Kredit“; genauer Wortlaut bei W. Crecelius (Hrsg.), Urkunden zur Geschichte der Garnnahrung im Wuppertale, ZdBGV Bd.16, S. 73-132). Vergl. auch Herbert Kisch, Vom Monopol zum Laissez-Faire. Das frühe Wachstum der Textilgewerbe im Wuppertal, in: Die hausindustriellen Textilgewerbe am Niederrhein vor der industriellen Revolution, Göttingen 1981, S. 162-298, S.177 f.

12 Bericht der wegen des Tagelohns der Maurer- und Zimmergesellen niedergesetzten Commission, in: Verhandlungen der Bremischen Bürgerschaft vom Jahre 1850, S. 196.

wurde mit Geldbußen geahndet (Ziff. 11./12). In diesen Punkten gleicht die Ordnung den Kölner Zunftordnungen des vierzehnten Jahrhunderts[13].

Insgesamt vermittelt die Ordnung den Eindruck, daß sie die Abhaltung eines förmlichen Verfahrens sichern sollte, an dem alle Mitglieder der Gilde teilzunehmen hatten.

Über den Zweck der bis ins Einzelne gehenden Trinkordnung ist ausdrücklich nirgendwo etwas gesagt. Die äußeren Begleitumstände schüren bei dem heutigen Betrachter den Verdacht, daß diese Sitzung in Form einer „*potatio*“ mehr war als eine bloße Versammlung, auf der getrunken wurde. So sicherten besondere Türwächter die Abschließung zur Außenwelt[14], und es war untersagt, den Außenstehenden etwas über die Gilde mitzuteilen[15]. Religiöse Aspekte scheinen auf den ersten Blick in der Ordnung von St. Omer zu fehlen. Allerdings fällt auf, daß in Ziff. 13 verboten wurde, etwas von dem Getränk nach „draußen“ zu tragen. Insofern scheint der für die „*potatio*“ bereitete Trunk keine gewöhnliche Flüssigkeit gewesen zu sein.

In diesem Zusammenhang gewinnen die Vorwürfe an Bedeutung, die der Erzbischof Hinkmar von Reims bereits im Jahre 852 erhoben hatte. Hinkmar verbot den Geistlichen, an Totengedächtnissen teilzunehmen und sich dort zu berauschen oder Minne zu den Heiligen zu trinken oder andere zum Trinken zu zwingen oder sich auf Bitten anderer mit Wein vollzusaufen[16]. Denn mit derartigen Zusammenkünften seien allerlei Ausschweifungen verbunden, wie etwa zügelloses Gelächter, oberflächliche und auch schändliche Vergnügungen, Geschichtenerzählungen, Scherze mit Bären, Tänze, Maskierungen[17]. Nach Ansicht des Bischofs steckte in derartigen „Fressereien“ und „Saufereien“, wie sie die „Unreligiösen“ veranstalteten, immer der Teufel. Da nach der Auffassung von Hinkmar die Kirche für alle in den religiösen Bereich fallenden Angelegenheiten ausschließlich zuständig war, schlug er *convivia*

13 Ziff. 23 der Satzung der Waidhändler aus der ersten Hälfte des 14. Jahrhunderts, Heinrich v. Loesch, Die Kölner Zunfturkunden nebst anderen Gewerbeurkunden bis zum Jahre 1500, Bd I, Allgemeiner Teil, Bonn 1907 (Nachdruck Düsseldorf 1984), Nr. 76, S. 197. Scheschkewitz berichtet von einer Morgensprache in Lüneburg, bei der ein Goldschmied 1576 im Verlaufe einer Rauferei tödliche Verletzungen erlitt. Ders., Das Zunftwesen der Stadt Lüneburg von den Anfängen bis zur Änderung der Stadtverfassung im Jahre 1639, Diss. Hamburg 1966, Lüneburg 1966, S. 84. Ebenso wurde, wie in St. Omer, in verschiedenen Ordnungen auch derjenige mit Bußen belegt, der einen Mitbruder schlug ("percusserit") oder verletzte (Ziff. 14 der Satzung, Loesch I, Nr. 11, S. 26).

14 Ziff. 17.

15 Ziff. 18.

16 "...*in amore sanctorum vel ipsius animae bibere, aut alios ad bibendum cogere vel se aliena precatione ingurgitare..*". J. P. Migne, Patrologiae Cursus completus ..., series latina, Bd. 125, Sp. 776.

17 Zur Maskierung und Vermummung durch Pelze vergl. O. Höfler, Kultische Geheimbünde der Germanen, 1. Bd., Frankfurt a. M. 1934, S. 22 ff.

unter kirchlicher Aufsicht vor und bemühte sich darum, diese Alternative auch gegenüber den Gelagen der Gilden[18] durchzusetzen.

Mehr beiläufig wurde dann ein Punkt erwähnt, der mit den wortreich beschriebenen Exzessen ebensowenig Berührung zu haben scheint wie mit der beanspruchten exklusiven Zuständigkeit der Kirche in religiösen Fragen. Wenn die Versammlung der Genossen zusammentreten müsse, weil ein Streit zu schlichten sei, könne dies nicht ohne Anwesenheit des Priesters geschehen[19]. Es war also neben dem heidnischen Kultus der *potatio* auch die autonome Gerichtsbarkeit, die im Zusammenhang mit dem Gelage und den damit verbundenen Traditionen von Hinkmar bekämpft wurde.

Gründe für die vorgeschlagene Verlagerung der Jurisdiktion wurden *nicht* genannt.

Deutlicher wurde die Zielrichtung der Kirche in einem Bericht, den der Mönch *Alpert von Metz* bei seiner Beschreibung der Kaufmannsgilde von Thiel um das Jahr 1018 verfaßt hatte[20]. Auch er beschreibt die Zuchtlosigkeit der Kaufleute: *„Homines sunt duri et pene nulla disciplina adsuefacti..."*[21], verurteilt aber dann die Errichtung einer eigenen Gerichtsbarkeit, die dem autonomen Recht folge: *„... iudicia non secundum legem set secundum voluntatem decernentes,..."*[22]. Zu dieser Verhaltensweise trete die Leidenschaft zum Gelage *„Summo mane potationibus student..."*[23], daß lästerliche Reden geführt und um Geld gespielt werde. Alpert spricht jedoch auch von feierlichen Versammlungen, bei denen man sich gleichsam weihevoll betrinke[24].

Gelage, Religion und Gerichtsbarkeit bildeten also wie in heidnischen Zeiten[25] eine Einheit, die nicht aufgebrochen werden konnte, ohne die Funktion der einzelnen Bestandteile in Mitleidenschaft zu ziehen. Insofern war der Versuch von Hinkmar und Alpert konsequent, mit der *potatio* auch die Gerichtsbarkeit in den Bereich der Kirche zu ziehen. Gelang dies nicht, stellten die Gilden für Kirche und Staat mehr als ein bloßes Ärgernis dar. Als „künstliche Verwandtschaften" waren diese Vereinigungen mit ihrem speziellen „parfum moral"[26] nicht nur religiöse Abweichler. Sie waren auch politisch

18 "Ut de collectis, quas geldonias vel contratrias vulgo vocant...", Migne (Anm. 19), Bd. 125, Sp. 777.

19 "Conventus autem talium confratrum, si neccesse fuerit ut simul conveniant, ut si forte aliquis contra parem suum discordiam habuerit, quem reconciliari neccesse sit, et sine conventu presbyteri et caeterorum esse non possit, post peracta illa quae Dei sunt...", Migne (Anm. 19), Bd. 125, Sp. 778.

20 MGH, SS, IV, S. 718 f.

21 A.a.O.

22 A.a.O.

23 A.a.O.

24 "...et in celebrioribus festis quasi sollempniter ebrietati inserviunt." A.a.O.

25 Pappenheim, Ein altnorwegisches Schutzgildestatut, Breslau 1888, S. 14, Anm. 2.

26 E. Coornaert, Les Ghildes médiévales, in: Révue Historique, Bd. 72 (1948), S. 19.

gefährlich, weil sie als horizontal verfaßte Einheiten im Widerspruch zum vertikal organisierten Staatsaufbau von Königtum und Kirche standen.

Für die seit *Theodosius* postulierte Einheit von Kirche und Staat mußte ein derartiges Knäuel von überkommenen Gebräuchen und autonomer Lebensgestaltung in weltlicher und religiöser Hinsicht eine Herausforderung bilden. Bereits die im Jahre 538 abgehaltene Synode von Orléans hatte den Geistlichen verboten, sich in einer intermediären Vereinigung („*coniuratione intercedente*") zu verbinden und auf Grund von Eid oder statuarischer Verpflichtung ihren Vorgesetzten den schuldigen Gehorsam zu verweigern.

Auch ein Kapitular *Karls des Großen* vom 23. März 789 war der Übung entgegengetreten, Priester zu sich nach Hause einzuladen, um dort privat die Messe zu feiern. Stattdessen sollten alle Einwohner an Festen und Sonntagen zum allgemeinen, d. h. zum „staatlichen" Gottesdienst gehen[27]. Die anschließende Bestimmung[28] nennt dann die aufschlußreichen Begleiterscheinungen beim Namen: „*Omnino prohibendum est omnibus ebrietatis malum*"[29]. Auch hier führte der Gegensatz von allgemeinem Gottesdienst und der *potatio* als kultischem Mittelpunkt der Genossenschaft zum Einschreiten der Obrigkeit. Dementsprechend verurteilte das Regionalkonzil von Rouen 1189 die „*societates seu confratres*" wegen ihrer unchristlichen Gebräuche, die bis zum Verbrechen des Meineides führten[30]. Auch die Synode von Worcester sprach von „*gildas inhonestas*"[31]. Der Umstand, daß es zu immer neuen Verboten in dieser Richtung kam, bezeugt, daß die Versuche der Obrigkeit, den horizontalen Willensbildungen der Gilden entgegenzutreten, wenig Erfolg beschieden war. Diese prä- oder extralegalen Organisationen setzten bewußt ihre im kultischen Bereich wurzelnde Tradition zur Festigung des inneren Zusammenhalts ein.

Der Grund für die zentrale Stellung der *potatio* bleibt allerdings unklar. In der Literatur werden Gelage und Mahl durchgehend als gemeinschaftsstiftendes Element bezeichnet. Man spricht auch von einem „archaischen Leitfossil"[32], dem „Kernpunkt einer primitiven Geselligkeit"[33], vom „vollkommenen Ausdruck der Zusammengehörigkeit der einzelnen Mitglieder"[34],

27 Ziff. 25, MGH, Capitularia I S. 64.

28 A.a.O., Ziff. 26.

29 A.a.O.

30 G. Fagniez, Documents relativs à l'histoire de l'industrie et du commerce en France, Paris 1898, S. 213.

31 Coornaert, (Anm. 26), S. 213 Anm. 1.

32 K. Hauck, Rituelle Speisegemeinschaft im 10. und 11. Jahrhundert, in: Studium Generale, 3. Jg. (1950), S. 611-621, S. 613.

33 S. Sieber, Nachbarschaften, Gilden, Zünfte und ihre Feste, in: Archiv für Kulturgeschichte, Bd. 11 (1914), S. 456.

34 F. Kaufmann, Altdeutsche Genossenschaften, in: Wörter und Sachen 2 (1910), S. 9-42, S.20.

von einem Ritual, das die enge Verbundenheit zwischen den Teilnehmern des Gelages sinnfällig mache u.s.f.

Diese Erklärungen sind so richtig, wie sie offensichtlich sind. Sie vermögen aber keinen Aufschluß darüber zu geben, warum die *potatio* zu gleicher Zeit religiöse, rechtliche und politische Wirkungen hervorrief, die dazu führten, daß sie immer wieder von Kirche und Obrigkeit bekämpft wurde. Wiederkehrende und häufige Strafandrohungen sind aber stets ein Indiz für ihre Wirkungslosigkeit[35].

Um besseren Zugang zu diesem Problem zu erhalten, ist es erforderlich, auf die Struktur von Gilde und Genossenschaft einzugehen. Die frühmittelalterlichen Gilden[36], in deren Ordnung die *potatio* die dominierende Rolle spielte, waren *coniurationes*, d.h. freie Einungen, die die vertragliche Bindung durch Eid begründeten. Einen derartigen Eid hat man treffend als das „gefährlichste aller Geschäfte“ gekennzeichnet[37]. Es band den Schwörenden an das Schicksal seiner *coniurati* und die von ihnen gemeinsam gefaßten Beschlüsse. Dieser Umstand machte den Eid für die Obrigkeit so gefährlich[38]. Die eingegangene Verpflichtung war höher zu bewerten als die irdische Ordnung. Sie konnte ihn nicht außer Kraft setzen. Daraus folgte der Vorrang der genossenschaftlichen vor der staatlichen/obrigkeitlichen Ordnung. Die *coniuratio* wurde deshalb in den Augen der Obrigkeit sehr oft zur *conspiratio*[39]. Die hierarchisch ausgerichtete „Herrschaft“ versuchte deshalb schon sehr früh, die eidlichen Bindungen der Genossen untereinander zu verhindern[40], und bedrohte Zuwiderhandlungen mit den schwersten Strafen. Die Versammlung der Genossen und die von ihnen gefaßten Beschlüsse wurden später auch als „Einungen“, d.h. als „vereinter“ Wille, oder als „Wilküre“, d.h. als gekürter oder gewählter Wille bezeichnet.

Das germanische „Thing“, „Ding“ oder „Gedinge“ bedeutete wie das „Mahal“ sowohl „Gerichtsversammlung“ wie auch „Beratung“ und „Fürsprache“, vor allem aber „Vertrag“[41]. Dieser Umstand ist von besonderer Bedeutung für die Entscheidungen, die von den Mitgliedern der Gilden auf der Grundlage des Konsenses[42], der „cumpeneye“[43], getroffen wurden.

35 Eine Aufzählung für die karolingische Zeit findet sich bei Oexle, S. 304.

36 Zur Begriffsbildung, insbes. zu den unterschiedlichen Entwicklungen in der deutschen Mediävistik und der Rechtsgeschichte, vergl. Oexle, Gilden als soziale Gruppen in der Karolingerzeit, S. 284 ff und 296 f.

37 W. Ebel, Recht und Form, Tübingen 1975, S. 11.

38 Zum Eid: Dilcher in HRG, Art. Eid, Sp. 869.

39 S. dazu P. Michaud-Quantin, Universitas, Paris 1970, S. 129 ff sowie Oexle, Coniuratio und Gilde im frühen Mittelalter, Bd. 1, S. 79.

40 Näheres bei Oexle, Gilden als soziale Gruppen, S. 301 ff..

41 H.-R. Hagemann, Gedinge bricht Landrecht, ZRG Germ. Abt. 87 (1970), S. 115.

42 Vergl. dazu H. J. Becker, HRG, Art. "Mehrheitsprinzip", sowie die Ausprägung des Konsensprinzips im kirchenrechtlichen liber Sextus 5, 12, 29 als Vorbild des mittelalterlichen weltlichen Rechts : *"quod omnes tangit, ab omnibus debet approbari* / was alle betrifft, muß auch von allen gebilligt werden" (Zit. nach H. Hattenhauer, Zur Geschichte von Kon-

Das sprachliche Schicksal derartiger Beschlüsse zeigt die Bekämpfung der horizontal verfaßten Genossenschaften durch die vertikal organisierte „Obrigkeit“ (Kirche bzw. Landesherrschaft). Sie machten aus der Wilküre die heutige Willkür, d.h. einen jeder Rechtsgrundlage entbehrenden Akt.

Die Wilküre war das Mittel, das die geschworene Einung von der Selbstbindung zur Herrschaftsausübung führte. *Hinkmar von Reims* und *Alpert von Metz* wußten, warum sie sich so entschieden gegen die autonome Rechtsprechung der frühen Gilden mit religiös und moralisch-ethisch eingefärbten Argumenten wandten. Es ging um die Macht. Voluntas stand gegen Lex. Mit der autonomen Rechtsprechung schaffte man sich eine eigene Ordnung. Sie war exclusiv, d. h. sie richtete sich gegen alle Außenstehenden und damit auch gegen die Obrigkeit. Auch in der Ordnung von St. Omer findet sich in Ziff. 15 ein versteckter Hinweis auf die Abhaltung eines Gerichts:

„De omni stulticia que agitur infra duos dies potacionis in facto vel verbis, coram decanis respondendum est, nec coram alio judice.“[44]

Während man nun aber die in anderen Gildeordnungen weil sie dem ablaufenden Vorgang der Rechtsfindung einen sakralen angezündeten Kerzen in diesen Zusammenhang einzuordnen vermag, Anstrich gaben, bleibt unklar, welche Rolle die *potatio* hier spielt.

Die Lösung des Problems liegt in dem Verhältnis dieser beiden tragenden Elemente der Genossenschaft zueinander. Der Eid, den die Genossen einander geschworen hatten, darf nicht nach heutigem, modernem Verständnis eingeschätzt werden. Im Mittelalter bestärkte er nicht eine bereits bestehende Verpflichtung, er war das Rechtsgeschäft selbst, d.h. konstitutiv im eigentlichen Sinne. Hattenhauer hat seine sakrale Dimension treffend als Rechtszauber beschrieben, der die Rechtsverbindlichkeit durch Ausspruch der Eidesformel begründete und damit in die Sphäre der Gottheit rückte[45].

Nun liegt es im Wesen der Genossenschaft, daß ihre Mitglieder wechseln. Zugehörigkeit zur Gilde und die Verbindung der Mitglieder untereinander mußten deshalb in regelmäßigen Abständen auch untereinander sinnfällig gemacht werden. Aus diesem Grunde verbot sich eine erneute Leistung eines Eides. Bei der besprochenen konstitutiven Natur wäre er ins Leere gegangen. Häufiger Gebrauch zu affirmativen Zwecken hätte überdies seine zauberische Wirkung geschwächt. Eine bedingte Selbstverfluchung ist ein singulärer Akt. Er kann nicht beliebig wiederholt werden. Hinzu kam die Ächtung des Eides durch Kirche und Königtum.

---

sens und Mehrheitsprinzip, in: Mehrheitsprinzip, Konsens und Verfassung, Kieler Symposium vom 14.-16.Juni 1984, Heidelberg 1986, S. 1-22., S. 3. Vergl. auch: Ders., Das Recht der Heiligen, Berlin 1976, S. 93).

43 von: "*cum panis*" über "*copain*" und "*cumpeneye*" zu "Kumpel".

44 Espinas/Pirenne (Anm. 8), S. 194.

45 H. Hattenhauer, Das Recht der Heiligen, Berlin 1976, S. 74; Ders., Grundbegriffe des Bürgerlichen Rechts, München 1982, S. 59 f.

Aus dieser Schlußfolgerung der Rechtsnatur des frühen Eides ergibt sich die erste wichtige Funktion der *potatio* von St. Omer. Das heidnisch-germanische Minnetrinken diente, wie die alte Bedeutung des Wortes Minne gleich „Erinnerung“ oder „Gedächtnis“ noch erkennen läßt, der Verknüpfung von Gegenwart und Vergänglichkeit: gotisch „*maela feyrir minni*“, d.h. „zum Gedächtnis das Wort erheben“[46]. Man gedachte des Eides, den die Genossen einander geleistet hatten, und schloß dabei auch die verstorbenen Mitglieder ein. Dementsprechend waren die Bestimmungen über die Gelage und die Verordnungen über die Toten-Gedächtnisse in den Gilden eng miteinander verknüpft.

Neben dieser Rückbesinnung auf den konstitutiven Akt der Eidesleistung und dem für die Genossenschaft so überaus wichtigen Totenkult hatte die *potatio* noch eine weitere Funktion. Ihre Wirkung lag in der offenkundig machenden Besiegelung der Beschlüsse, gleichsam einer Ratifizierung. Verträge werden bis in die heutige Zeit auf diese Art und Weise „abgetrunken“. Jeder kennt entsprechende Bilder aus dem Fernsehen: nach Unterzeichnung der Verträge bei einem Staatsbesuch reicht man den beteiligten Personen Getränke und dann wird „auf“ das Ergebnis „getrunken“. Auch nach der Geburt eines Kindes oder nach einem Examen wird das Ereignis „begossen“. Auch die im Rheinland gebräuchliche Bekundung:“das ist nicht mein Bier“ weist auf diesen Ratifizierungseffekt hin. Derjenige, der nicht bei der Ratifizierung beteiligt war, ist auch nicht gebunden[47].

*

Die Entwicklungshilfepolitik der letzten Jahrzehnte und die aktuellen Ereignisse im Osten Europas haben den Blick dafür geschärft, daß der europäische Entwicklungsstand von Wirtschaft und Gesellschaft das Ergebnis eines langandauernden Prozesses gewesen ist, der nicht ohne weiteres übertragen oder ersetzt werden kann.

Zu den speziellen Bedingungen, die sich in der Rückschau als entscheidend für die Herausbildung der westlichen Industriegesellschaft erwiesen, gehört die Entstehung der einzigartigen okzidentalen Stadtkultur. Die Gilden als „communes pré-légales“[48] bzw. als „initiatrices de l‘autonomie urbaine“[49] bildeten hierfür die Keimzelle. Ohne sie ist der Sozialtypus des freien und gleichberechtigten Bürgers, der loyal zu seinem Gemeinwesen steht, nicht denkbar.

46 A. Niederhelmann, HRG, Art. Minnetrank, Sp. 592. Ausführlich M. Cahen, Études sur le vocabulaire religieux du Vieux-Skandinavie, Paris 1921, 177 ff.

47 Zu weiteren Einzelheiten vergl. Jürgen Brand, Zur Rechtsfunktion des Gelages im Alten Handwerk, Zeitschrift der Savigny-Stiftung für Rechtsgeschichte, 108. Bd., S. 297-322.

48 Coornaert, (Anm. 26), S. 235.

49 H. Pirenne, Les Villes et les institutions urbaines, Paris 1939, Bd. 1, S. 60.

Als *„groupements pré-urbains“*[50] brachten sie den entstehenden Städten die Formen und den Geist der Schwurbrüderschaft[51]. Sie spielten auch dann, als auf einer höheren Ebene dieser geschworene Rechts- und Friedensbereich verwirklicht wurde, eine herausragende Rolle, weil es ihnen gelang, die Grundlagen für einen gewinnbringenden Fernhandel und eine florierende Wirtschaft mit korporativen Institutionen zu verbinden. Sie waren es, die politisch und gewerblich die Selbstverwaltung in Stadt und Territorium gegenüber der Obrigkeit sicherten.

Insofern bildet die mittelalterliche Herausbildung von festgefügten Gruppen, die auf den Eid gründeten und sich zu gegenseitiger unbedingter Hilfe in dem beschworenen Umfang verpflichteten, ein wesentliches Unterscheidungsmerkmal der europäischen Gesellschaft zu den meisten anderen Kulturen. Mit ihrer einzigartigen „künstlichen Verwandtschaft“[52] erwies sie sich auf bestimmten Feldern von Politik und Gesellschaft sogar stärker als Familie und Clan. Die Ordnung von St. Omer belegt diesen Umstand in den Ziffern fünf und sechs. Zugelassen wurden Kleriker, Soldaten und selbst auswärtige Kaufleute. Hingegen war es nicht erlaubt, den Sohn oder einen Enkel oder Diener mitzubringen (Ziff. 5).

Entwicklungsgeschichtlich von besonderer Bedeutung ist im übrigen die prinzipielle Gleichheit des Genossen innerhalb der Gruppe und die gegenseitige brüderliche Unterstützung. Beides begründete in der Stadt auf der Grundlage der *coniuratio* die *communio*[53]. *Egalitas* und *fraternitas* wurden 1789 wesentliche Bestandteile auch des modernen Nationalstaates. Sie waren aber nur ein Ersatz nach dem Verbot der *loi Le Chapelier* vom Juni 1791[54], das den Schlußpunkt einer intensiven Propaganda gegen die „Korporationen“ und ihre *„volontés particulières“* bildete[55].

50 Coornaert a.a.O.

51 Zur Übernahme des Gleichheitsideals bei der Bildung von Le Mans im Jahre 1070 vergl. G. Busson /A. Ledru (Hrsg.), Actus pontificium Cenomannis in urbe degentium, Le Mans 1901, S. 377 f. Zur aktiven Rolle der Gilden in den frühen Städten. Coornaert, (Anm. 26), S. 216.

52 Coornaert (Anm. 26), S. 19. K. Hauck, Formes de parenté artificielle dans le Haut Moyen Age, in G. Duby-J. Le Goff (Hrsg.), Famille et parenté dans l'Occident médiéval, Collection de l'École Francaise de Rome", 30, Rom 1977, S. 43-47 (S. 43).

53 Vergl. die Entstehung von Le Mans bei Oexle, Rebellion, S. 133.

54 Dazu nunmehr Thierry Muller-Hamon, Aux origines de la suppression des corporations par la Révolution francaise: les conceptions de Guy-Charles Le Chapelier (père) sur la réforme des communautés de métier bretonnes à travers un mémoire inédit de 1782, in: revue historique de droit francais et étranger, 1996, p. 525-566.

55 So. z. B. Jean-Jaques Rousseau, Du contrat social II, 3, B, der die Aufhebung aller "associations" und "sociétés partielles" fordert, und Diderot, der 1767 von Corporations "injustes et funestes" spricht. Typisch die völlig andere, deutsche "romantische“ Sicht bei C. Welcker 1835 zu den "freien Associationen": Sie seien "so alt, als die Menschheit, ja die Quelle aller höheren Menschlichkeit und Cultur, viel älter als der Staat. Sie sind seine eigenen Quellen, ja sie bilden seinen ursprünglichen und zugleich auch fortdauernd seinen wesentlichen Inhalt und seine Grundbestandteile", Staats-Lexikon oder Encyklopädie der

Heute leben wir in einer Zeit, in der der Nationalstaat in seinem Zusammenhalt und seiner Ausprägung (als *nation une et indivisible*) durch Einwanderung, Individualisierung und Absterben der verbindenden Religion charakterisiert ist. Sogar die bewunderungswürdige „*civilisation francaise*" hat Schwierigkeiten, und das ist neu, mit der Integration aller Staatsbürger in einem Verband, der die Ideale der *égalité* und *fraternité* in der Gemeinschaft verwirklicht. Vor diesem Hintergrund ist die aus Amerika kommende und auch in Europa Resonanz findende Bewegung des Kommunitarismus bedeutsam. Die Mitglieder dieser neuen „Gilden" suchen, wie tausend Jahre zuvor, an der Schwelle des zweiten nachchristlichen Jahrtausends in kleinen umfassenden Gemeinschaften Nähe, Sicherheit und Rückhalt durch gegenseitigen Beistand. Sie organisieren sich gegenüber einer gefährlich erscheinenden Außenwelt und ihren anonymen Strukturen, mit denen sie nur noch wenig verbindet.

Anhang

HEE SUNT CONSUETUDINES GILDE MERCATORIRIE[56]

1. Si quis mercator manens in villa nostra vel in suburbio in gildam nostram intrare noluerit et pergens alicubi deturbatus fuerit vel res suas amiserit vel ad duellum fuerit provocatus, omnino nostro carebit auxilio.

2. Si quis gildam non habens aliquam waram vel vestes vel corrigia vel aliquid hujusmodi taxaverit, et aliquis gildam habens supervenerit, eo nolente, mercator quod ipse taxaverat emet.

3. Si quis vero gildam habens mercatum aliquod, non ad victum pertinens, valens quinque s. vel supra, taxaverit, et alius gildam habens supervenerit, si voluerit, in mercato illo porcionem habebit: quod si forte taxator supervenienti porcionem contradixerit, et coram decano, testimonio duorum de gilda convinci poterit quod porcionem ei contradixerit, duos solidos emendabit.

4. Adveniente tempore potacionis, jus est ut decani capitulum suum submoneant ipso die ante potacionem, ibique precipiant ut hora nona ad sedem suam pacifice veniant, et quisque erga alium pacem habeat de veteri ac novo facto.

5. Statutum es autem, ut si quis aliquem ad potandum secum adduxerit, vel filium, vel nepotem, vel famulum, de unoquoque XII d. dabit. Ab hac sentencia magistros excludimus.

6. Si quis vero non habens gildam at potacionem venerit, et ibi latenter bibens deprehensus fuerit, quinque s. dabit, vel in momento gildam emat. Inde clericos, milites, et mercatores extraneos excipimus.

7. Si quis scachas aut patinos in gildalla attulerit, dimidiam unciam argenti dabit, id est X denarios.

8. Si quis stulte contra decanos locutus fuerit, duas unicas argenti dabit.

Staatswissenschaften, 2, 1835, S. 23.

56 Wiedergegeben nach Espinas/Pirenne (Anm.8), S. 192 ff.

9. Si quis contra alium stulte locutus fuerit, duobus audientibus, dimidiam unciam dabit.

10. Si quis aliquem pugno vel pane, vel lapide percusserit, non enim intersunt alia arma, duas uncias dabit.

11. Si quis a sede sua, iracondia contra alium surrexerit, unam unciam dabit.

12. Si quis, audito tintinabulo, clamorem fecerit vel se errexerit, dimidiam unciam dabit.

13. Si quis cyfum com potu extra gildallam absque licentia portaverit, dimidiam unciam dabit.

14. Si quis ad capitulum suum prima pulsante non venerit, XII d. dabit. Qui vero absque licentia recederit, nulla infirmitate cogente, XII denarios (...) dabit.

15. De omni stulticia que agitur infra duos dies potacionis in facto vel verbis, coram decanis respondendum est, nec coram alio judice. Sic enim diffinitum fuit tempore Gulurici Rabel castelani, ac divisum inter Guluricum et burgenses.

16. Constitutum est ut decani vinum et ea que ad gildam neccesaria sunt procurent, quousque de acquisitis sua recipiant.

17. In potacione nostra custodes portarum portas servantes, burgensibus ad potacionem vel ad capitulum existentibus, quisque unum lodum; quisque propinatorum, I lotum singulis noctibus; quisque hostia custodientium, unum lotum.

18. Si quis de gilda infirmatur et cognitum sit a vicinis suis, singulis noctibus, I lotum.

19. Si quis extra regionem fuerit, uxor ejus, singulis noctibus, I lotum habebit.

20. Si vero in nuptiis fuerit, nulli de vino suo respondendum est.

21. Sacerdotes vero omnes ad vesperas existentes, quisque, singulis noctibus, unum lotum: ideo omnes, quia diversorum parrochiani sumus.

22. Custos Sancti Audomari qui primam sonat, per quam ad capitulum nostrum adunamur, et nobis reliquias accomodat, singulis noctibus, unum lotum.

23. Ideo quatuor plegii sumuntur, ut, si unus illorum vixerit, integre personet, unde omnes plegii existerunt. Debitore vero mortuo, omnes plegii liberi sunt.

24. Si quis gildam emerit, juvenis vel senex, priusquam (...) in cartula ponatur, II denarios notario, decanis vero, duos denarios.

25. Jus vero decanorum est, ut, duobus diebus ante primam, cum notario suo commedant de communi, in thalamo gildalle, et vinum tantum (...) habeant. Quod si fieri non potest, aliquo occupati negotio, quisque decanorum, ad hospitium suum post capitulum, dimidium sextarium habeat, notarius autem unum lotum pro matutinali perlibacione. Singulis vero noctibus, prout justum est, ordinatis ac distributis, quisque decanus ad hospitium suum unum sextarium habeat, notarius vero dimidium sextarium habeat.

26. Si quis cum armis portas intrare voluerit, a custodibus arma detineantur, quousque redeat vel quousque ab hospite suo aut ab alio sibi noto pacificus esse testetur.

27. Finita potacione et persolutis expensis onmibus, si quid remanet, communi detur utilitati, vel ad plateas, vel ad portas, vel ad ville municionem.

28. Postea autem, onmes posteros in Christo monemus, ut pauperum ac leprosorum misereantur.

Klasse und Geschlecht: Wahlverwandtschaften und Interessen am Beispiel von Paaren

Petra Frerichs

Dieser Beitrag behandelt die Interessen von Paaren in unterschiedlichen sozialen Positionen. Er geht auf ein empirisches Forschungsprojekt[1] zurück, in welchem nach der jeweiligen Prägekraft beider Strukturkategorien in Biografie und aktuellem Lebenszuschnitt von Männern und Frauen gefragt wurde. Die Ergebnisse wurden hauptsächlich mittels soziobiographischer Interviews mit Paaren in verschiedenen sozialen Positionen gewonnen[2].

Anfang der 90er Jahre, zu Beginn der Forschungsarbeiten, spielte weder die soziale Strukturkategorie „Geschlecht" in der Ungleichheitsforschung eine prominente Rolle, noch wurden Klassenunterschiede und Ungleichheiten zwischen Frauen in der Frauenforschung besonders beachtet. Die strikte Arbeitsteilung zwischen beiden Disziplinen hat sich inzwischen etwas gelockert, und an die Stelle der Ignorierung von Ansätzen und Forschungsergebnissen ist zum Teil sogar wechselseitige Rezeption getreten. Allerdings firmiert die Geschlechterungleichheit in der Sozialstrukturanalyse wenn, dann unter den horizontalen, sog. neuen Ungleichheiten, was angesichts des durch Hierarchie und Differenz konstituierten Geschlechterverhältnisses von feministischer Seite als unzureichend kritisiert wird. In der Frauenforschung dagegen steht nach wie vor die Ungleichheit qua Geschlecht im Zentrum der Aufmerksamkeit, während die Klassenungleichheit auch innerhalb der Kategorie „Geschlecht" immer noch randständig behandelt wird.

In unserem Projekt haben wir nun den Versuch unternommen, beide Ungleichheiten im Zusammenhang zu betrachten und empirisch die je konkrete

1 Das Forschungsprojekt zu „Klasse und Geschlecht" habe ich am ISO in Köln zusammen mit Margarete Steinrücke (Angestelltenkammer Bremen) durchgeführt. Eine Gesamtdarstellung der Ergebnisse zu den auswertungsrelevanten Themen Arbeit, Macht und Anerkennung, Sexualität und Generativität, Interessen findet sich in Frerichs 1997.

2 Neben ausführlichen lebensgeschichtlichen Interviews mit Männern und Frauen verschiedener Klassenzugehörigkeit, häuslichen Beobachtungen, Sozialdatenbögen sowie von den Interviewten selbst über eine Woche hinweg geführten Zeitverwendungs- und Ausgabenprotokollen wurden ergänzend Daten des Sozioökonomischen Panel für bestimmte Fragestellungen des Projekts berechnet.

Verschränkung von Klasse und Geschlecht am Beispiel von Paaren in verschiedenen sozialen Positionen zu untersuchen. Der Untersuchung lagen drei zentrale Annahmen über das Verhältnis von Klasse und Geschlecht zugrunde:

1. Die *Klassenhypothese*, derzufolge die Gemeinsamkeiten nach Klassenzugehörigkeit gegenüber denen nach Geschlecht relativ dominieren und es die Klasse ist, die die Lebenschancen wie die Verhaltensmöglichkeiten entscheidend bestimmt;
2. die *Geschlechtshypothese*, derzufolge die Geschlechtszugehörigkeit stärker die Gemeinsamkeiten generiert und die Lebenschancen wie die Dispositionen entscheidend beeinflußt;
3. die *Klassengeschlechtshypothese*, derzufolge jede Klasse(nfraktion) ihre eigenen Vorstellungen und Realisierungsformen von Weiblichkeit und Männlichkeit hat, sodaß das Geschlechterverhältnis in den Klassen eine je spezifische Ausprägung erfährt: es gibt also nicht das Geschlecht (gender) schlechthin, sondern so viele Klassengeschlechter, wie es Klassen und Klassenfraktionen gibt.

Theoretisch sind wir von Bourdieus Modell des sozialen Raums (Bourdieu 1982) und dessen Anwendung auf die (west)deutschen Verhältnisse (Vester u.a. 1993) ausgegangen, ergänzt durch feministische Ansätze, die Geschlecht als soziale Strukturkategorie und als soziale Konstruktion sowie das Geschlechterverhältnis als soziale Ungleichheit fassen (Becker-Schmidt 1987, Gottschall 1995, Wetterer 1995). Das Bourdieusche Modell hat den Vorteil, soziale Klassen nicht substantiell, sondern relational zu begreifen und außerdem erst einmal als wahrscheinliche Gebilde anzusehen, deren Realexistenz sich über Nähebeziehungen im sozialen Raum, homologe Stellungen und als Resultat von ständig stattfindenden Kämpfen in den gesellschaftlichen Feldern zu erweisen hat. Das macht diese Theorie zu einer höchst dynamischen; kulturelle Kämpfe, Distinktionskämpfe sind für Klassenauseinandersetzungen ebenso konstitutiv wie materielle Verteilungskämpfe. Die symbolische Ordnung signifikanter Unterscheidungen geht ebenso in diese Kämpfe ein wie die staatliche oder die Rechtsordnung. Lebensstile sind damit nicht an die Stelle von sozialen Klassen getreten, wie von einigen Modernisierungstheoretikern behauptet, sondern sie sind als deren „Kundgabesysteme" zu verstehen, die eine spezifische Reproduktionsfunktion für die Klassen haben. Insbesondere steht mit dem Habitus-Konzept ein Forschungsansatz zur Verfügung, mit dem sich der Verschränkungsgedanke von Klasse und Geschlecht einlösen läßt (Krais 1993).

Um nun auf der Grundlage der biographischen Interviews mit Frauen und Männern auch wirklich auf die Grundmuster des jeweiligen Habitus vorzustoßen, war ein sehr aufwendiges Auswertungs- und Interpretationsverfahren in Form von Fallrekonstruktionen in Anlehnung an die objektive Hermeneutik (Oevermann u.a. 1979) nötig. Diese Methode zielt auf das Erkennen der individuellen Fallstruktur, die auf der Ebene der objektiven Bedeutung liegt und eben nicht an der Oberfläche zu finden ist. Der Weg, der dahin führt, verläuft über eine sequentielle Analyse und die Selektion von Lesarten eines Textes (Interviews), bis die Kernstruktur des Falls bzw. das Grundmuster des Habitus gefunden ist.

Die vier Paare, die hier beispielhaft herangezogen werden, seien kurz in ihrer aktuellen Lebenssituation charakterisiert:

Das Arbeiterpaar

Lagerarbeiterin ohne Ausbildung, 38 Jahre (Jahrgang 1954), Volksschule, lebt mit ihrem erwachsenen Sohn aus erster Ehe und ihrem Mann, Lagerverwalter, 27 Jahre (Jahrgang 1965), mittlere Reife, (trotz kaufmännischer Ausbildung als Groß- und Außenhandelskaufmann lange Zeit im Arbeiterstatus) in dritter Ehe zusammen. Sie bewohnen eine Zwei-Zimmer-Genossenschaftswohnung von 68 qm zur Miete in einem traditionellen Arbeiterviertel. Sie beziehen ein Haushaltsnettoeinkommen von 4.100 DM und besitzen einen Kleinwagen.

Das Angestelltenpaar

Leiterin der Poststelle einer großen Versicherung, 44 Jahre (Jahrgang 1948), Volksschule, gelernte Hauswirtschaftsgehilfin, zwei erwachsene Söhne aus erster Ehe, lebt nach zwei gescheiterten Ehen nun mit ihrem Lebensgefährten, Programmierer, z. Zt. freigestelltes Betriebsratsmitglied derselben Versicherung, 42 Jahre (Jahrgang 1950), Abitur, sozialwissenschaftliches Studium ohne Abschluß, in ihrer Vier-Zimmer-Mietwohnung (80 qm) in einem gemischten, leicht kleinbürgerlich dominierten Viertel zusammen; die Wohnung des Mannes wird praktisch nicht benutzt. Sie verfügen gemeinsam über ein Haushaltsnettoeinkommen von 6.000 DM und besitzen pro Person eine bzw. zwei Lebensversicherungen.

Das Lehrerpaar

Lehrerin, 37 Jahre (Jahrgang 1955), und Lehrer, 40 Jahre (Jahrgang 1952), verheiratet; beide haben Abitur und ein Studium absolviert; sie hat sich als Realschullehrerin für Kunsterziehung und Englisch wegen ihrer gemeinsamen drei Kinder (3, 6, 10 Jahre) seit einigen Jahren beurlauben lassen, er ist Gymnasiallehrer für Mathematik und Geographie. Die Familie bewohnt ein geräumiges Haus (sechs Zimmer, 135 qm) mit großem Garten, das (zum großen Teil vom Erbteil der Frau) gekauft wurde. Das Haushaltsnettoeinkommen in Höhe von 5.350 DM setzt sich aus dem Gehalt des Mannes und einer monatlichen Rendite aus dem Wertpapierbesitz der Frau zusammen; außerdem besitzen sie einen Kleinbus und einen älteren Mittelklassewagen.

Das Managerpaar

Verwaltungschefin einer privaten Bildungseinrichtung, 47 Jahre (Jahrgang 1945), verheiratet mit dem Geschäftsführer einer mittelgroßen Computerfirma, 43 Jahre (Jahrgang 1949); beide haben Abitur (sie auf dem ersten, er auf dem zweiten Bildungsweg) und ein Hochschulstudium (er sogar zwei) abgeschlossen. Sie bewohnen am Wochenende gemeinsam eine 180 qm-Wohnung im eigenen Haus; in der Woche wohnt er hier allein und sie in einem Appartement an ihrem 100 km entfernt gelegenen Arbeitsort. Sie sind gewollt kinderlos. Ihr monatliches Haushaltsnettoeinkommen beträgt 22.500 DM; zu ihrem Besitz gehören neben Geldanlagen noch ein Auto der Spitzenklasse und ein Mittelklassewagen.

Auffällig ist zunächst die soziale Homogamie; sie zeigt sich nicht nur an den Ähnlichkeiten des Berufs bzw. der beruflichen Stellung von Mann und Frau (Lagerarbeiterin/Lagerverwalter; Versicherungsangestellte-/Versicherungsangestellter; Lehrerin/Lehrer; Managerin/Manager), sondern auch an den Ähnlichkeiten auf der Ebene des Habitus, also in den Dispositionen, Orientierungen, Wertmusterpräferenzen usw. Gemäß der Bourdieuschen These von den „Wahlverwandtschaften“ (Bourdieu 1982, 374), wonach der Geschmack Menschen und Dinge paart, die zueinander passen, können wir feststellen, daß die von uns interviewten Paare in der Binnenstruktur viele Habitus-Ähnlichkeiten aufweisen, jedenfalls erheblich mehr, als die Frauen oder die Männer qua Geschlechtszugehörigkeit untereinander. So verbindet das Arbeiterpaar eine starke Orientierung an egalitären Werten, Kollektivität, Affektivität und Körperlichkeit. Für das Angestelltenpaar ist Zweisamkeit und Freiheit ein Wert an sich, und es teilt eine „Genußverpflichtungsmoral“ ebenso wie eine starke Selbstbezüglichkeit seiner Interessen und Bedürfnisse – beides Bourdieu zufolge typisch für das Neue Kleinbürgertum, dem unser Angstelltenpaar zuzurechnen ist. Leidenschaftslosigkeit und ein „asketischer Artistokratismus“ zählen zu den gemeinsamen Orientierungen des Lehrerpaares, hinzu kommen eine konsumkritische Haltung, Sparsamkeit und ein pragmatischer Utilitarismus als Beziehungsmuster. Und für das Managerpaar, schließlich, ist eine starke Leistungs- und Erfolgsorientierung im Rahmen eines praktischen Individualismus mit sozialem Programm das gemeinsame Dritte, worin sie sich getroffen haben und das sie bis heute eint.

Bevor nun ausgewählte empirische Ergebnisse zu den Interessen der Paare dargestellt werden, einige wenige theoretische Vorbemerkungen zum Interessenbegriff. Wir verwenden hier einen um einige Dimensionen erweiterten Interessenbegriff, der sich insbesondere von einem ökonomistisch oder utilitaristisch verengten Begriff absetzt. Zunächst gehen wir davon aus, daß es die Interessen sind, die die Menschen umtreiben und zum Movens ihres Handelns werden. So sind Interessenbrennpunkte häufig daran zu erkennen, daß die Interviewten ihnen ein besonderes Gewicht geben und/oder daß sie daran Leiderfahrungen oder Gefühle wie Wut, Enttäuschung, Empörung knüpfen. Zum zweiten gehen wir davon aus, daß Interessen nicht nur als bewußte, kalkulierte, strategisch verfolgte zu betrachten sind, sondern daß ebenso die eher unbewußten oder vorbewußten „Wahlen" des Habitus Interessen beinhalten bzw. einen relativ sicheren Hinweis auf interessengeleitetes Handeln und Verhalten geben. Interessen sind, diesem Verständnis gemäß, Dispositionen, die je nach sozialem Feld, Hierarchieposition oder Geschlecht differieren (können). Neben dieser Erweiterung des Interessenbegriffs vom Kalkül auf Dispositionen gehen wir, zum dritten, davon aus, daß sich Interessen nicht nur ökonomisch oder materiell konstituieren, sondern daß es „symbolische Interessen" gibt, die die Menschen umtreiben, unserer Erfahrung nach sogar stärker als materielle. Unter „symbolischen Interessen" verstehen wir im Anschluß an Bourdieu (1979, 353) solche Interessen, die keinen unmittelbar materiellen Gegenstand haben, wohl aber mit diesen verwoben sind, wie bspw. das Interesse an der Wahrung der persönlichen Würde und Integrität, an Autonomie, Gleichbehandlung, Gerechtigkeit, an Sinn und Selbstbestimmung (Frerichs/Steinrücke 1989). „Symbolisch", wegen ihrer Immaterialität, auf der Ebene der Bezeichnungen und Bedeutungen, Klassifikationen und Bewertungen angesiedelt, nicht jedoch in einem falschem Verständnis von Zweitrangigkeit, nur der „symbolischen" Behandlung bedürftig, fiktiv oder irreal; „Interessen" wegen ihrer Hartnäckigkeit.

Welche Unterschiede und welche Gemeinsamkeiten zeichnen sich nun empirisch bei den Interessen der Paare ab?

Das Arbeiterpaar hat zunächst ein starkes *Interesse an Gemeinschaft.* Dieses realisiert es vor allem durch viele gemeinsame Aktivitäten und intensive Beziehungen zur Familie des Mannes; das dominante Beziehungsmuster ist hier gegenseitige Hilfe. Das Gemeinschaftsinteresse findet auch seinen Ausdruck in einer ausgeprägten Tier- und Kinderliebe; das Paar hält trotz kleiner Wohnung zwei Katzen und eine Vogelspinne, für deren Hege und Pflege beide Partner viel Energie aufwenden. Das *körperliche Wohl* bildet ein weiteres zentrales Interesse dieses Paares. Beim Kochen wird viel Wert auf nahrhaftes Essen mit Fleisch und Gemüse, auf frische Lebensmittel und pünktliche Mahlzeiten gelegt. Wichtig ist auch ausreichender Schlaf. Hier wiederum hat das *Wohl des Sohnes* einen besonderen Stellenwert, dem alle Sorge und Fürsorge der Frau gilt (sie sieht sich in der Verantwortung, ihn vor den Gefahren durch Alkohol und harte Drogen zu bewahren, und bemüht sich auch mit Rigidität um geordnete familiale Bedingungen seines Aufwachsens). Die besondere Wertschätzung des körperlichen Wohls zeigt sich auch darin, daß täglich geduscht wird, daß der Mann immer Sport getrieben hat (Fußball, Kraftsport) und daß das Paar zusammen regelmäßig zum Schwimmen und in die Sauna geht. Solche Aktivitäten, wie auch der von der Frau gehegte Wunsch nach Anschaffung eines Wasserbetts, werden mit den lädierten Knochen des Mannes begründet; in solchen Anreißern im Lebensstil kommt aber auch ein kompensatorisches Bedürfnis nach Entschädigung für alltägliche Entbehrungen und Beschränkungen zum Ausdruck. Ein weiterer gemeinsamer Interessenbrennpunkt richtet sich auf eine *geregelte Lebensführung*, mit der das Paar einen defensiven Abwehrkampf gegen die Gefahr des sozialen Abrutschens führt. Und schließlich eint das Paar ein starkes Interesse an *Kommunikation* im Sinne von face-to-face-Interaktion, unmittelbarer Aussprache und Verständigung; im Bedürfnis nach permanenter kommunikativer Selbstvergewisserung und Selbstverständigung kommt insbesondere das symbolische Interesse an sozialer Anerkennung zum Ausdruck. Der „Hunger nach Sinn" bildet im Fall der Frau eine starke Triebkraft dafür, der Fabrikarbeit zu entfliehen; sie träumt davon, sich mit einem kleinen CD-Laden selbständig zu machen. Bei ihm zeigen sich solche Interessen darin, daß er selbst beständig Anerkennungsverhältnisse stiftet und größten Wert auf rationale Organisation in allen Lebensbereichen legt.

Das Angestelltenpaar pflegt einen intensiven *Austausch* von Gedanken und Gefühlen in der Zweierbeziehung; die Spiegelung des Selbst im Anderen ist das entsprechende Beziehungsmodell. Hier steht nicht das körperliche, sondern vielmehr das psychische Wohl, die Seele, im Zentrum der Aufmerksamkeit. Dabei legen beide Partner großen Wert auf ein Spannungsverhältnis von gegenseitiger Versenkung und *Autonomie*; Zweisamkeit ohne Freiheit wäre ihnen kein erstrebenswerter Zustand. Genuß und Selbstverwirklichung sind für die Frau wichtige Begründungskategorien ihres Handelns und Verhaltens. Das *Interesse an Politik* ist bei beiden biografisch konstituiert: als politisch sozialisierter Akademiker (ohne Abschluß) hat er das Politikinteresse inzwischen als freigestelltes Betriebsratsmitglied zum Beruf gemacht; sie hat über Politisierung den Wendepunkt in ihr Leben (vom traditionellen Frauendasein zum reflexiven Umgang mit ihrer Rolle als Frau) gebracht. Die aktuellen *Selbstentfaltungsinteressen* der Frau zielen auf eine Verknüpfung von Spaß und Politik, Ethik und Ästhetik. Ein zentrales Interesse des Mannes ist, sich von anderen zu unterscheiden, ein *antidistinktives Distinktionsinteresse*, das sich bspw. in auffälliger Kleidung, Langhaarfrisur und der rigorosen Ablehnung von Regeln und Konventionen aller Art sowie des Spießertums schlechthin zeigt.

Das *Wohl der Kinder* und *Sicherheit* sind die wichtigsten gemeinsamen Interessen des Lehrerpaares. Vom familialen Zusammenleben haben beide Partner allerdings verschiedene Vorstellungen und Hintergrundüberzeugungen: Während die Frau ein starkes Interesse an der Überwindung traditioneller Geschlechtsrollen hat, wofür sie immer wieder Konflikte um die Hausarbeit eingeht, zeigt sich das Interesse des Mannes an einem harmonischen Familienleben in seinem auf Ausgleich und Kompromiß bedachten Verhalten. Verschiedene Bedeutung hat auch das Haus für beide Partner: Während es ihr Sicherheit gewährt (es ist auf sie im Grundbuch eingetragen und rangiert neben Aktienbesitz in ihrem Relevanzsystem als Einkommensersatz und Rücklage für unvorhersehbare Wechselfälle des Lebens wie bspw. Scheidung), ist es ihm das zentrale Objekt seiner handwerklichen Betätigung (er hat das Haus in Eigenarbeit umgebaut, renoviert, verschönert), wohingegen er sein Sicherheitsinteresse in erster Linie über den Beamtenstatus realisiert sieht. Auch das stark distinktive Interesse an Kultiviertheit, das die Lehrerin qua Herkunft als kulturelles Erbe bewahrt (sie stammt aus einer Medizinerfamilie in dritter Generation) und sich bspw. an ihrem Hobby, der Bildhauerei, zeigt, findet keine Entsprechung bei dem eher pragmatisch-nüchternen wie bodenständigen Lehrer, der – ganz jenseits von Distinktion und Prätention – zwar in seiner Freizeit auch ein wenig malt, am liebsten aber handwerkert, sammelt (Dampfmaschinen, Steine) oder auch gerne mal etwas Besonderes (für seine Frau oder für Gäste) kocht.

Beruflicher Erfolg und Karriere stehen unangefochten im Zentrum der Interessen des Managerpaares. Beide Partner ordnen ihr Privatleben dem Beruf völlig unter, es existiert fast gar nicht, und die Beziehung besteht eher virtuell als real. Aus beruflichen Gründen sehen sie sich nur am Wochenende; die Frau hält sich in der Woche an ihrem Arbeitsort auf, wo sie ein Appartement bewohnt. Ein Unterschied zwischen Mann und Frau besteht darin, daß sie unter der totalen Vereinseitigung in ihrem Leben zumindest leidet, so daß sie über Veränderungen (wie etwa Arbeitszeitverkürzung, andere Schwerpunkte setzen etc.) nachdenkt, während er solche Mangelerfahrungen anscheinend nicht macht. Die Villa, die sie zusammen mit einem befreundeten Paar bewohnen, ist zwar für beide ein zentraler Bezugspunkt ihrer Interessen, aber die Bedeutung, die das Haus hat, ist eine je verschiedene: der Frau ist es Heimstatt gegenüber dem nur als Schlafstelle genutzten Appartement und Ort der Geselligkeit, dem Mann ist es einerseits Schlaf- und Arbeitsstätte, andererseits fungiert es als Ausstellungshalle für teure Designmöbel und Ort der Selbstrepräsentation. Völlig konträr sind die Interessen bzgl. der Haushaltsorganisation, die ganz und gar auf der Frau lastet, während er sich um nichts kümmert und alles übersieht. Ausnahme bildet sein Kochen für Gäste, das zweimal jährlich in Form aufwendiger Menues stattfindet. Was das Paar eint, ist das Interesse an Ästhetik und Design sowie am guten Essen; aber auch die Gelegenheit zum Genuß ist dem Primat der Berufsarbeit nachgeordnet – das Paar hat kaum etwas von dem Luxus, weil es sich aus Zeit- und Gelegenheitsmangel nur selten Genuß gönnt.

Die Interessen der Paare im Vergleich

Zunächst fällt auf, daß sich die Interessen der Paare deutlich unterscheiden. Vergleichen wir zunächst die Interessen des Arbeiter- und des Angestelltenpaares: Beim Arbeiterpaar steht das körperliche Wohl oben an, beim Angestelltenpaar ist es das Wohl der Seele und des Selbst. Jenes führt eine durch und durch vergemeinschaftete Existenz, weshalb hier auch die Gemeinschaft den Fokus für Interessen abgibt, während dieses vorwiegend in Zweierbeziehung(en) lebt und eine starke Selbstbezüglichkeit seine Interessen konstituiert. Dem Interesse an Selbstentfaltung und -verwirklichung (sie) bzw. an Selbstdarstellung und unverwechselbarer Individualität (er) steht das Interesse an Gemeinschaft und sozialer Bindung (neben Beziehungen zu Verwandten, FreundInnen, ArbeitskollegInnen auch Kinder und Haustiere) beim Arbeiterpaar gegenüber. Differenzen existieren auch im kommunikativen Selbstverständnis beider Paare: Face-to-face-Kommunikation ist für das Arbeiterpaar erstes Lebensbedürfnis, weil alle Beziehungen hierüber gestiftet sind und sie das zentrale Medium von sozialer Verortung, Vergewisserung, Anerkennung und (Selbst-)Bestätigung ist; es gibt keine andere Quelle sozialer Anerkennung für dieses als die über Kommunikation vermittelte. Demgegenüber hat Kommunikation im Austauschmodell des Angestelltenpaares die Funktion von Spiegelung, d.h. sie ist Medium der Selbstbezüglichkeit, reflektiert im Spiegel des/der Anderen. Damit zusammen hängt auch die unterschiedliche Bedeutung des Politikinteresses: An Politik interessiert ist das Arbeiterpaar zum einen auf der Grundlage von Sozialisationserfahrungen (qua Herkunft bei ihm, qua Gewerkschaftsengagement bei beiden), zum anderen ist Politik ein wichtiger Bestandteil all dessen, worüber kommuniziert und diskutiert wird; sie ist eingebettet in das übergreifende Kommunikationsinteresse. Anders beim Angestelltenpaar: Politik hat hier den Stellenwert eines Vehikels der Selbstverwirklichung; der Mann wiederum hat ein professionelles Interesse an Politik; er ist politisch sozialisiert und hat das Politische zum Beruf gemacht.

Solche doch erheblichen Differenzen können mit guten Gründen auf Klassenunterschiede zwischen der Unter- und der Mittelklasse bzw. (differenzierter) zwischen der Arbeiterklassenfraktion der „Neuen ArbeiterInnen“ (Vester u.a. 1993, 229 ff.) und der Mittelklassenfraktion des „Neuen Kleinbürgertums“ (Bourdieu 1982, 561 ff.) zurückgeführt werden. Der relativ identischen oder ähnlichen Ausrichtung der Interessen innerhalb beider Paarbeziehungen stehen große Unterschiede zwischen den Paaren gegenüber.

Mit Blick auf die Fokussierung von Interessen läßt sich beim Vergleich auch eine Art Stufenfolge der Individualisierung feststellen: Von der Gemeinschaft (Arbeiterpaar) über die Zweierbeziehung (Angestelltenpaar), über die Kernfamilie mit für die Kinderbetreuung nützlichen Kontakten (Lehrerpaar) zur hochgradig individualisierten Existenz (Managerpaar). Ein ähnliches Bild entsteht, wenn wir einzelne Interessen bspw. der Männer vergleichend herausgreifen. Dem vergemeinschafteten Interesse des Arbeiters an Fußball (regelmäßiger Besuch von Heimspielen eines Zweitligaclubs) stehen das dialogische Interesse des Angestellten an Austausch sowie die monologischen Interessen des Lehrers und des Managers am besonderen Kochen für Gäste, Handwerkern, Sammeln und an Technikbeherrschung gegenüber.

Weitere Unterschiede zwischen den Paaren sind durch die Besitzverhältnisse konstituiert. Bemerkenswert ist nicht so sehr, daß das Arbeiter- und das Angestelltenpaar kein Wohneigentum hat (das sieht bspw. auf dem Lande ganz anders aus als in der Großstadt), sondern die verschiedene Art und Weise, wie das Haus beim Lehrer- und Managerpaar deren Interessen konstituiert. Im Vergleich dieser beiden Paare hat das Haus sogar für jedes der vier Individuen eine andere Bedeutung. Für die Lehrerin ist es ihr Eigentum, das ihr Sicherheit gewährt, und außerdem so etwas wie ein Familiensitz; für den Lehrer ist es Gegenstand seiner handwerklichen Fähigkeiten und eine materielle Basis für das Familienleben. Das Haus gilt der Managerin als Fluchtpunkt und Symbol für all ihre Sehnsüchte nach Gemeinschaft, dem Manager hingegen als Herberge, als Ambiente und Objekt des Luxusgeschmacks. Beiden Paaren der Oberklasse gemeinsam ist hierbei ein Sicherheitsaspekt: Das zentrale Interesse an Sicherheit realisiert sich beim Lehrerpaar über den Beamtenstatus und den Hausbesitz. Das Managerpaar hat zwar kein vergleichbares materielles Sicherheitsinteresse, dafür aber ein soziales: Das Haus und die Hausgemeinschaft sollen es vor Einsamkeit bewahren. Diese Akzentsetzung erklärt sich aus der isolierten, arbeitsmonadenhaften Existenz, die das Paar fristet. Hieran knüpft sich wiederum ein großer Unterschied zwischen beiden Oberklassenpaaren: Das Lehrerpaar verfolgt sein Interesse an Sicherheit quasi statisch, d.h. ohne Anstrengung, ohne Ehrgeiz, ohne ein Interesse an erweiterter Reproduktion des Immer-mehr, Immer-besser, Immer-höher hinauf. Das aber genau sind Interessen, die das Managerpaar umtreiben. Ehrgeiz und das konsequente Verfolgen der eigenen beruflichen Karriere sind hier die entscheidenden Triebkräfte ihres Handelns.

Gibt es paar- bzw. klassenübergreifende Gemeinsamkeiten nach Geschlecht (d.h. Gemeinsamkeiten, die sich aus der sozialen Konstruktion von Geschlecht und vergeschlechtlichten Habitusformen ergeben)?

Das Interesse an einer gerechteren Aufteilung der Hausarbeit und der Organisation des Haushalts zwischen Mann und Frau ist eine Gemeinsamkeit unter der Lehrerin und der Managerin. Für beide ist der Haushalt ein Interessenbrennpunkt, und beide investieren viel Energie in eine veränderungsbedürftige Praxis. Bei der Managerin scheint es ein Kampf gegen Windmühlen zu sein, wenn sie sich über die völlige Untätigkeit und Ignoranz ihres Mannes auf diesem Gebiet beklagt und von regelmäßigen Zornesausbrüchen berichtet, um sich ihrer Wut zu entledigen, während es der zur Zeit beurlaubten Lehrerin hier eher ums Prinzip geht. Denn ihr Mann tut (mit ca. 25 Wochenstunden) relativ viel im Haushalt; in ihren Augen macht er dies aber zu stark auf traditionell männlichen Gebieten und außerdem ohne eigenen Antrieb wie ohne Überblick. Demgegenüber ist die Hausarbeitsteilung weder für die Arbeiterin noch für die Angestellte ein Interessenbrennpunkt; beide sind mit dem, was ihre Partner im Haushalt tun, vollauf zufrieden: Die Männer beteiligen sich freiwillig und auch quantitativ ausreichend an der Hausarbeit, der Angestellte (am Wochenende) mit einem Konzept radikal egalitärer Aufteilung, der Arbeiter weniger ideologisch untermalt, dafür aber praktisch sich an allem bis aufs Kochen beteiligend.

Eine Gemeinsamkeit unter allen vier Frauen der Paare zeigt sich darin, daß sich ihre Interessen auf *irgendein Wohl* richten – sei es das körperliche Wohl oder das Seelenwohl, das Wohl der Kinder oder das Wohl durch die Herstellung von Wohnlichkeit. Und schließlich sind die Interessen der Frauen, verglichen mit denen der Männer, stärker kommunikativ und an Beziehungen orientiert (Gemeinschaft und Kommunikation als erstes Lebensbedürfnis der Arbeiterin; über die Zweierbeziehung hinaus die politische Gruppe, die Frauengruppe und die Frauenfreundschaft der Angestellten; Freundschafts- und Nachbarschaftspflege durch die Lehrerin; die Hausgemeinschaft und der von ihr gepflegte Freundeskreis der Managerin). So sind die Frauen zwar überwiegend für die Pflege sozialer Beziehungen zuständig, aber sie tun dies auch aus Neigung und Interesse.

Als Pendant dazu kann der Hang der Männer zu „männlichen Spielen" (Bourdieu 1997) um Ehre, Macht und Anerkennung interpretiert werden, der in gewisser Weise ähnliche Interessen unter ihnen konstituiert: sei es die Begeisterung für Autos (Arbeiter, Manager), Computer (Manager), das leidenschaftliche Sammeln von Dampfmaschinen und Steinen (Lehrer) oder CDs (Arbeiter) – in jedem Fall handelt es sich um eine monologische Beschäftigung, die mit dem Interesse an der Beherrschung von Technik zusammenhängen mag. Auch das Interesse am Detail und an Detailkenntnissen, der Hang zur Akribie, bildet eine Gemeinsamkeit unter den Männern ebenso wie der Drang, sich selbst ständig zu beweisen: Der Manager ist in dieser Hinsicht das Musterexemplar seiner Gattung, aber auch der Arbeiter legt großen Wert auf Präzision; der Angestellte muß ebenso wie der Manager den Dingen immer auf den Grund gehen, auch wenn beide daraus völlig konträre Schlüsse ziehen: jener widersetzt sich der Regelbefolgung, dieser unterwirft sich den Regeln. Nicht ganz so perfekt muß alles für den Lehrer ausfallen, gleichwohl aber hat auch er das Interesse, seine Sache ordentlich zu machen, um daraus Selbstbewußtsein ziehen zu können; er ist der „kluge Dilettant" auf vielen Gebieten, ohne Perfektionist zu sein.

Mit Blick auf die zentralen Annahmen unserer Untersuchung kann resümierend festgestellt werden:

Es ist weder die pure Klassenzugehörigkeit, noch die Geschlechtszugehörigkeit allein, die die Interessen der Einzelnen entscheidend prägt. Vielmehr sind es die je spezifischen Mischungsverhältnisse aus beiden Zugehörigkeiten, die diesen Interessen Ton und Färbung geben. Es existieren deutliche Unterschiede zwischen den Paaren als Angehörige verschiedener Klassen(fraktionen) und zugleich etliche Gemeinsamkeiten innerhalb der jeweiligen Paarbeziehung, die auf Habitusaffinitäten zurückzuführen sind. Die Gemeinsamkeiten der Interessen unter den Frauen bzw. den Männern sind einerseits Ausdruck der tradierten geschlechtlichen Arbeitsteilung und der gesellschaftlichen Konstruktion der Zweigeschlechtlichkeit; andererseits weisen sie erhebliche Differenzierungen in Abhängigkeit von der Klassenzugehörigkeit auf, so daß die von uns formulierte sog. Klassengeschlechtshypothese am deutlichsten bestätigt wird. Wie die Gesamtergebnisse, so zeigt auch dieser kleine Ausschnitt, daß das Geschlechterverhältnis sich in der empirischen Wirklichkeit ausdifferenziert; konstitutiv dafür ist ganz wesentlich auch die „Klasse".

Literatur

Becker-Schmidt, Regina, 1987: Frauen und Deklassierung, in: Ursula Beer (Hrsg.): Klasse Geschlecht, Bielefeld, S. 187-235.

Bourdieu, Pierre, 1979: Entwurf einer Theorie der Praxis, Frankfurt a.M.

Bourdieu, Pierre, 1982: Die feinen Unterschiede. Kritik der gesellschaftlichen Urteilskraft, Frankfurt a.M.

Bourdieu, Pierre, 1997: Die männliche Herrschaft, in: Dölling, Irene, Beate Krais (Hrsg.): Ein alltägliches Spiel. Geschlechterkonstruktion in der sozialen Praxis, Frankfurt a.M., S. 270-334.

Eder, Klaus (Hrsg.), 1989: Klassenlage, Lebensstil und kulturelle Praxis. Theoretische und empirische Beiträge zur Auseinandersetzung mit Pierre Bourdieus Klassentheorie.

Frerichs, Petra, 1997: Klasse und Geschlecht, Bd. 1: Arbeit. Macht. Anerkennung. Interessen, Opladen.

Frerichs, Petra, Margareta Steinrücke, 1989: Symbolische Interessen von Frauen im Betrieb, in: Das Argument 174 [31 (1989) 2], 209-224.

Gottschall, Karin, 1995: „Geschlecht" und „Klasse" als Dimensionen des sozialen Raums. Neuere Beiträge zum Verhältnis von Geschlechterhierarchie und sozialer Ungleichheit, in: Wetterer (Hrsg.), S. 33-50.

Krais, Beate, 1993: Geschlechterverhältnis und symbolische Gewalt, in: Gunter Gebauer, Christian Wulf (Hrsg.): Praxis und Ästhetik, Frankfurt a.M., S. 208-250.

Oevermann, Ulrich, u.a., 1979: Zur Methodologie einer „objektiven Hermeneutik", in: Hans-Georg Soeffner (Hrsg.): Interpretative Verfahren in den Sozial- und Textwissenschaften, Stuttgart, S. 352-434.

Vester, Michael, u.a., 1993: Soziale Milieus im gesellschaftlichen Strukturwandel. Zwischen Integration und Ausgrenzung, Köln.

Wetterer, Angelika (Hrsg.), 1995: Die soziale Konstruktion von Geschlecht in Professionalisierungsprozessen, Frankfurt a.M./New York.

Frauen-Freundschaften in Ostdeutschland

Veränderungsprozesse im Zusammenhang mit der Wiedervereinigung Deutschlands[1]

Felizitas Sagebiel

Die Untersuchung der Veränderung von Frauen-Freundschaften im Zusammenhang mit der Wiedervereinigung Deutschlands wurde in der bisherigen sozialwissenschaftlichen – sogenannten – Transformationsforschung nicht aufgegriffen. Makrosoziologisch rückten vor allem ökonomisch-soziale Veränderungsprozesse in der Blick, die mikrosoziologisch zu verortenden interpersonellen Beziehungen zwischen den Menschen blieben nachrangig. Das hier skizzierte Projekt stellt ostdeutsche Frauen in den Mittelpunkt und fragt, wie ihre Freundschaften in ihr Leben verwoben waren, sich entwickelt und verändert haben. Frauen-Freundschaften heißt, daß es um Freundschaften von Frauen geht, mit Frauen und/oder mit Männern. Da der gesellschaftliche Umbruch in Ostdeutschland sich in den biographischen Brüchen der Frauen in besonderem Maße niederschlägt, interessieren insbesondere die Fragen, ob Freundschaften in der Umbruchphase als funktionierendes soziales Netzwerk erlebt wurden, ob sie beschädigt wurden oder ob der Aufbau neuer, ‚frei' gestalteter Sozialbeziehungen im Vordergrund stand.

Anlaß zu dieser Fragestellung waren Erzählungen anläßlich informeller Besuche in Ostdeutschland, die ich zunächst erstaunlich fand. Auf der einen Seite berichteten Menschen, die dem DDR-Staat kritisch gegenüber standen, daß ihre langjährigen Ost-West-Freundschaften durch die Öffnung der Grenze zu Ende gegangen wären. Andererseits teilten mit dem DDR-Staat Identifizierte mit, daß sich ihre Ost-Freundschaften deutlich abgekühlt hätten. Damit war das Interesse geweckt, über das Erzählen, wie sich Freundschaften entwickelt haben, ostdeutsche Lebenskonzepte kennen und verstehen zu lernen. Solidarität empfand ich zudem gegenüber ostdeutschen Frauen mit ihrer typischen Kombination von Erwerbstätigkeit mit eigenen Kindern, weil dieses Lebenskonzept meinem eigenen ähnlich schien. Ich wollte wissen, wie

1 Der Aufsatz basiert auf einem Antrag auf Sachmittel, der im Frühjahr 1996 an die DFG gestellt wurde. Bei der Vorbereitung war die Sozialwissenschaftlerin Margarete Wehner beteiligt. Die Interviews wurden von der Verfasserin in einem Eigenprojekt 1995 und 1996 durchgeführt. Die Begriffe Wiedervereinigung (westdeutsch) und Wende (ostdeutsch) sind durch die Alltagssprache geprägt; Transformation gilt als der sozialwissenschaftliche Begriff, unter dem die systembedingten Veränderungsprozesse erforscht werden. Die Begriffe werden in diesem Text synomym verwendet.

sie die zum Teil starken Einbrüche in ihrer Erwerbsbiographie, die mit existenziellen Verunsicherungen und Identitatsbrüchen verbunden waren, verarbeiten. Freundschaften könnten – so die Ausgangshypothese – als Kraftquelle/Ressource den Alltag bewältigen helfen, vorausgesetzt, daß Raum und Zeit für die Freundschaftspflege bliebe.

Grundlage der Untersuchung sind 25 qualitative Interviews mit Frauen im Alter von 35 bis 70 Jahren, die sich, nach dem Schneeballprinzip ausgewählt, etwa gleichmäßig auf die fünf neuen Bundesländer verteilen, unterschiedlichen beruflichen Status haben und in der DDR staatstragend oder widerständig waren. Die Wahl einer kommunikativen Methode sollte für die Forscherin einen Lernprozeß über ostdeutsches Leben aus subjektiver Sicht der Befragten ermöglichen. Die 1 1/2- bis 3stündigen Interviews wurden narrativ, biographisch und an einem Leitfaden orientiert durchgeführt. Die noch nicht abgeschlossene Auswertung erfolgt einerseits fallbezogen, um Freundschaftsveränderungen in einem Leben nachzuvollziehen, andererseits durch kontrastierenden Vergleich typischer Freundschaftsprozesse.

Im folgenden wird über Forschungsstand, qualitatives Design, ExpertInneninterviews, Untersuchungsfragen und Hypothesen, Interviewmethode und erste Ergebnisse berichtet.

1. Stand der Forschung

Soziologische und sozialpsychologische Forschungen zur Freundschaft, Frauenforschungen zur Frauenfreundschaft und Transformationsforschungen über ostdeutsche Frauen bildeten die drei Hauptforschungsstränge, die als Grundlage für die Untersuchung gesehen wurden. Ergänzend wurden soziale Netzwerkstudien herangezogen.

1.1 Freundschaftsbegriff und Forschungsschwerpunkte

Die irische Soziologin O'Connor (1992) bringt die Vernachlässigung von Freundschaft gegenüber handfesten Phänomenen wie Institutionen, Herrschaft, Wirtschaft, Familie, Rollen – als der „wirklichen" Struktur von Gesellschaft – damit in Verbindung, daß Freundschaften der privaten Sphäre zugeordnet wurden: „an area variously viewed as ‚natural', ‚irrational' and ',feminine', but in any case not suitable for serious study" (1992: 1). In noch stärkerem Maße gilt das für Frauen-Freundschaften (vgl. Schütze/Lang 1993). Frauen wurde, als wenig indivdualisiert *Freundschaftsneigung* abgesprochen (vgl. Simmel 1908/1992; Tenbruck 1964). Der Psychologe Bierhoff (1997) meint allerdings, die Situation hätte sich heute ins Gegenteil verkehrt. Männer hätten nurmehr ein „rudimentäres Netzwerk von Freunden" (19).

Eine neuere interdisziplinäre Diskussion des *Freundschaftsbegriffs* in der Zeitschrift Ethik und Sozialwissenschaften wurde von der Soziologin Nötzoldt-Linden (1997) in Gang gesetzt. Sie definiert Freundschaft „als nicht-familiale Privatheitsbeziehung. Sie ist eine in freiwilliger Gegenseitigkeit konstruierte dyadische, persönliche Beziehung zwischen nichtverwandten gleichgeschlechtlichen Erwachsenen in einer Zeitspanne" (1997: 4). Die Zweckmäßigkeit der Begrenzung auf gleichgeschlechtliche Zweierbeziehungen wurde in der Diskussion vielfach in Frage gestellt und scheint für die Analyse ostdeutscher Frauen-Freundschaften nicht sinnvoll (vgl. Sagebiel 1997). Freundschaft beinhaltet unzweifelhaft Elemente wie wechselseitigen, offenen Austausch über Wissen voneinander, der in seiner Offenheit Nähe und Distanz ausbalanciert, in wechselseitiger emotionaler Zuwendung solidarisches Handeln einschließt. Dieser positiven Konnotation entspricht eine negative, in der es um Mißtrauen, Neid, Konkurrenz, Verrat, unterlassene Hilfe geht. Bezüglich der Intensität, des Themenspektrums und des Grades der Einbeziehung der ganzen Person werden sog. Busenfreundschaften, die alle Möglichkeiten in hohem Grade abdecken, von differentiellen Freundschaften unterschieden, die auf bestimmte Bereiche fokussiert sind.

In der sozialwissenschaftlichen Literatur wird die Integrations- und Kompensationsfunktion der Freundschaft hervorgehoben (vgl. Nötzoldt-Linden 1994). Dieser Wirkrichtung auf Erhaltung des status quo wird die Veränderungsfunktion von Freundschaft gegenübergestellt. Gefragt wird dann, ob Freundschaften dazu dienen können, persönliche und gesellschaftliche Veränderungsprozesse einzuleiten und zu unterstützen. In dieser Perspektive soll die Freundschaftsentwicklung bei ostdeutschen Frauen im Zusammenhang mit der Wiedervereinigung/ Wende untersucht werden.

Blieszner und Adams (1992) kritisieren nach einem Überblick über die anglo-amerikanische Forschungssituation, daß in der Regel Einzelfragen untersucht wurden und wenige Versuche existieren, Struktur, Prozeß und Phasen der Freundschaft und damit die psychologische und soziologische Ebene zu integrieren. Die Betrachtung von Freundschaft als Ressource steht im Vordergrund der bisherigen Forschung, der Aufwand für die Knüpfung und Aufrechterhaltung von Freundschaften wurde demgegenüber vernachlässigt (vgl. O'Connor 1992).

Divergierende Ergebnisse gibt es über die geschlechtsspezifische Ausprägung von Freundschaftsmustern und Gelegenheitsstrukturen (vgl. Blieszner und Adams 1992; Schütze/Lang 1993). Da Gelegenheitsstrukturen für Freundschaften von der Geschlechtsspezifität von Lebensläufen abhängen, müßte zukünftig bei Angleichung männlichen und weiblichen Lebens die Geschlechtstypik gegebenenfalls verschwinden. Blieszner und Adams (1992) können aufgrund ihrer Sekundäranalyse nicht feststellen, ob die Effekte von Alter und Geschlecht auf Unterschiede im sozialen Status oder auf psychologische Dispositionen zurückzuführen sind. Schütze und Lang (1993) stellen in ihrer Altersstudie keine wesentlichen geschlechtsspezifischen Unterschiede fest, lediglich die Gelegenheitsstrukturen für Freundschaften seien lebensphasenspezifisch unterschiedlich. Hans W. Bierhoff (1997) betont jedoch die Differenz zwischen Männer- und Frauenfreundschaften, die darin läge, daß Männer sich zunehmend zynisch und ambivalent gegenüber Freundschaften von Frauen (als Beziehungsexpertinnen) abgrenzten; das größere soziale Netzwerk von Frauen würde dazu beitragen, ihre Selbst-Identität zu definieren, indem sie „emotionale und persönliche Probleme besprechen und klären können"(19). In Ostdeutschland gab es eine stärkere Angleichung der weiblichen und männlichen Normalbiographien im beruflichen Bereich; für den familiären Bereich verweisen alle Studien auf die stärkere Verankerung der Frauen in Sorge- und Haushaltsarbeit, obgleich Kooperation der Ost-Männer auch gefordert wurde (vgl. Böckmann-Schewe et al. 1995: 214). Insofern könnten Freundschaftsmuster der Ost-Frauen von denen der West-Frauen abweichen.

Ein Manko der bisherigen Freundschaftsforschung ist die Vernachlässigung des Prozeßcharakters von Freundschaft. Sozialpsychologische Studien haben am meisten zum Freundschaftsprozeß geforscht (vgl. Heidbrink 1993), einige ohne das Zurückgreifen auf retrospektive Methoden (vgl. z.B. Auhagen 1991). *Freundschaftsprozesse* der ostdeutschen Frauen müssen besondere Beachtung erfahren, einmal weil der gesellschaftliche Umbruch zu Veränderungen in den kommmunikativen Beziehungen geführt hat, zum anderen, um quasi autonome Freundschaftsprozeßabläufe von den durch den Wandel induzierten zu unterscheiden.

Freundschaften sind Teil *sozialer Netzwerke* und haben aus soziologischer Perspektive mit ihnen gemeinsam, daß sie sich von durch Normen, Organisationen und Institutionen vorgezeichneten formellen Beziehungen durch ihren informellen Charakter abheben (vgl. v. Kardorff 1991: 402 f.). Über den Stellenwert von Freundschaft in den sozialen Netzwerken gibt es in der BRD kontroverse Untersuchungsergebnisse. Die Social-Support-Forschung (vgl. Nestmann/Schmerl 1991), die soziale Netzwerke unter ihrem funktionalen Aspekt als Teil sozialer Unterstützungen untersucht, stellte Freundschaften als gesundheitsfördernd dar. Die FreundIn rangiert vor Mutter, Vater und beruflichen Helfern auf der Liste der häufigsten alltäglichen Helfer (vgl. Heidbrink 1993). Veiel und Herrle untersuchten die sozialen Unterstützungsnetzwerke nach geschlechtsspezifischen Strukturen (1991) und fanden eine ausgeprägte Tendenz zu gleichgeschlechtlichen Netzwerken. Insgesamt enthielten die Netzwerke jedoch mehr Frauen als Männer. Das belegen auch die Ergebnisse von Mayr-Kleffel (1991) in ihrer Studie zu „Frauen und ihre sozialen Netzwerke". Mit steigendem Alter sinkt allerdings die Bedeutung von Freundschaften.

1.2 Frauenfreundschaften, Frauennetzwerke

Die Diskrepanz zwischen der offensichtlichen Bedeutung von Frauenfreundschaften im Alltag und ihrer geringen öffentlichen Bedeutung findet in dem Forschungsdefizit (vgl. Gouldner/Strong 1987; Huber/Rehling 1994) – erstaunlicherweise gerade auch in der Frauenforschung (vgl. O'Connor 1992) – ihren Ausdruck. „Freundinnen bilden für Frauen nicht selten das soziale Netzwerk, welches das komplizierte Leben in den Anforderungen der Doppel- und Dreifachrollen zwischen Beruf, Kindererziehung und Familie und Haushalt oft erst ermöglicht, ohne daß diese Tatsache jedoch im kollektiven Bewußtsein adäquat präsent ist" (Dorst 1993: 153). Die Betonung der Kompensationsfunktion läßt den potentiellen Konfliktaspekt, der in der Konkurrenz zu heterosexuellen Beziehungen bestehen könnte, unausgesprochen. „Wissenschaftliche Literatur zu nicht-sexuellen Frauenfreundschaften gibt es allenfalls in Form von Einzelbefunden, etwa zu Kinderfreundschaften; hinter Begriffen wie ‚stützende Personen' oder ‚Vertraute' oder ‚Nachbarn', die in der neueren Sozialforschung zu ‚Sozialen Netzwerken' auftauchen, darf durchaus auch die Freundin vermutet werden" (Huber/Rehling 1994: 10 f.). Nach O'Connor halten liberale und marxistische Feministinnen Frauenfreundschaften für irrelevant im Hinblick auf sozialen Wandel, während radikale Feministinnen, im Gegensatz dazu, die Bedeutung von Frauenfreundschaften für die Schaffung einer weiblichen Kultur herausheben (vgl. Raymond 1990): mit der Gefahr der Idealisierung (vgl. O'Connor 1992: 12f.).

Beziehungen zwischen erwachsenen Frauen sind im deutschsprachigen Raum erst in jüngster Zeit intensiver empirisch untersucht worden (vgl. Huber/Rehling 1994; Kast 1992), allerdings konzentriert auf die sog. beste Freundin, nicht bezogen auf die differentielle Freundschaft zwischen Frauen. Verena Kast (1997) betont (vor dem Hintergrund einer von ihr angeführten Untersuchung über Depression, Angst und Freundschaft): „Für Frauen scheint zu gelten, daß Selbstvertrauen nicht primär mit Unabhängigkeit zusammenhängt, sondern mit der Fähigkeit zu wissen, an wen sie sich vertrauensvoll wenden können, wenn es notwendig ist. Die gegenseitige Hilfe, „verbunden mit der Möglichkeit, die eigenen Gefühle auszudrücken", geht einher „mit einem Gefühl von erhöhter Selbstschätzung und dem Gefühl der Kompetenz" (S. 33). Frauenfreundschaften als Quelle von Selbstvertrauen und Selbstbewußtsein könnten auf westliche weibliche Normalbiographien begrenzt sein und Ausdruck von Sozialisation und geschlechtlicher Arbeitsteilung in westlich-kapitalistischen Gesellschaften sein. Ein Teil der Bedeutung von Frauenfreundschaften könnte in ihrem Ersatz für die mangelnden Möglichkeiten liegen, die eigenen Kompetenzen und Kapazitäten in beruflicher Arbeit zu erleben. Es könnte sein, daß ostdeutsche Frauen einen Teil des ihnen zugeschriebenen Selbstbewußtseins aus beruflicher Identifizierung (vgl. Rohnstock 1994: 120 f.) zogen. Ostdeutsche Wissenschaftlerinnen weisen immer wieder auf die besondere Identität der Ost-Frauen hin, die auf Beruf und Familie in gleicher Weise gründete und die durch die Wende gebrochen sei (vgl. Nickel 1996). Wenn angenommen werden kann, daß Freundschaftsbeziehungen Einfluß auf das Erleben der Identität haben, dann könnten auf der anderen Seite Frauen-Freundschaften eine Hilfe bei dem Bewältigen der Identitätsbrüche sein. Die in dieser Argumentation durchscheinende Betrachtung von Frauen-Freundschaft als Ressource ist einseitig, worauf ich in der Auseinandersetzung mit Nötzoldt-Linden hingewiesen habe (vgl. Sagebiel 1997). Vernachlässigt werden Konkurrenz, Neid, Haß auch unter Frauen. Die Funktion der Freundschaften der ostdeutschen Frauen muß demzufolge auch auf ihre potentiell negativen Aspekte hin untersucht werden, nämlich inwiefern konflikthafte Freundschaftsbeziehungen zur Zeit der Wende biographische Brüche vertieften.

Die zunehmende gesellschaftliche *Individualisierung* von Frauen in westlich-kapitalistischen Gesellschaften müßte sich in einer wachsenden Freundschaftsneigung und Bedeutung von Frauen-Freundschaften zeigen. Nach Schütze und Lang (1993) haben Frauen eventuell sogar eine größere Freundschaftsneigung, da sich ihre Individualität nicht nur aus der öffentlichen, sondern auch aus der Privatsphäre nähre. Ostdeutsche Frauen könnten mit ihrem Individualisierungsvorsprung in der Erwerbssphäre als Teil des öffentlichen Lebens und dem nach der Wende dazukommenden Invidualisierungsdruck in allen Lebensbereichen (vgl. Scholz 1993: 56) ein besonderes Interesse an Freundschaften haben. Mayr-Kleffel (1991: 283) hat jedoch in ihrer Forschung über Frauen-Netzwerke herausgefunden, daß erwerbstätige Frauen die Belastung des Zeitbudgets für die Aufrechterhaltung von Freundschaften betonen, zumal sie selber in Krisen weniger Hilfe bekommen. Das verweist darauf, daß den Kosten der Freundschaft auch entsprechender Nutzen gegenüberstehen muß.

1.3 Die Situation der ostdeutschen Frauen, ihre Freundschaften und sozialen Netzwerke

Die Untersuchung der Veränderung von Freundschaften im Zusammenhang mit der Wiedervereinigung Deutschlands stützt sich in Ermangelung von expliziten Freundschaftsuntersuchungen in der DDR und den neuen Bundesländern zunächst auf Studien im Rahmen der sog. Transformationsforschung. Beschreibungen über die Veränderung der sozioökonomischen Lage ostdeutscher Frauen (vgl. z.B. Beer/Chalupsky 1993; Böckmann-Schewe et al. 1995; Förster et al. 1994; Milz 1996; Nickel 1996; Schenk 1995; Schenk/Schlegel 1993; Schlegel 1995; Schröter 1995) und ihrer Netzwerke (vgl. Barthel et al. 1994; Dölling/Seibt 1993; Forschungsstelle für empirische Sozialökonomik 1994; Steenbergen 1994; Wald 1993) enthalten zum Teil Aussagen über Freundschaften. Die sozio-ökonomischen und kulturellen

Veränderungsprozesse sind daraufhin zu untersuchen, inwiefern sie direkt oder indirekt auf Bedeutung und Gestaltung von Freundschaften und sozialen Netzwerken der Frauen schließen lassen und ob es bestimmte Freundschaftsmuster gab. Von Interesse ist, ob sich die Bedingungen zum Erhalt und Neubeginn von Freundschaften erleichterten oder erschwerten. Wie sieht das Verhältnis zwischen Veränderungsprozessen infolge der Transformation und Freundschaftsprozessen aus? Für diese Fragen ist aus Sicht der Ost-Frauen die Vereinbarkeit von Erwerbsarbeit und Kindererziehung beziehungsweise Familie relevant. Alle Untersuchungen bestätigen, daß der Arbeitsplatz für Frauen und Männer mit freundschaftlichen Beziehungen verknüpft war. Mit Verlust des Arbeitsplatzes sinken die örtlichen und zeitlichen Gelegenheiten direkter Kontakte. Erwerbsarbeit hatte und hat gleichzeitig eine zentrale Bedeutung für die Identität der Ost-Frauen, die daraus in hohem Maße Selbstbewußtsein zogen. Veränderungen der Identität dürften sich auf bestehende Freundschaften auswirken. Gleichzeitig könnten FreundInnen Identitätsveränderungen begleiten oder abfedern. Inwiefern der Wechselprozeß zwischen Veränderungen der Identität und des Selbstbewußtseins mit veränderten Freundschaftsprozessen zusammenhängt und ob und gegebenenfalls welche neuen Freundschaftsmuster sich bilden, ist eine empirische Frage.

Sozio-ökonomische Veränderungen waren für ostdeutsche Frauen gravierend. Berufstätigkeit war für sie bis 1988 noch selbstverständlich, 91 % aller Frauen im Erwerbsalter standen im Beruf bzw. befanden sich in Ausbildung (vgl. Förster et al. 1994). Die hohe Arbeitslosigkeit der ostdeutschen Frauen (vgl. Schenk 1995: 477) im Vergleich zu ostdeutschen Männern und westdeutschen Frauen und Männern hat bisher nicht – wie vorher vermutet – zu geschlechtsspezifischen Strukturmustern nach dem Vorbild der alten Bundesländer geführt. „Nach wie vor hat weibliche Erwerbsarbeit in den neuen Bundesländern einen sehr hohen Stellenwert – innerhalb des Lebenszusammenhangs der Frauen und auch in der Akzeptanz durch die Männer“ (Schenk/Schlegel 1993: 380). Damit stimmt überein, daß außerfamiliäre Kinderbetreuungseinrichtungen auch heute noch von den Ostdeutschen in höherem Maße als von Westdeutschen befürwortet werden (Schenk 1995: 486), „bemerkenswerterweise kaum differenziert durch Geschlechtszugehörigkeit, Alter, Familienstand, Schulbildung oder politische Präferenzen“ (Schenk/Schlegel 1993: 381). Für ostdeutsche Frauen ist die generell hohe Akzeptanz außerfamiliärer Kinderbetreuung kein Widerspruch zu ihrer im Vergleich zu westdeutschen Frauen deutlich positiveren Einschätzung, Kinder zu haben und aufzuziehen (vgl. Wald 1993: 264). Man könnte eher sagen, das Gegenteil sei der Fall. Erst das Vorhandensein zuverlässiger Kinderbetreuungseinrichtungen – unabhängig von dem tatsächlichen Gebrauchmachen für kleinste und/oder kranke Kinder, die lieber in familiären Netzwerken betreut wurden (vgl. Wald 1996: 89) – läßt die Entwicklung einer auf Beruf und Kinder orientierten Identität zu.

Ein Projekt der Westberliner Soziologin Christine Kulke, das Frauen unterschiedlicher Berufsbereiche und formaler Qualifikationen im Alter von 27 bis 42 Jahren aus Berlin und Dessau einbezog, bestätigt, daß die selbstverständliche Erwerbspraxis der DDR-Frauen "zu einer subjektiven, biographisch angeeigneten Erwerbsorientierung geführt hat, die als fester Bestandteil des Lebenskonzeptes von Frauen verankert ist" (Böckmann-Schewe/ Kulke/Röhrig 1995: 217). Da berufliche Freude und beruflicher Erfolg mit größerer Selbstverständlichkeit bei ostdeutschen als bei westdeutschen Frauen miteinander verknüpft sind (vgl. Rohnstock 1994: 120 f.) und ihre Identität bestimm(t)en, erleben ostdeutsche Frauen mit dem Verlust des Arbeitsplatzes Identitätskrisen. Nickel betont vor dem Hintergund ihrer empirischen Untersuchung von Ost-Frauen im Finanzdienstleistungsbereich, daß „die Arbeitszentriertheit sozialistischen Lebens nachhaltige Folgen für die Identitätsbildung von Frauen hatte. Sie war selbstverständlicher Bestandteil ihres Selbstbewußtseins, ihrer Selbstdefinition“ (Nickel 1996: 331). Dieses muß allerdings von einem *Frauenbewußtsein* westlicher Prägung (vgl. Milz 1996) unterschieden werden. „Für Selbstbesinnung und weiblichen Selbstbezug – wichtige Voraussetzungen der modernen Frauenbewegung im Westen – blieben weder Raum noch Zeit. Ein entwickeltes Frauenbewußtsein im Sinne eines kritischen und reflexiven Bezugs auf vorfindliche Herrschaftsstrukturen“ (Nickel 1996: 332) gab es nicht. Die empirisch belegbare geschlechtsspezifische Sozialisation der Frauen in der DDR, „nicht nur im Elternhaus, sondern auch in der Schule für die ‚zweite Reihe‘ in der Gesellschaft“ (Bütow 1994: 139), könnte eine Erklärung dafür sein. Ob allerdings die Gleichstellung der ostdeutschen Frauen in der DDR generell bezweifelt werden kann, wie es Beer und Chalupsky (1993) aufgrund der bei ArbeiterInnen vorgefundenen minderen beruflichen Stellung von Müttern und deren heutiger Präferenz von Teilzeit und Dreiphasenmodell tun, ist fraglich. Auch die Auffassung von Diedrich (1994), daß die „Ost-Frauen-Identität ... als emanzipierte, selbstbewußte und früher einmal im Beruf erfolgreiche Frau...“ (139) eher der Konfliktabwehr diente, erscheint einseitig.

Arbeitskollektive, die persönliche Beziehungen vermittelten, werden in mehreren Projekten bestätigt (vgl. Böckmann-Schewe et al. 1995; Kretschmar et al. 1992; Liebsch 1995; Steenbergen 1994). Neben der Vermittlung ökonomischer Unabhängigkeit und Selbstbestätigung wurden die persönlichen Interaktionen geschätzt, nämlich „solidarische Beziehung, Vertrautheit und Nähe“ (Böckmann-Schewe et al. 1995: 220). Bei aller Kritik der möglichen retrospektiven Idealisierung und Ideologisierung meinen die Autorinnen doch: „der Wegfall der Zugehörigkeit zu einem Arbeitskollektiv wird gleichbedeutend mit der Zerstörung von Gemeinschaft und zwischenmenschlichen Beziehungen“ (221) erlebt.

Direkte Ergebnisse zu globalen Veränderungen von Freundschaften enthalten die folgenden Untersuchungen. Eine quantitative Befragung zum Thema Freizeit auf dem Lande, die im Herbst 1991 erfolgte, stellt fest, daß für Frauen Kommunikation im Freundeskreis eine größere Bedeutung hat und sie eher in der Lage sind, diese Beziehungen aufrechtzuerhalten (vgl. Förster et al. 1994). Eine Untersuchung über Alltagskultur und Lebensqualitäten stellt fest: „Die kommunikativ-familialen Aspekte der Lebensführung, das Bedürfnis nach Beziehungen über die Familie hinaus zu Freundeskreisen und Arbeitskollegen, stellten in der ehemaligen DDR-Gesellschaft einen besonders typischen Sachverhalt dar, von dem prägende Wirkungen auf die Alltagskultur, die Lebensstile und auf das Handeln ausgegangen sind" (Barthel et al. 1994: 143). Eine qualitative Untersuchung über die sozio-kulturelle Veränderung im Alltag von ostdeutschen Frauen stellt auf der Basis von Tagebüchern, die im Auftrag bis Januar 1991 geschrieben wurden, fest, daß die Privatisierung der Betriebe mit einem Verschwinden der menschlichen Beziehungen unter den KollegInnen verbunden sei, jedoch gäbe es noch keine gravierende Veränderung in den Freundschaftsbeziehungen (vgl. Dölling/ Seibt 1993).

Einige Untersuchungen belegen den wichtigen Zusammenhang zwischen privatem und beruflichem Leben in der DDR und seine unterstützende Wirkung auf das Gefüge der *sozialen Netzwerke* und Freundschaftsbeziehungen sowie die beginnende Auflösung dieses Beziehungsgeflechtes seit der Wende (vgl. z.B. Kulke 1996; Zentrum für interdisziplinäre Frauenforschung... 1995). In einer quantitativen ost-west-vergleichenden Untersuchung im März/April 1990 wurde für die DDR eine deutlich höhere Bedeutung informeller Sozialbeziehungen (Freunde, Kontaktfreude, Familie, Partnerschaft) festgestellt (vgl. Klages, mit Gensicke 1992: 233). Gleichbedeutend für die Netzwerkstrukturen in Ost- und Westdeutschland ist ihre in erster Linie verwandtschaftliche Prägung. Eine Untersuchung von Renate Wald (1993) stellt insbesondere die generationsübergreifenden familiären Netzwerkbeziehungen zwischen Frauen zur Regelung des Alltags mit Kindern und Beruf heraus. Auch Steenbergen (1994: 245) betont aufgrund ihrer Untersuchung von alleinerziehenden Müttern zwischen 22 und 49 Jahren 1993 in Leipzig, daß Familienangehörige vor und nach der Wende gleich häufig genannt wurden. Während die Mütter bei „persönlichen bzw. seelischen Problemen Beistand geben", helfen die Väter „vor allem bei alltagspraktischen Problemen" (245). Ein DDR-spezifischer Aspekt der persönlichen Netzwerke ist insbesondere in der Notwendigkeit begründet, aufgrund der Knappheit der Güter und Dienstleistungen unter hohem Aufwand Waren und Dienstleistungen zu „organisieren". Hierzu bedurfte es persönlicher Kontakte mit Personen unterschiedlicher Eigenschaften, die oberflächlich waren, so daß es sich eher um Bekannte als um Freunde handelte (vgl. Steenbergen 1994: 241). Der Kontakt zu diesen Personen, die nicht mehr „nutzen", geht verloren. Mit KollegInnen werden nach der Wende, im Unterschied zu vorher, private Angelegenheiten weniger besprochen. Einen wichtigen Eindruck äußert die aus den

Niederlanden stammende Sozialwissenschaftlerin bezüglich der von westdeutschen und Frauen aus den Niederlanden unterschiedlichen Einstellung der Alleinerziehenden zur Erwerbstätigkeit, „die bezahlte Arbeit als einen wichtigen Teil ihres Lebens sehen, der selbstverständlich ausgeübt wird" (Steenbergen 1994: 245). Eine Längsschnittuntersuchung von 1990-1993 über Haushalt und Familie in den neuen Bundesländern, die die zwischenhaushaltliche „Solidarität" in Form von sozialen Netzwerken zum Gegenstand hat, resümiert: „Diese Netzwerkstrukturen bestehen zu Beginn des Transformationsprozesses fort. Allerdings werden erste Anzeichen erkennbar, daß die Individualisierung und ‚Atomisierung' der Sozialen Marktwirtschaft immer stärker zu einer Abnahme gegenseitiger Unterstützungsmaßnahmen und einem Rückgang der sozialen Netze führt. Dieser Prozeß der ‚Entsolidarisierung' beginnt im Erwerbssektor und setzt sich – je nach Haushaltskonstellation – in den privaten, informellen Unterhaltungssektor fort" (Forschungsstelle für empirische Sozialökonomik 1994: 97).

2. *Zur Wahl eines qualitativen Designs*

In der Literatur zur Transformationsforschung wird immer wieder betont, daß westliche SozialforscherInnen wie AlltagsbürgerInnen mit der Attitüde des ‚Besserwissens' daherkommen und ihre Sicht der vergangenen und gegenwärtigen Realität Ostdeutschlands den Menschen und ihrer Umwelt überstülpen. Solche Verzerrungen schleichen sich leicht bei selbstverständlichen Begriffen, wie beispielsweise dem der Freundschaft, ein. Sie können jedoch durch die Wahl des methodischen Vorgehens vorprogrammiert sein. Der Forschungsstand zur Freundschaft, zur Frauenfreundschaft, zur Rolle von Freundschaft in den Netzwerken ostdeutscher Frauen im Besonderen, legte es zudem nahe, auf einen Fragenkatalog, der vorgibt, schon alles zu Befragende im Vornherein gewußt und verstanden zu haben, zu verzichten. Eine qualitative Methodologie bot genügend Freiraum, Ost-West-Barrieren und gegebenenfalls vorhandenes Mißtrauen zu überwinden. Die Auflösung des *bias* durch die kulturelle Ost-West-Differenz – eine Gefahr, auf die z.B. Bast-Haider (1994) und Großmann/Huth (1994) hinweisen – sollte dadurch gelingen, daß den ostdeutschen Frauen im Gespräch genügend Raum und Zeit für das Erzählen ihres Lebens und ihrer Freundschaften gegeben wurden. Durch die Möglichkeit, ihre Wirklichkeitsdefinition mitzuteilen, werden sie als die eigentlichen Expertinnen ihrer Lebenssituation gesehen.

So war es auch Ziel, die subjektiven Freundschaftskonzepte der Interviewten zu untersuchen, anstatt von einer allgemeingültigen Definition von Freundschaft auszugehen und die Antworten dieser zuzuordnen. Um aber der Gefahr zu entgehen, idealisierte und sozial erwünschte Vorstellungen von Freundschaft zu bekommen, wurden die Interviewpartnerinnen zunächst nicht vor die Aufgabe gestellt, Freundschaft zu definieren, sondern aufgefordert, von ganz spezifischen Freundschaftsbeziehungen zu erzählen (vgl. Auhagen 1991: 229; Blieszner und Adams 1992: 38). Die Bedeutung und Bewertung der Veränderung von Freundschaftsbeziehungen im Leben von Frauen aufgrund der Wende erschließt sich nur in Relation zu anderen Lebensbereichen und Lebensphasen. Deshalb sollte der Fokus nicht auf das Thema Freundschaft verengt werden; stattdessen sollten die befragten Frauen ermutigt werden zu erzählen, wie ihre FreundInnen in den Rest der sozialen Beziehungen hineinpassen (vgl. Gouldner/Strong 1987: 10). Gegenstand der Interviews sind deshalb Frauenbiographien und Freundschaftserfahrungen vor dem Hintergrund ostdeutscher Sozialisationserfahrungen. Ziel ist es zu erfahren, wie sich die durch das DDR-Leben geprägten Freundschaftsmuster verändert haben oder auch erhalten konnten.

Diese Retrospektive ist natürlich nicht ganz genau. Das Zurückerinnern und Sammeln nötigt die Frauen, selektiv und bewertend zu sein. Als Historikerin ihrer eigenen Lebensgeschichte interpretieren sie die Entwicklung ihrer Beziehungen im Lichte ihres gegenwärtigen Standpunktes. Die retrospektive Erzählung erlaubt es der Erzählerin, eine gleichzeitige Interpretation ihrer Freundschaftserfahrung abzugeben. Die Interviews werden in diesem Sinne akzeptiert als wahre Reflexion ihrer persönlichen Welt von Freundschaft.

2.1 Durchführung von ExpertInneninterviews

Als Ertrag zweier ExpertInneninterviews[2] wurde deutlich, daß Freundschaft in der DDR existentiell war. Freundschaften waren leichter als in der BRD zu finden. Freundschaften im regimekritischen Milieu entstanden z.B. in der Nische Kirche. Frauenfreundschaften dienten vor allem gemeinsamen Aktivitäten im Alltag, der Kinderbetreuung, gemeinsamen Ausflügen. Alle besonderen materiellen Güter und Dienstleistungen, die schwer oder kaum erreichbar waren, wurden über Freundschaften und Kontakte vermittelt. Freundschaften konzentrierten sich auf die private Umgebung, wechselseitige Hilfeleistung, Austausch über persönliche Partnerschafts- und Erziehungsangelegenheiten,

2 Einer der Befragten hatte über viele Jahrzehnte Freundschaftskontakte in der DDR. Seine Herkunft aus dem Westen und seine Profession als Soziologe ermöglichten einen distanzierten Rückblick, eine strukturierte und analysierende Darstellung von subjektiv Erlebtem. Seine die persönlichen Erlebnisse reflektierende Betrachtungsweise war eine wertvolle Hilfe für das Verständnis der Bedingungen, Gelegenheitsstrukturen und der Charakterisierung von Freundschaft. Als Ertrag des zweiten ExpertInneninterviews mit einer aus der DDR ausgereisten Frau lernte die Forscherin aus regimekritischer Perspektive den Alltag, das soziale Klima und die religiös-intellektuell geprägten Widerstandsnischen in der DDR kennen und wie sie Freundschaften bestimmten. Das so entfaltete biographische Muster war jedoch für die meisten folgenden Interviews nicht typisch.

konzentrierten sich auf die private Umgebung, wechselseitige Hilfeleistung, Austausch über persönliche Partnerschafts- und Erziehungsangelegenheiten, wobei die Familie einbezogen wurde. Kontakte wurden über Briefeschreiben und auch unangemeldete Besuche gepflegt.

2.2 Untersuchungsfragen und Hypothesen

Untersuchungsfragen

1) Wie wird heute im Alltag der Frauen Ostdeutschlands Freundschaft gelebt?
2) Gehören ArbeitskollegInnen zum unmittelbaren FreundInnen- und Bekanntenkreis? Gibt es freundschaftliche Kontakte außerhalb der Dienstzeit?
3) Kam dem FreundInnenkreis bei der Bewältigung der sozio-politischen Umbruchsituation eine Unterstützungsfunktion zu? Inwieweit konnte ein bestehendes Freundschaftsnetz kompensierend, sinnstiftend und haltgebend wirken?
4) Hat eine geänderte Alltagskultur zu Veränderungen von Wertvorstellungen bezüglich Freundschaft geführt?
5) Blieb der FreundInnenkreis während der Umbruchsphase stabil, oder tauchten Konflikte auf, die zum Abbruch der Freundschaft führten?
6) Wie wirken sich die sozio-ökonomischen Veränderungen auf die Gelegenheitsstrukturen für die Schaffung und Aufrechterhaltung von Freundschaften aus?

Hypothesen

Die Untersuchung wurde so angelegt, daß im Wechsel zwischen empirischer und theoretisierender Phase die Ausgangsfragen und Hypothesen differenziert werden konnten.

1) Objektive und subjektive Differenzierungsprozesse (Differenzen in den politischen Ansichten, in der ökonomisch-materiellen Lage und in der Selbstdefinition als VerliererIn oder GewinnerIn) führen zum Auseinanderbrechen von Freundschaften.
2) Zweckfreundschaften aus DDR Zeiten verändern sich oder zerbrechen.
3) Die Auflösung von Arbeitszusammenhängen und Kollektiven infolge der sozio-ökonomischen Veränderungen führt zur Auseinanderentwicklung von Frauen-Freundschaften.
4) Kollektive Werteänderungen mit stärkerer Betonung materieller Interessen bestimmen die Umorientierung der Interessenstruktur von bestehen gebliebenen FreundInnenkreisen und schwächen diese.

2.3 Auswahlkriterien für die Interviewpartnerinnen und Organisation des Feldzugangs

Kriterien für die systematische Auswahl der Interviewpartnerinnen waren folgende: Verteilung nach regionalen Gesichtspunkten (ostdeutsche Länder) (vgl. Ritschel/Markus 1995: 132), Stadt/Land, Alter: 36 bis 71, Beruf/Bildung (3 Gruppen: FacharbeiterIn, mittlere Ebene, Intelligenz), Erwerbstätigkeit/Arbeitslosigkeit/Vorruhestand, Nähe/Ferne zu Westkontakten vor der Wiedervereinigung, staatstragend/widerständig in der DDR. Die Beachtung dieser Kriterien sollte dazu dienen, möglicherweise unterschiedliche Freundschaftsverlaufsmuster nachzeichnen zu können. Die befragten Frauen konnten zu Beginn der Untersuchung 1995 zwischen 36 und 70 Jahre alt sein. Frauen ab 36 Jahren wurden einbezogen, weil sie zu DDR-Zeiten erwerbstätig waren und zur Zeit der Wiedervereinigung im Alter ab 30 Jahren aus der Zeit des entwicklungsbedingten häufigeren Wechsels von Freundschaften heraus waren; als Obergrenze konnten 70jährige Frauen befragt werden, weil sie 1990 zum Zeitpunkt der Wiedervereinigung im Alter von 65 Jahren auch in der DDR aus dem Erwerbsleben ausgeschieden und ab diesem Zeitpunkt von veränderten Arbeitsmarktverhältnissen nicht mehr direkt betroffen worden wären. Ergänzend wurden Kriterien herangezogen, von denen erwartet wurde, daß sie sich auf die individuelle und kollektive Verarbeitung der Umbrüche infolge der Wiedervereinigung auswirkten und damit auch (möglicherweise) Freundschaftsprozesse im Übergang von der DDR zu Ostdeutschland strukturierten. Es handelt sich um das Vorhandensein von Westkontakten vor der Wiedervereinigung und darum, ob die Frauen in der DDR eher staatstragend oder widerständig waren. Allerdings erschlossen sich diese Kriterien häufig erst im Verlauf der Interviews, so daß sie eher bei der Auswertung zum Tragen kommen können. Kein Kriterium für die Auswahl der Interviewpartnerinnen war, ob sie heterosexuell oder lesbisch waren, ebenso nicht, ob es um Freundschaften mit Frauen oder Männern ging.

2.4 Zur Methode leitfadengestützter narrativ-biographischer Interviews

Zu Beginn der Interviews wurde mit mehreren Sätzen erläutert, worum es im Projekt inhaltlich geht, welche Fragenbereiche interessieren und wie das Gespräch etwa verlaufen würde. Die zu interviewenden Personen wurden zum Erzählen motiviert, wobei sie gleichzeitig die Gewißheit hatten, daß die Interviewerin aktiv zuhörte. Interventionen erfolgten nur dann, wenn das Gespräch zu weit vom Thema abwich. Diesen Punkt zu bestimmen und die richtige Art der Reaktion zu finden, bedeutet eine Gratwanderung mit professionellem Gespür in der Gesprächsführung, die manche Gemeinsamkeit mit psychotherapeutischen Interventionen aufweist (vgl. Maindok 1996: 136ff.). Bei diesem methodischen Vorgehen konnte auf langjährige Lehr-

und Supervisionserfahrungen zurückgegriffen werden. Der Leitfaden, der als strukturierende Hilfe herangezogen wurde, wurde überwiegend auf der Basis von ExpertInnen- und Pilotinterviews entwickelt und aufgrund weiterer Interviewerfahrungen modifiziert. Er sollte jedoch nicht zum „Leidfaden" werden und das aktive Zuhören behindern (vgl. Hopf 1991: 178). In der Regel wurde er zum Ende des ‚freien' Interviews eingesetzt, quasi als ‚check up' in systematischer Absicht und um eine spätere Vergleichbarkeit der individuell erhobenen Ergebnisse zu erleichtern.

3. Erste Ergebnisse

Die Auswertung der transkribierten Interviews erfolgte entlang unserer Fragen und Ausgangshypothesen in Seminargruppen innerhalb von Lehrveranstaltungen. Die Auswertung in Gruppen sollte dem Ziel dienen, in dieser Forschungsphase Intersubjektivität herzustellen, ein Ansatz, der bei qualitativen Designs insbesondere im Rahmen von empirischen Frauenforschungsprojekten entwickelt und erprobt wurde (vgl. Becker-Schmidt/Bilden 1991: 28 ff.). Aus den gesammelten Erfahrungen der interviewten Frauen wird es möglich sein, gemeinsame und kontrastierende Dimensionen im Freundschaftsprozeß zu erkennen wie auch, Typisierungen vorzunehmen. Die fallbezogene Auswertung steht noch ganz aus.

Die befragten Frauen verteilen sich relativ gleichmäßig auf die Altersgruppen bis 40, von 41 bis 50, von 51 bis 60 und von 61 bis 70. Mittlere und höhere Bildung und Berufe sind überrepräsentiert, nur drei arbeitslose Frauen, die vorübergehend ABM-Stellen innehaben, sind Arbeiterinnen. Bis auf eine Ausnahme haben alle Frauen Kinder; 1/3, die nur 1 Kind haben, haben auch zu DDR Zeiten in akademischen Berufen als Lehrerin, Zahnärztin oder Wissenschaftlerin gearbeitet. Die Mehrzahl der Frauen ist im Vergleich zu ihrer Herkunftsfamilie bildungs- und berufsmäßig aufgestiegen. Sie leben etwa gleich verteilt in den unterschiedlichen neuen Ländern und zur knappen Hälfte auf dem Land.

Aus den Gesprächen wurde der Eindruck gewonnen, daß Freundschaften einen hohen Stellenwert in der DDR hatten, worauf auch bisherige Untersuchungen hindeuteten, aber sie rangieren an zweiter Stelle nach der Familie. Als Notgemeinschaften werden sie rückblickend von den ‚Widerständigen' gesehen. Obgleich in den Gesprächen immer wieder deutlich wurde, daß manche Beziehungen Zweckfreundschaften waren, werden diese von stark mit der DDR Identifizierten eher verneint. Sie sind es aber, von denen vielfach berichtet wird, daß sie nach der Wende in die Brüche gingen. Über die Hälfte der Befragten hat während der DDR-Zeit keine Kontakte und damit auch keine Freundschaft mit Westdeutschen gehabt.

Die Frauen erzählen, nach ihren Freundschaften gefragt, überwiegend von gleichgeschlechtlichen Beziehungen. Obgleich auch dyadische Freundschaften genannt werden, liegt der Schwerpunkt der Freundschaftskontakte im Alltag der ostdeutschen Frauen auf familiären und paarorientierten Bezügen, vor allem bei jüngeren Frauen. Innerhalb dieser gibt es mit einzelnen Frauen intensivere Freundschaften. Nicht alle haben sogenannte beste Freundinnen – darunter in zwei Fällen auch Verwandte –, die meist weiter entfernt leben und mit denen vergleichsweise seltene Kontakte bestehen. Vor allem ältere alleinstehende Frauen berichten über differentielle Freundschaften, d.h. solche, die auf bestimmte Bereiche fokussiert sind. Obgleich viele Frauen Freundschaften zu Männern nennen, die über den Partner vermittelt sind, gibt es nur eine kleine Minderheit, die Freundschaften mit Männern bevorzugt pflegen, weil der Umgang mit ihnen als unkomplizierter erlebt wird. Diese Frauen weisen auch daraufhin, daß es teilweise schwierig war, die Freundschaften mit Männern von Liebesbeziehungen abzugrenzen, und daß einige Freundschaften infolge diesbezüglich nicht übereinstimmender Erwartungen in die Brüche gingen. In zwei Fällen schien der Ehemann der beste Freund zu sein. Kontakte mit der besten Freundin sind durch „miteinander reden" charakterisiert, in den Kontaktpausen wurden Briefe geschrieben, heute wird telephoniert. Mit den AlltagsfreundInnen werden eher gemeinsame Aktivitäten unternommen, Geburtstage gefeiert, meistens zusammen mit der Familie. Früher wurden auch viele Ausflüge gemacht, wozu heute häufig die Zeit fehlt.

In der ostdeutschen DDR-Realität scheinen Freundschaftsgruppen große Bedeutung gehabt zu haben. Fast alle befragten ostdeutschen Frauen berichten davon, daß sie, wenn sie mit Einzelpersonen befreundet waren, sie gleichzeitig auch mit deren Familie befreundet waren, oder daß sie (die jüngeren) fast ausschließlich in der Familie Freundschaften zu anderen Familien pflegten, Feste feierten, Ausflüge machten.

Entsprechend der Hinweise aus der Transformationsforschung, die immer wieder die Bedeutung der Arbeitskollektive auch für informelle Beziehungen betont, haben viele Frauen Freundschaften im Arbeitszusammenhang geknüpft und aufrechterhalten. Frauen, die besonders freundschaftlich orientierte Arbeitskollektive erlebt hatten, charakterisierten diese als durch große Solidarität und Offenheit untereinander bestimmt, ohne jegliches Mißtrauen.

Die Furcht davor, bespitzelt zu werden, schien retrospektiv kein dominantes Merkmal des Alltags gewesen zu sein. Das gilt allerdings kaum für die wenigen der Befragten, die dem DDR-Staat distanziert gegenüberstanden und aus Mißtrauen nicht hätten offen reden wollen und können. So wurde die Staatssicherheit und der Verdacht der Einschleusung in Freundeskreise auch nur von Frauen genannt, die sich selber zu DDR-Zeiten als vorsichtig widerständig einstuften. Die Kirche stellte für eine kleine Minderheit der Befragten eine legitime Nische zum Rückzug vor Forderungen des Staates dar. Die meisten der Befragten waren Mitglied der SED, einige davon waren aus Idealismus als junge Frauen eingetreten. Einige davon konnten später, als sie vieles nicht mehr so gut fanden, nicht oder nur mit großen Schwierigkeiten wieder austreten. Im übrigen identifizierten sich einige, die nicht in der Partei waren, nach eigenen Angaben mehr mit der DDR, und Parteimitglieder eher weniger, sodaß dieses Merkmal wenig über die tatsächliche politische Orientierung zu sagen scheint.

Der Grad des Sichwohlfühlens zur DDR-Zeit bestimmt das Gefühl, das zur Zeit der Wende dominant war. Angst vor der Zukunft äußerten eher diejenigen, die sich vorher frei gefühlt haben; diejenigen, die sich beengt gefühlt haben, stellten ihr neues Freiheitsgefühl in den Vordergrund. Die Verarbeitungsformen des Umbruchs gestalten sich unterschiedlich. Einige wählten den Rückzug auf sich selbst oder die Familie, andere gönnten sich keine Pause, reagierten schnell und flexibel auf den neuen verengten Arbeitsmarkt und nahmen, kaum arbeitslos geworden, neue Arbeitsplätze ein. Wenige der befragten Frauen berichten, daß sie ihren FreundInnenkreis zur aktiven Verarbeitung genutzt haben und nutzen. Eine Minderheit nutzte auch neu geknüpfte oder verwandtschaftliche Westkontakte, um sich mit den vielen alltäglichen Veränderungen zurecht zu finden. Sie sind es auch, die diese Zeit als aufregendste in ihrem Leben erlebten. Alles schien möglich zu sein. Die anfangs sehr häufigen Kontakte verringerten sich aber mit der zeitlichen Entfernung des Umbruchs. Für andere wiederum zerbrachen in dieser Wende-Zeit ihre wertvollsten Beziehungen zu engen Freundinnen, weil die Differenzen zu groß wurden, sei es in der politischen Einstellung oder bezüglich der materiellen Möglichkeiten. Viele berichten von einem Abkühlen der Freundschaften in Gruppen dadurch, daß materielle Werte den Gesprächsstoff bei Treffen bestimmen und der Wert der Person durch ihr materielles Vermögen bestimmt scheint. Wo vorher relative Gleichheit Solidarität ermöglichte, bestimmen nun teilweise Neid und Konkurrenz die menschlichen Beziehungen bei der Arbeit und in der Freizeit. Jede hat mit sich zu tun – der häufig zitierte kapitalistische Individualisierungsdruck hat auch die Frauen erreicht, die zum Teil nicht mehr zur Muße kommen und dadurch auch FreundInnen vernachlässigen. Die Mehrzahl der Frauen berichten von Streß und Zeitmangel infolge der Wende, diejenigen, die beruflich voll eingestiegen sind, in besonderem Maße. Diese Umstände sind es auch, die dafür verantwortlich gemacht werden, daß kaum Freiraum für den Rückblick auf die eigene Biographie blieb, von Verarbeitung ganz zu schweigen. Einige nehmen das Interview als Gelegenheit, zurückzuschauen und nachzudenken.

Auf der anderen Seite gibt es auch neue Frauennetze nichtverwandtschaftlicher Art, die einige Frauen neu für sich entdeckt haben und nützen – in einem Frauenzentrum auf dem Lande, als Vernetzung diverser frauenpolitischer Aktivitäten, als kommunalpolitischer Aktionskreis – und die teilweise mit freundschaftlichen Kontakten verbunden sind. Hier könnten sich differentielle Freundschaften in einer Form entwickeln, die es vorher so nicht gab.

Mit der Frage nach ihrem Frauenbewußtsein können spontan nur wenige etwas anfangen. Einige erzählen, daß sie im Freundinnenkreis, teils über Bücher, teils über einschlägige Filme vermittelt, über ihre Situation als Frau ins Gespräch gekommen seien. Kaum eine der interviewten Frauen zeigte allerdings ein defizitäres Selbstbewußtsein als Frau. Eine ältere Frau aus der Nähe von Potsdam drückt das so aus: „Ostdeutsche Frauen sind durch ökonomische Unabhängigkeit emanzipierter und haben ein stärkeres Selbstvertrauen als westdeutsche Frauen". Nach 45 Jahren bildungsmäßiger und beruflicher Integration in der DDR-Gesellschaft scheint dieses Selbstbewußtsein erfahrungsgesättigt bezüglich der eigenen Leistungsfähigkeit.

Literatur

Auhagen, A., 1991: Freundschaft im Alltag. Eine Untersuchung mit dem Doppeltagebuch. Bern: Hans Huber.

Barthel, W. u.a. 1994: Alltagskultur und Lebensqualität im deutschen Einigungsprozeß. S. 142-147 in: D. Wittich (Hrsg.), Momente des Umbruchs – Sozialstruktur und Lebensqualitäten in Ostdeutschland. Berlin: Edition Sigma.

Bast-Haider, K, 1994: Kultureller Kontext der Forschenden und die Methodik der Transformationsforschung. S. 201-217 in: A. Diezinger/H. Kitzer/I. Anker/I. Bingel/E. Haas/S. Odierna (Hrsg.), Erfahrung mit Methode. Wege sozialwissenschaftlicher Frauenforschung. Freiburg: Kore.

Becker-Schmidt, R./Bilden, H., 1991: Impulse für die qualitative Sozialforschung aus der Frauenforschung. S. 23-30 in: U. Flick/E. v. Kardorff/H. Keupp (Hrsg.), Handbuch Qualitative Sozialforschung. Grundlagen, Konzepte, Methoden und Anwendungen. München: Psychologie Verlagsunion.

Beer, U./Chalupsky, J., 1993: Vom Realsozialismus zum Privatkapitalismus. Formierungstendenzen im Geschlechterverhältnis. S. 184-230 in: B. Aulenbacher/M. Goldmann (Hrsg.), Transformationen im Geschlechterverhältnis. Frankfurt: Campus.

Bierhoff, H. W., 1997: Freundschaft, Intimität, Geschlechtsrollen. Ethik und Sozialwissenschaften 8: 18-19.

Blieszner, R./Adams, R.G., 1992: Adult Friendship. Newbury Park: Sage Publcations.

Böckmann-Schewe, L./Kulke, C./Röhrig, A., 1995: „Es war immer so, den goldenen Mittelweg zu finden zwischen Familie und Beruf war eigentlich das Entscheidende." Kontinuitäten und Veränderungen im Leben von Frauen in den neuen Bundesländern. Berliner Journal für Soziologie 5: 207-222.

Bütow, B., 1994: Studium, Studentenforschung und Geschlechterfrage in der DDR. Versuch einer Rekonstruktion. S. 95-110 in: B. Bütow/H. Stecker (Hrsg.), EigenArtige Ostfrauen. Frauenemanzipation in der DDR und den neuen Bundesländern. Bielefeld: Kleine.

Dölling, I., 1993: Weibliche Wendeerfahrungen „oben" und „unten". S. 101-116. in: P. Frerichs/M. Steinrücke (Hrsg.), Soziale Ungleichheit und Geschlechterverhältnisse. Opladen: Leske+Budrich.

Dölling, I./Seibt, G.,1993: Soziokulturelle Veränderungen im Alltag von Frauen – Tagebücher als individuelle Dokumente eines gesellschaftlichen Umbruchs – Frauen der Aufbau- bzw. „Aufsteigerinnen"generation. Zif-Bulletin 6: 1-49.

Dorst, B., 1993: Die Bedeutung von Frauenfreundschaften im weiblichen Lebenszusammenhang. Gruppendynamik 24, H. 2: 153-163.

Forschungsstelle für Empirische Sozialökonomik, 1994: Haushalt und Familie in den neuen Bundesländern: Ergebnisse einer Längsschnittuntersuchung (1990-1993); Projektbearbeiter: Antonius Schröder. Frankfurt/Main: Campus.

Förster, G./Schröter, U./Seyfarth, B., 1994: Zur sozialen Lage und Befindlichkeit der Frauen in Ostdeutschland. S. 189-214 in: D. Wittich (Hrsg.), Momente des Umbruchs – Sozialstruktur und Lebensqualität in Ostdeutschland. Berlin: Edition Sigma.

Gouldner, H./Strong, M. S., 1987: Speaking of Friendship. Middle-class Women and their Friends. Contributions in Women's Studies. Number 80. New York: Greenwood Press.

Großmann, H./ Huth, S., 1995: Alleinerziehende Frauen berichten. Erfahrungen einer Ost-West vergleichenden Untersuchung. S. 219-242 in: A. Diezinger, H. Kitzer, I. Anker, I. Bingel, E. Haas, S. Odierna (Hrsg.), Erfahrung mit Methode. Freiburg: Kore.

Heidbrink, H., 1993: „Der Krach scheint sich wieder zu legen..." Freundschaft als Prozeß. Gruppendynamik 24: 105-117.

Hopf, C., 1991: Qualitative Interviews in der Sozialforschung. Ein Überblick. S. 177-182 in: U. Flick/E. v. Kardorff/H. Keupp (Hrsg.), Handbuch Qualitative Sozialforschung. Grundlagen, Konzepte, Methoden und Anwendungen. München: Psychologie Verlagsunion.

Huber, M./Rehling, I., 1994: Dein ist mein halbes Herz. Was Freundinnen einander bedeuten. Frankfurt/Main: Fischer.

Kardorff, E. v., 1991: Soziale Netzwerke. S. 402-405 in: U. Flick/E. v. Kardorff/H. Keupp (Hrsg.), Handbuch Qualitative Sozialforschung. Grundlagen, Konzepte, Methoden und Anwendungen. München: Psychologie Verlagsunion.

Kast, V., 1992: Die beste Freundin. Was Frauen aneinander haben. Stuttgart: Kreuz.

Kast, V., 1997: Ressourcen in der Freundschaftsbeziehung. Ethik und Sozialwissenschaften 8: 32-34.

Klages, H. (mit T. Gensicke), 1993: Wertewandel in den neuen Bundesländern. Fakten und Deutungsmodelle. S. 215-238 in: H. Klages, Traditionsbruch als Herausforderung. Perspektiven der Wertewandelgesellschaft. Frankfurt/Main: Campus.

Kretzschmar, A./Bohlmann, J./Döhring, S./Strenge, B./Wolf-Valerius, P., 1992: Vorruhestand in Ostdeutschland: Sozial wertvoll oder ungerecht? BISS public 2: 41-88.

Liebsch, R., 1995: Zu einigen Aspekten der Sozialisation ostdeutscher Frauen im deutschen Einigungsprozeß – Ergebnisse von Einzelfallstudien auf der Grundlage narrativer Interviews. S. 169-180 in: Zentrum für interdisziplinäre Frauenforschung der Humboldt-Universität Berlin (Hrsg.), Unter Hammer und Zirkel.

Frauenbiographien vor dem Hintergrund ostdeutscher Sozialisationserfahrungen. Pfaffenweiler: Centaurus.
Maindok, H., 1996: Professionelle Interviewführung in der Sozialforschung. Pfaffenweiler: Centaurus.
Mayr-Kleffel, V., 1991: Frauen und ihre sozialen Netzwerke. Auf der Suche nach einer verlorenen Ressource. Opladen: Leske + Budrich.
Milz, H., 1996: Zur deutsch-deutschen Soziologie des Frauenbewußtseins. Berliner Journal für Soziologie 6: 339-362.
Nestmann, F./Schmerl, C., 1991 (Hrsg.): Frauen – Das hilfreiche Geschlecht. Dienst am Nächsten oder soziales Expertentum? Reinbek: Rowohlt.
Nickel, H.M., 1996: Feministische Gesellschaftskritik oder selbstreferentielle Debatte? Ein (ostdeutscher) Zwischenruf zur Frauen- und Geschlechterforschung. Berliner Journal für Soziologie 6: 317-324.
Nötzoldt-Linden, U., 1994: Freundschaft. Zur Thematisierung einer vernachlässigten soziologischen Kategorie. Opladen: Westdeutscher.
Nötzoldt-Linden, U., 1997: Freundschaftsbeziehungen versus Familienbeziehungen: Versuch einer Begriffsbestimmung zur "Freundschaft". Ethik und Sozialwissenschaften 8: 3-15.
O'Connor, P., 1992: Friendships between Women. A Critical Review. New York: The Guilford Press.
Raymond, J. G., 1990: Frauenfreundschaft. Philosophie der Zuneigung. München: Frauenoffensive.
Ritschel, D./Markus, U., 1995: Frauenforschung Ost: Probleme und Perspektiven. S. 129-136 in: H. Sydow/U. Schlegel/A. Helmke (Hrsg.), 1995: Chancen und Risiken im Lebenslauf: Beiträge zum gesellschaftlichen Wandel in Ostdeutschland. Berlin: Akademie.
Rohnstock, K.,1994: Die verschwiegene Ostfrau. S. 115-130 in: K. Rohnstock (Hrsg.), Stiefschwestern. Was Ost-Frauen und West-Frauen voneinander denken. Frankfurt: Fischer.
Sagebiel, F., 1997: Vom „Un"-Sinn eines geschlechtsneutralen Freundschaftsbegriffs. Ethik und Sozialwissenschaften 8: 45-47.
Schenk, S., 1995: Neu- oder Restrukturierung des Geschlechterverhältnisses in Ostdeutschland? Berliner Journal für Soziologie 5: 475-488.
Schenk, S./Schlegel, U., 1993: Frauen in den neuen Bundesländern – Zurück in eine andere Moderne? Berliner Journal für Soziologie 3: 369-384.
Schlegel, U., 1995: Ostdeutsche Frauen in neuen gesellschaftlichen Strukturen. S. 111-128 in: H. Sydow/U. Schlegel/A. Helmke (Hrsg.), 1995: Chancen und Risiken im Lebenslauf: Beiträge zum gesellschaftlichen Wandel in Ostdeutschland. Berlin: Akademie.
Scholz, H., 1994: Die Mauer im Kopf. S. 53-60 in: Rohnstock K. (Hrsg.): Stiefschwestern. Was Ost-Frauen und West-Frauen voneinander denken. Frankfurt/Main: Fischer.
Schröter, K., 1995: Ostdeutsche Frauen im Transformationsprozeß. Eine soziologische Analyse zur sozialen Situation ostdeutscher Frauen (1990-1994). Aus Politik und Zeitgeschichte. Beilage zur Wochenzeitung Das Parlament 20: 31-42.
Schütze, Y./Lang, F. R., 1993: Freundschaft, Alter und Geschlecht. Zeitschrift für Soziologie 22: 209-220.

Simmel, G., 1992: Soziologie. Untersuchungen über die Formen der Vergesellschaftung. Frankfurt: Suhrkamp.

Steenbergen, B., 1994: Soziale Beziehungen alleinerziehender Mütter in den neuen Bundesländern. S. 238-246 in: B. Bütow/H. Stecker (Hrsg.), EigenArtige Ostfrauen – Frauenemanzipation in der DDR und den neuen Bundesländern. Bielefeld: Kleine.

Tenbruck, F. H., 1964: Freundschaft. Ein Beitrag zu einer Soziologie der persönlichen Beziehungen. Kölner Zeitschrift für Soziologie und Sozialpsychologie 16: 431-456.

Veiel, H. O. F./Herrle, J., 1991: Geschlechtsspezifische Strukturen sozialer Unterstützungsnetzwerke. Zeitschrift für Soziologie 20, H. 30: 237-245.

Wald. R., 1993: Netzwerke zwischen Frauengenerationen in ostdeutschen Familien. Zeitschrift für Familienforschung. 5: 249-261.

Wald, R., 1996: Mädchenerziehung auf ostdeutsch – „Ich will ja 'nen guten Beruf kriegen". Zeitschrift für Familienforschung 8: 79-116.

Gedanken zur Todesverleugnung in Friedensforschung und Politik

Gerda Zellentin

Es dürfte kein Zufall sein, daß sich die praktische und theoretische Politik in Deutschland nach der Wiedervereinigung und angesichts der lethalen Risiken, die auf die Bundeswehr bei ihren friedenschaffenden Militärexpeditionen in aller Welt zukommen, wieder mit der Bedeutung des Todes für die politische Ordnung der Gesellschaft befaßt. Unter welchen Bedingungen ist der Bürger und Soldat bereit, „fürs Vaterland zu sterben" oder für universale Werte wie Menschenrechte, Weltfrieden, Gerechtigkeit sein Leben zu opfern? Politikwissenschaftlich gefragt: Welche Wechselwirkungen bestehen zwischen der Stabilität einer politischen Ordnung und der Todeserfahrung ihrer Bürger?

Die Disziplin selber hat keine eingehende Antwort parat und, bis auf wenige Anmerkungen M. Webers, bislang keine systematische Untersuchung über die Bedeutung des Todes des Menschen und Bürgers für die gesellschaftlich-politische Ordnung, ihre Schaffung und Erhaltung hervorgebracht. In der Friedens- und Konfliktforschung wird der Tod immerhin als implizites Ergebnis gewaltsamer Konflikte wahrgenommen. Die Todesopfer („casualties") dienen ihr als statistische Indikatoren für die Schwere kriegerischer Konflikte (Gantzel/Meyer-Stamer 1986). Außerdem befaßt sie sich seit Jahrzehnten mit todesrelevanten Zusammenhängen, indem sie versucht, die nationalen und internationalen Konfigurationen, Strukturen und Ideologien zu ergründen, die zu Kriegen führen und dem Tod ihren Sinn aufdrücken. Diese Arbeit hat sich in einer Reihe von Analysen konfliktträchtiger Makrostrukturen niedergeschlagen, die zwar die Interdependenz zwischen Gewalt, Krieg und bestimmten politischen Formen von Herrschaft, die systemischen Bedingungen der Todesstrafe sowie die Tötungsbereitschaft im Krieg etc. herausstellen, die politische Bedeutung des Todes selbst aber samt und sonders ausklammern.

Sowohl die Politikwissenschaft als auch die von ihr geprägte Friedensforschung verdrängen den individuellen Tod und seine möglichen Funktionen für Staat und Krieg aus ihrer wissenschaftlichen Reflexion[1]. Damit aber

1 Eine rühmliche Ausnahme bildet die Arbeit des sich zur Friedensforschung zählenden Psychologen K. Horn.

ordnen sie ihre herrschaftskritische Grundposition der todesverleugnenden Ratio zur Stabilisierung gesellschaftlicher, wirtschaftlicher und zwischenstaatlicher Systeme unter.

Solange den Deutschen der Kampf auf dem Schlachtfeld nach 1945 erspart wurde, blieb die sozialwissenschaftliche Reflexion des Todes in der Bundesrepublik hauptsächlich akademisch. Erst im Zuge der „Normalisierung" des souverän gewordenen deutschen Nationalstaats und der ihm abgeforderten (militärischen) „Verantwortung" für die Konfliktlösung in der Welt sieht sich die praktische und wissenschaftliche Politik gehalten, die „existentielle Frage" (Stürmer) zu stellen.

Die Suche nach einer Antwort würde Politikwissenschaft und Friedensforschung in neue Tiefendimensionen der Herrschaftskritik führen, mit der sie den „Verblendungszusammenhang" zwischen Nationalstaat und Tod aufklären könnten.

Um dem Problem näherzukommen, halte ich es für sinnvoll, zunächst zwei theoretische Ansätze M. Webers aufzugreifen, einerseits die Zurückführung der letzten Legitimationsquellen staatlicher Herrschaft und politischer Ordnung auf die Erwartung und Erfahrung des Kriegstodes und andererseits die in seinen Arbeiten über die religiösen Wurzeln wirtschaftlicher Tätigkeit entwickelte Theorie über die gesellschaftliche Umwandlung der Todesangst in Triebkräfte kapitalistischer Akkumulation.

Weber schrieb 1916, die „Leistung der Einstellung des Todes in die Reihe der sinnvollen und geweihten Geschehnisse liegt letztlich allen Versuchen, die Eigenwürde des politischen Gewaltsamkeitsverbandes zu stützen, zugrunde" (Weber 1964:455).

In diesem Sinne sieht R. Herzog „im Zusammenhang mit einem Verteidigungskrieg" Eingriffe in Leben und körperliche Unversehrtheit bzw. sogar eine „Pflicht zum Opfer von Leben und Gesundheit" vom Grundgesetz gedeckt (Herzog 1987:1988). Das staatliche Monopol legitimer Gewalt birgt für den Bürger demnach tödliche Risiken.

Die Kräfte des Industriekapitalismus sieht M. Weber durch das vornehmlich religiös vermittelte Verhältnis zwischen menschlich-gesellschaftlicher Existentialstruktur und kapitalistischer Aneignung angetrieben. In beiden Bereichen, Staat und Wirtschaft, – darauf weist Baudrillard hin, der Weber kritisch wendet – ist die Bildung und Erhaltung von Macht und Herrschaft auf die *kontrollierte Trennung zwischen Leben und Tod* angewiesen. Der Tod als Sinngeber des begrenzten individuellen Lebens, vor allem aber die sozial destabilisierende Todesangst wird in Wirtschaft und Gesellschaft verdrängt, die Freiheit des einzelnen zum Tode zugleich staatlich aufgehoben. „Damit die Menschen leben? Nein: damit sie nur den einen, durch das System autorisierten Tod sterben..." (Baudrillard 1982:281).

Dem Menschen wird die Sinnerfüllung seines Lebens nur in der Präsenz des Todes bewußt. Eben dieses Bewußtsein, Voraussetzung seiner autonomen Lebensgestaltung, wird von Staat und Wirtschaft an der Entfaltung gehindert. Die christliche Unsterblichkeitsverheißung und insbesondere der calvinistisch-protestantische Glaubenssatz, daß die Anhäufung irdischer Verdienste eine positive Bilanz im Jenseits, nämlich ewiges gutes Leben zeitige, verdrängen den Tod. „Keine andere Kultur kennt diese distinktive Opposition zwischen Leben und Tod zugunsten eines Lebens als Positivität: Das Leben als Akkumulation, der Tod als Zahltag“ (Baudrillard 1982:229-30, 232).

Die den Tod autorisierende Instanz verfügt über politische Souveränität, d. h. die Fähigkeit, *nihil obstat* Dinge zu zerstören und Menschen zu töten, eigene Bürger eingeschlossen. Diese Fähigkeit wird nicht nur zur Landesverteidigung eingesetzt, sondern auch, um „verantwortlich“ in die Konflikte der Welt einzugreifen, erklärtermaßen zur Durchsetzung bzw. zum Schutz hehrer Prinzipien (Menschenrechte, Gerechtigkeit, Frieden), in Wirklichkeit aber nicht selten, um Weltgeltung zu erlangen oder auch, um von innenpolitischen Anfechtungen von Macht und Herrschaft abzulenken. Unter Berufung auf die „Staatsräson“ werden bei gesellschaftlicher Instabilität die Kohäsionskräfte des Opfertodes entbunden. Ob der souverän benannte, oft erfundene Feind innen oder außen steht, sein Tod und der Tod derjenigen, die ihm im Kampf unterliegen, ist geeignet, soziale Spannungen und Spaltungen zeitweilig zu verdecken und Herrschaft zu stabilisieren.

Welche Bedeutung hat der Opfertod für die Stabilität des Staates? *Sacrificare* = opfern heißt heiligmachen, nämlich denjenigen, der das Todesopfer fordert und es gleichzeitig über alles stellt und unsterblich macht (Girard 1983:234). In dem oben zitierten Satz von M. Weber ist dieser Zusammenhang auch zu erkennen. Der Opfermechanismus aus ferner Vorzeit, bis in die Neuzeit überliefert, ist an die sakrale Herrschaft, an die nationale Mystifikation des Staates (z.B. über das *ius sanguinis*) gebunden. Mit Hilfe von Opfern werden politische Institutionen stabilgehalten bzw. auch erneuert (Girard 1983:82).

Wie nun erreicht der Staat das letzte Opfer seiner Bürger, wie bringt er sie zu der Überzeugung, es sei „ehrenvoll und süß, fürs Vaterland zu sterben“? Staat und Wirtschaft erhalten ihre Macht und Kontrolle über die Gesellschaft, indem sie den autonomen, sinngebenden, emotionalen Bezug des einzelnen zu seinem Tod beseitigen: Die rastlose Akkumulation von Werten und Verdiensten läßt den destabilisierenden Todesängsten des Menschen weder Zeit noch Raum und verhindert, daß er todesbewußt den Sinn seiner Existenz in der autonomen Gestaltung seines Lebens, bzw. auch der Verwandlung des sozialen Ganzen sucht und in Extremsituationen (Krieg, Katastrophen, ökologische Zerstörungen) aus Todesangst aufmüpfig wird und die Gefolgschaft verweigert. Indem Staat und Wirtschaft die selbstproduzierten Todesrisiken normalisieren, verkümmert die Sensibilität des Bürgers, sie als solche zu erkennen (Horn 1983:60), so daß er Wiederholungszwängen ausgesetzt werden kann. Das Verdrängte kehrt zurück, die Katastrophen –seien sie militärischer oder ökologischer Natur – wiederholen sich im Leistungsrausch (Negt-Kluge 1992:166 ff.).

Der durch staatstragende Abschirmung herbeigeführte mangelnde emotionale Bezug des Individuums zu seinem eigenen Tod erweist sich auch als eines der „entscheidenden Hindernisse auf dem Weg zu wirklicher Abrüstung und tatsächlichem Frieden" (Horn 1983:59).

Diese politischen Funktionen des Todes sind bei der Stabilisierung von Herrschaft in allen modernen Staaten allgegenwärtig. Die politische Anthropologie zeigt indessen an vielen Beispielen, daß die Wechselbeziehung zwischen politischer Ordnung und Todeserfahrung in den traditionalen und „primitiven" Gesellschaften differenzierter als in modernen Staaten erlebt wird. Die als sakral geltende Macht erscheint zwiespältig: einerseits als Kraft, mit der (gewaltsam) eine Schöpfungsordnung aufrechterhalten werden kann, und andererseits als Versuchung (Balandier 1967:116), Überlegenheit und Zwang auf Kosten anderer und zum eigenen Vorteil geltend zu machen. „Diese Zusammengehörigkeit des Sakralen und des Politischen nimmt je nach der politischen Ordnung unterschiedliche Gestalt an; in Gesellschaften ‚ohne Staat' tritt das Sakrale, in ‚staatlichen' Gesellschaften die Herrschaft über Menschen und Dinge in den Vordergrund" (Balandier 1967: 121).

In den vorstaatlich oder nichtstaatlich organisierten Gesellschaften sind Thron und Opferstein häufig identisch. Der oberste Häuptling oder Monarch ist zugleich der „Sündenbock", der für die Gemeinschaft geopfert wird. Hebt er bei seiner Machtausübung den gesellschaftlichen Konsens durch Unrecht, Gewalt oder Degradierung auf, wird der innere Frieden mit Hilfe der Versöhnungskräfte hergestellt, die bei seinem Opfertod freigesetzt werden (Girard 1983:63). Evans-Pritchard berichtet von Inthronisierungsritualen, bei denen der neue König in entwürdigende Situation und Todesfurcht versetzt wird, damit er vom Geist des ganzen Volkes, auch seiner niedrigsten Mitglieder, erfaßt werden und fortan als „Versöhnungsopfer" herrschen kann (Girard 1983:67).

Auch die staatlichen Gesellschaften haben ihre Sündenböcke, allerdings nicht in Gestalt der Herrscher, sondern eher in Gestalt verfemter (ethnischer, sexueller und religiöser) Minderheiten. Ihre „Opferung" (in Pogromen, Genoziden) dient auch nicht der Selbstbestimmung der Gesellschaft gegenüber Machtmißbrauch, sondern sie wird, im Gegenteil, politisch inszeniert, um von solchem Mißbrauch abzulenken. Der Tod der Sündenböcke verschafft dem einzelnen im Kollektiv die Illusion, Herrschaft über Leben und Tod zurückzugewinnen.

In „zivilisierten" Rechtsstaaten darf sich die Gesellschaft nur noch in geregelten Ausnahmen mit Gewalt gegen den machtkorrumpierten Herrscher wenden (Tyrannenmord). Ansonsten müssen die Mächtigen hier nicht fürchten, geopfert zu werden, wenn die Gesellschaft sich, angesichts falscher politischer Steuerung, zu spalten droht; vielmehr sind es die Vielen, die in innen- oder außenpolitisch bedrohlicher Situation von Staats wegen zum Tod fürs Vaterland verpflichtet werden. Die politische Kontrolle darüber ist auch in demokratischen Repräsentativsystemen, wenn überhaupt, nur schwach ausgebildet.

Noch immer sind die Entscheidungen über Krieg und Frieden, Leben und Tod Sache der Kabinette, die den Tod der Bürger im „nationalen Interesse“ fungibel halten. Daran ändert auch die *konstitutive* Bedeutung der Bundestagsbeschlüsse für den Auslandseinsatz der Bundeswehr wenig. Kollidiert das demokratische Verfahren mit der Gefahr im Verzuge, kann das exekutive *fait accompli* realistischerweise nur ex post vom Bundestag bestätigt werden[2].

Der Staat tendiert dazu, dem Bürger auch den selbstbestimmten Umgang mit seinem Tod zu verwehren, denn er erkennt in „jedem Tod und jeder Gewalt“, die sich seinem Monopol entziehen, subversive Vorzeichen der Abschaffung von Macht und Herrschaft (Baudrillard 1982:278). Die Unsummen verschlingende, oft nicht gewollte apparative Lebensverlängerung todkranker oder alter Menschen, aber auch die staatlich konzessionierten Sterbehilfen in einigen Ländern verweisen auf den Anspruch des Staates, den Tod souverän zu kontrollieren.

Das den Tod verdrängende „residuale Leben“ (Baudrillard) beherrscht auch die Ökonomie als Voraussetzung des technischen „Fortschritts“ und der durch Akkumulation entgrenzten industriellen Zerstörungsmacht. Die ohne Rücksicht auf den Tod von immer mehr Tier- und Pflanzenarten hemmungslos wachsende kapitalistische Wirtschaft ist heute nicht mehr imstande, das „gute Leben“ (Aristoteles) zu sichern. Die Verwüstung der Natur führt zur Verödung der Produktions- und Lebensbedingungen der Menschen selbst, die - trotz und wegen ihrer materiellen Güterfülle - um ihr bloßes Überleben auf dieser Erde bangen müssen.

Je unaufhaltsamer der Tod in die Gesellschaft einzieht, desto hartnäckiger wird er verdrängt oder auf die leichte Schulter genommen. Früher war es die Aktentasche auf dem Kopf, die vor dem Atomtod schützen sollte, heute entziehen sich „Vernünftige“ mit zunehmenden täglichen Einschränkungen ihrer Lebensweise dem Krebstod durch Sonnenstrahlen, den Atem-

2 Nach dem Urteil des BVG vom Sommer 1994 kann eine bei Gefahr im Verzuge getroffene Kabinettsentscheidung vom Bundestag zwar de jure nachträglich rückgängig gemacht werden; de facto wäre damit allerdings ein internationaler Glaubwürdigkeitsverlust der Bundesrepublik verbunden, der die Revokation des Bundestages nicht sehr wahrscheinlich macht.

giften, verseuchtem Wasser etc. Auf diese Weise ändern sie die Mißstände nicht, sondern passen sich ihnen nur an.

Eine nachhaltige, lebensdienliche Umgestaltung von Staat und Gesellschaft verlangt nach dem Ende der Todesverleugnung, nach der bewußten Anerkennung des Todes im gesellschaftlichen Leben jedes einzelnen. Erst wenn die allgegenwärtigen tödlichen Gefahren (Ozonloch, Atom-Kriege, verseuchte Nahrung etc.) als solche wahrgenommen würden, gäbe es eine Chance, daß die potentiellen Todesopfer souveräner, kapitalistischer Herrschaft innehielten, um sich über die Möglichkeiten einer sinnvollen Erfüllung ihres befristeten Lebens Gedanken zu machen.

Wie könnten Politikwissenschaft und Friedensforschung mit den dargelegten Problemen umgehen?

Zunächst einmal wäre es notwendig, die konstitutive Funktion des Todes für Staat, Macht und Herrschaft zu thematisieren und gründlich interdisziplinär auszuleuchten. Der einzelne ist darüber aufzuklären, daß sein Bedürfnis nach Lebenssinn und Zugehörigkeit von Politik und Wirtschaft in deren eigenen Bestandsinteressen manipuliert wird. Besonderes Augenmerk sollte die Friedensforschung auf die Funktionen der „imaginary communities“ (Anderson) richten und darstellen, wie mit Hilfe dieser Konstrukte nationaler Eliten die Bürger zu „unbedingter Hingabe“ an den Staat (M. Weber) und zum Tode abkommandiert werden können. Die in Deutschland als naturwüchsige völkische Abstammungs- und Blutsgemeinschaft deklarierte Nation ist auch eine derartige von Nationalgesinnten „vorgestellte Gemeinschaft“, die zur Rechtfertigng von Herrschaft und Todesbereitschaft dienen kann.

Je höher das Abstraktions- und Aggregationsniveau ihrer Analysen, desto fungibler werden die Sozialwissenschaften für gewaltsame staatliche Stabilisierung. Deshalb - darauf hat Klaus Horn in diesem Zusammenhang hingewiesen - müssen die angesprochenen Zusammenhänge „individualisiert“, d.h. in persönliche umdefiniert werden (Horn 1983:75). Die nationalstaatliche Manipulation des Opfervorgangs ist ebenso wie die staatliche Enteignung des individuellen Todes aufzuklären, um die kausale Beziehung zwischen verdrängter Todesangst und geleugneten Todesrisiken aus der Nutzung des Atoms (Jaspers 1958; Horn 1983:74), aus Rüstungswettläufen, der Zerstörung der Biosphäre u.ä. bewußt zu machen. Das bloße Überleben wird weder durch akkumulierte Waffen sicherer, noch durch Güterakkumulation reicher gemacht. Im Gegenteil, jede zusätzliche Waffe, jede Erhöhung des sogenannten Lebensstandards vermindert die Überlebenschancen für Mensch, Tier, Pflanze und Mikroorganismus.

Die politikwissenschaftliche Friedensforschung müßte sich noch einmal, und zwar in kritischer Distanz zum Denken von Norbert Elias, dem sie sich in den letzten Jahren angenähert hat, mit der sozialen Bedeutung von Gewalt befassen: Wird sowohl die Konstitution eines Staatswesens - nach Elias die

Friedensgemeinschaft par excellence –, als auch die Abgrenzung der „Territorien des Selbst“ (Goffmann) unter Einsatz von Gewalt vollzogen, ist über den „Zivilisationsprozeß“ neu nachzudenken (Zellentin 1994).

Literatur

Balandier, G. , 1967: Anthropologie politique, Paris.

Baudrillard, J., 1982: Der symbolische Tausch und der Tod, München: Matthes & Seitz.

Gantzel, K.G./Meyer-Stamer (Hrsg.), 1986: Die Kriege nach dem Zweiten Weltkrieg bis 1984, München.

Girard, R., 1983: Das Ende der Gewalt, Freiburg: Herder.

Jaspers, K., 1958: Die Atombombe und die Zukunft des Menschen, München: Piper.

Herzog, R., 1987[2]: Stichwort: Leben. S. 1988, in: Evangelisches Staatslexikon. Stuttgart: Krenz.

Horn, K., 1983: Die insgeheime Lust am Krieg, den niemand wirklich will. S. 7 in: P. Passett u. E. Modena (Hrsg.), Krieg und Frieden aus psychoanalytischer Sicht, Frankfurt am Main.

Negt O.; Kluge, A., 1992: Maßverhältnisse des Politischen, Frankfurt am Main: Fischer.

Weber, M., 1909: Die Protestantische Ethik und der „Geist“ des Kapitalismus. Archiv für Sozialwissenschaft und Sozialpolitik.

Weber, M., 1964: Richtungen und Stufen religiöser Weltablehnung in: ders., Soziologie, weltgeschichtliche Analysen, Politik. Stuttgart: Kröner.

Zellentin, G., 1994: Mit Gewalt zum Frieden... in: Vogt, W. (Hrsg.), 1993: Jahrbuch AFK.

Curriculum Vitae Renate Wald

* 29.07.1922

1948-51	journalistische Tätigkeit, Redaktion „Sonntagsblatt“ (Hamburg)
1951-58	Studium der Volkswirtschaftslehre in Köln und Bonn
1959	Promotion an der Universität Köln; Dissertation: „Junge Arbeiterinnen – Eine Schilderung ihrer sozialen Situation“
1973	Habilitation (kumulativ) an der Pädagogischen Hochschule Westfalen-Lippe, Abt. Münster; Lehrbefugnis für Soziologie mit dem Schwerpunkt „Forschung zur beruflichen Sozialisation“
1957-70	Unterrichtstätigkeit an den Kaufmännischen Berufsschulen des Oberbergischen Kreises in Waldbröl
1962-72	Unterrichtstätigkeit in Sozialwissenschaften an der Ev. Höheren Fachschule für Sozialarbeit in Wuppertal
ab 1969	mit Lehrauftrag,
ab 1970	als Akademische Rätin an der Pädagogischen Hochschule Rheinland, Abt. Wuppertal
1973-74	Dozentin an der Pädagogischen Hochschule Westfalen-Lippe, Abt. Münster
1974-87	Wissenschaftliche Rätin und Professorin bzw. Professorin für Soziologie mit dem Schwerpunkt „Sozialisationsforschung“ an der Bergischen Universität-Gesamthochschule Wuppertal
1987-89; 1992-94	Lehraufträge des Fachbereichs Gesellschaftswissenschaften der Universität Wuppertal
1990-92	Lehraufträge an der Pädagogischen Hochschule sowie der Technischen Universität Otto von Guericke Magdeburg

Bibliographie Renate Wald

Größere Arbeiten

Erfahrungsbericht über die Lebensformen junger Arbeiterinnen, in Wurzbacher, G. (Hrsg,). Die junge Arbeiterin, Juventa-Verlag, München 1958 (3. Aufl. 1960)

Industriearbeiter privat. Eine Studie über private Lebensformen und persönliche Interessen. Enke Verlag, Stuttgart 1966

Verkaufen – Eine Dienstleistung im Strukturwandel (mit E. Geuter, P. Scholl, M. Uebbert). Campus-Verlag, Frankfurt 1985

„Was will die denn hier?" – Frauen in gewerblich-technischen Berufen (mit D. Gatzmaga, K. Mutz, V. Wisnefski). SP-Verlag, Marburg 1986

Professionelle Interaktion und Kommunikation – zur Sozialisierung junger Frauen und Männer in Verkaufsberufe. Westdeutscher Verlag, Opladen 1987

Öffnung des Berufsspektrums für junge Frauen in der Bergischen Region – Qualifizierung in atypischen technischen und kaufmännischen Berufen. Unveröffentl. Forschungsbericht für das Bundesministerium für Bildung und Wissenschaft, Wuppertal 1989

Politikzugänge von weiblichen Angestellten im Öffentlichen Dienst. Unveröffentl. Forschungsbericht für die Parlamentarische Gleichstellungsstelle des Landes NRW, Wuppertal 1990

Ich habe mich für den Beruf entschieden. Frauen in technikorientierten Berufen (mit M. Hoffmann, P. Müller-Demary, K. Mutz). Campus-Verlag, Frankfurt 1992

Kindheit in der Wende – Wende der Kindheit? Heranwachsen in der gesellschaftlichen Transformation. Verlag Leske + Budrich, Opladen 1998 (im Erscheinen)

Artikel in Zeitschriften und Sammelbänden

Zur Struktur unvollständiger Familien, in: Nachrichtendienst des Deutschen Vereins für öffentliche und private Fürsorge, 10/1973

Individualitäts- und Kollektivitätsorientierung in der Sozialisation, in: Nachrichtendienst des Deutschen Vereins für öffentliche und private Fürsorge, 7/1975

Weibliche Dominanz in der Erziehung, in: Nachrichtendienst des Deutschen Vereins für öffentliche und private Fürsorge, 5/1978

Moden – Ihre wirtschaftliche und politische Nutzung, in: Jahrbuch für Absatz- und Verbrauchsforschung, 3/1983

Mode. Soziales Phänomen und Mittel der Identitätsstrukturierung, in: Jahrbuch für Absatz- und Verbrauchsforschung 3/1985

Verkaufen – zur Entwicklung einer Dienstleistung, in: Die Mitarbeit, 12/1985

Verkaufen und Käufer – Marktkonzentration und Kundenverhalten, in: Jahrbuch für Absatz- und Verbrauchsforschung, 3/1986

„Das war die Antwort auf meine Fragen." Berufliche Nachqualifizierung als Lernprozeß in der Lebensgeschichte erwachsener Frauen, in: Gegenwartskunde, 2/1986

„... ich wollte einen Beruf haben" – Berufseinmündung und Berufsverlauf in gewerblich-technische Berufe, in: Die Mitarbeit, 3/1986

Eine Schule für Mädchen, aber eine Lehre für Jungen. Thesen zur Berufsausbildung von Frauen, in: Schlapeit-Beck, D. (Hrsg.), Mädchenräume, Hamburg 1987

Einsickern in technische Dienstleistungsberufe, in: Soziale Welt, 3/1988

Junge Frauen in qualifizierten atypischen Berufen (mit K. Mutz, P. Müller-Demary), in: WSI-Mitteilungen, 1/1989

Der Trend, sich modisch zu verhalten – Zum historischen Wandel in Westeuropa, in: Jahrbuch für Absatz- und Verbrauchsforschung, 3/1989

„Meinem Kollegen wird es nicht so schwer gemacht." Frauen in der Textilproduktion, in: Frackmann, M. (Hrsg.), Ein Schritt vorwärts ..., Hamburg 1990

Telekommunikation und ältere Menschen (mit F. Stöckler). Diskussionsbeitrag Nr. 62 des Wissenschaftlichen Instituts für Kommunikationsdienste, Bad Honnef 1991

Netzwerke zwischen Frauengenerationen in ostdeutschen Familien, in: Kreutz, H. (Hrsg.), Nachkriegszeit und Wiedervereinigung: Anfang und Ende eines Neubeginns in Deutschland. Angewandte Sozialforschung, 1-2/1993-94

Pilotstudien, in: Fleck, Chr. (Hrsg.), Wege zur Soziologie nach 1945. Biographische Notizen, Opladen 1996

AutorInnenverzeichnis

Jürgen Brand: geb. 1941; nach Studium der Rechtswissenschaft und Geschichte in Kiel und Berlin Habilitation 1989 mit einer Arbeit über die Entstehung der deutschen Arbeitsgerichtsbarkeit; lehrt Öffentliches Recht und deutsche Rechtsgeschichte an der Universität Wuppertal. Forschungsgebiete: Justizgeschichte, Öffentliche Verwaltung, Pluralismus von Rechtsordnungen.

Edo Enke: geb. 1940 in Konstanz; nach Studium der Wirtschafts- und Sozialwissenschaften in Mannheim und Saarbrücken (Diplom-Handelslehrer) wissenschaftlicher Mitarbeiter am Lehrstuhl für Politische Wissenschaft, Universität Mannheim. Research Fellow am Dep. of Politics, University of Aberdeen (Schottland). Dr. phil. 1971; 1971-74 wiss. Mitarbeiter der Hessischen Stiftung Friedens- und Konfliktforschung; seit 1975 Professor für Sozialwissenschaften, insbes. Methoden der empirischen Sozialforschung, an der Universität Wuppertal. Gründungsmitglied der Forschungsgruppe Wahlen e.V., Mannheim.

Petra Frerichs: geb. 1947; zweiter Bildungsweg, Studium der Literatur- und Sozialwissenschaften an der Universität Gießen, Dr. phil.; seit 1981 wiss. Mitarbeiterin des ISO-Institut zur Erforschung sozialer Chancen, Köln. Forschungsschwerpunkte: Frauenforschung, Arbeits- und Betriebssoziologie, soziale Ungleichheit/Klassenanalyse.

Detlef Garbe: geb. 1949; nach Studium Pädagogik, Sport, Geographie und Sozialwissenschaften Lehramts-Staatsexamen und Dr. päd.; 1975-89 Assistent für Soziologie an der Universität Wuppertal; 1989-92 Leiter der Forschungsgruppe Technologiefolgenabschätzung am Wiss. Institut für Kommunikationsdienste, Bad Honnef; 1992-96 Direktor der Akademie für Technikfolgenabschätzung des Landes Baden-Württemberg; seit 1996 Projektleiter „Schulen ans Netz“ und Bereichsleiter Teleworking bei der Deutschen Telekom AG.

Doris Lucke: Dr. rer. pol., phil., habil., Diplom-Soziologin. Hochschuldozentin am Seminar für Soziologie der Philosophischen Fakultät der Universität Bonn. Von 1988 bis 1996 Sprecherin der Sektion Rechtssoziologie in der

Deutschen Gesellschaft für Soziologie (DGS). Buchveröffentlichungen u. a.: Akzeptanz. Legitimität in der „Abstimmungsgesellschaft“, Opladen 1995. Familie der Zukunft, Opladen 1995 (Mithrsg.). Recht ohne Geschlecht? Zu einer Rechtssoziologie der Geschlechterverhältnisse, Pfaffenweiler 1996.

Petra Meiswinkel: geb. 1956, ledig, Diplom-Sozialwissenschaftlerin; Arbeitsschwerpunkt: Theorien und Empirie der Frauenforschung, Frauenförderung, Vereinbarkeit von Wissenschaft und Familie; seit 1988 Mitarbeit im Projekt „Geschlechtsspezifischer Arbeitsmarkt Hochschule“ unter Leitung der Frauenbeauftragten der Universität Wuppertal, Dr. Gebhardt-Benischke; Dozentin in der Erwachsenenbildung im Bereich EDV.

Frauke Mingerzahn: geb. 2.5.1963; Dr. phil. (Geschichte), Diplomlehrerin für Geschichte und Germanistik. Derzeit Lehrkraft für besondere Aufgaben am Fachbereich Sozial- und Gesundheitswesen der Fachhochschule Magdeburg; Schwerpunkt: Soziale Arbeit mit Frauen und Mädchen. Forschungsschwerpunkte: Zur sozialen Lage von Künstlerinnen in Sachsen-Anhalt. Schwerpunkte in der Lehre: Sexuelle Gewalt gegen Mädchen; Gewalt gegen Frauen; Familiensoziologie; Schwangerenkonfliktberatung.

Sibylle Reinhardt: geb. 1941 in Reichenberg (Lieberec), Diplom-Soziologin, Dr. phil. habil., Studium der Soziologie, Politikwissenschaft und Germanistik in Frankfurt a.M., nach dem 1. und 2. Staatsexamen für das Lehramt von 1970 - 1994 Gymnasiallehrerin in Wuppertal am Gymnasium Vohwinkel, Fachleiterin in der Referandarausbildung, von 1974 - 1994 Lehrbeauftragte an der Universität Wuppertal, seit 1994 Professorin für Didaktik der Sozialkunde im Institut für Politikwissenschaft der Universität Halle/Saale. Arbeitsschwerpunkte: Fachdidaktik Politik/Sozialwissenschaften (Wissenschaftspropädeutik, Wertebildung, Unterrichtsprozesse), Schulsoziologie (Lehrerrolle, Organisation und Partizipation).

Martina Romanski-Sudhoff: Studium der Sozialwissenschaften an der Universität Wuppertal, seit 1988 wissenschaftliche Mitarbeiterin bei der Stadtverwaltung Wuppertal. Arbeitsschwerpunkte: Frauenerwerbsarbeit, beruflicher Wiedereinstieg, berufliche Weiterbildung, Projektentwicklung und -finanzierung.

Volker Ronge: geb. 1943; Prof. für Allg. Soziologie, Universität Wuppertal.

Hiltrud Rottkord-Fuchtmann: geb. 1960; verheiratet; zwei Kinder. Diplom-Sozialwissenschaftlerin; seit 1993 wissenschaftliche Mitarbeiterin in verschiedenen Projekten der Universität Wuppertal mit den Schwerpunkten: Frauenförderung, Vereinbarkeit von Wissenschaft und Familie; derzeitige Mitarbeit im Projekt „Geschlechtsspezifischer Arbeitsmarkt Hochschule“ unter Leitung der Frauenbeauftragten der BUGH, Dr. Gebhardt-Benischke.

Felizitas Sagebiel: geb. 1945; Diplom-Sozialwirtin (Nürnberg), Dr. phil. (TU Berlin); zwei Söhne im Alter von 7 und 14 Jahren; wiss. Mitarbeiterin im Fachbereich Gesellschaftswissenschaften der Universität Wuppertal; seit 1987 wiss. Organisation und Koordination des SeniorInnenstudiums; nach 15jährigem kriminalsoziologischen Arbeitsschwerpunkt (Sozialtherapie, Bewährungshilfe, Gruppenarbeit, Supervision) feministisch orientierte Lehre und Forschung in Soziologie (Kommunaler Frauenbericht, Ältere Frauen im SeniorInnenstudium, Women's Studies, Frauen-Freundschaft in Ostdeutschland).

Dagmar Schlapeit-Beck: geb. 1958; Dr. phil., Studium der Sozialwissenschaften und Kunstgeschichte an der Universität Wuppertal; wiss. Mitarbeiterin Politikwissenschaft; 1985 Frauenbeauftragte der Stadt Leverkusen, seit 1988 Jugend- und Sozialdezernentin der Stadt Göttingen; Lehraufträge an den Universitäten Münster und Göttingen. Arbeitsschwerpunkte: Hochschul- und Studienreform, Arbeitsmarktforschung und Berufssoziologie, Frauenforschung, Politische Theorie, Kommunitarismus, New Public Management.

Günther Wachtler: geb. 1944, Studium der Soziologie, Wirtschaftswissenschaft und Sozialpsychologie in Tübingen und München. Wissenschaftlicher Assistent und Promotion an der Universität München. Seit 1986 Professor für Soziologie/Sozialpsychologie in den Anwendungsbereichen Industrie, Arbeit, Organisation im Fachbereich Gesellschaftswissenschaften an der Universität Wuppertal. Arbeitsschwerpunkte sind Zusammenhänge zwischen Arbeit und Sozialstruktur, insbesondere Arbeit und demographische Entwicklung. Jüngste Veröffentlichung (zusammen mit Petra S. Wagner): Arbeit im Ruhestand. Betriebliche Strategien und persönliche Motive zur Erwerbsarbeit im Alter. Opladen 1997.

Ursula von Wedel-Parlow: geb. 1948, Studium der Soziologie in München 1967-1973. Nach empirischen Arbeiten zum Jugendstrafvollzug, Bewährungs- und Jugendgerichtshilfe (Dt. Jugendinstitut München). Mitarbeit bei Planung, Aufbau und Versorgungsangeboten des ersten Psychiatrischen Behandlungszentrums in der BRD in Köln (Landschaftsverband Rheinland). Dissertation zur Evaluation gemeindepsychiatrischer Versorgung (Betreuerin: Frau Prof. Dr. Renate Wald) 1980; Akademische Rätin an der Universität Wuppertal: Leitung des Praktikumsbüros FB 1; seit 1991 Professorin für Soziologie an der Universität Essen, FB 1.

Gerda Zellentin: geb. 1934; o. Professorin für Politische Wissenschaft an der Universität Wuppertal. Forschungsschwerpunkte: Europäische Integration, Friedensforschung, Politik und Ökologie.